天津市哲学社会科学规划研究项目（TJZWHQ1402）

明代前期白话语料词汇研究

邢永革 著

凤凰出版社

图书在版编目（CIP）数据

明代前期白话语料词汇研究 / 邢永革著. -- 南京 : 凤凰出版社，2017.4
ISBN 978-7-5506-2552-5

Ⅰ. ①明… Ⅱ. ①邢… Ⅲ. ①白话文－词汇－研究－明代 Ⅳ. ①H131

中国版本图书馆CIP数据核字(2017)第026607号

书　　名	明代前期白话语料词汇研究
著　　者	邢永革
责任编辑	王清溪
出版发行	凤凰出版传媒股份有限公司 凤凰出版社(原江苏古籍出版社) 发行部电话025-83223462
出版社地址	南京市中央路165号,邮编:210009
出版社网址	http://www.fhcbs.com
照　　排	南京凯建图文制作有限公司
印　　刷	江苏扬中印刷有限公司 扬中市大全路6号，邮编：212212
开　　本	880×1230毫米　1/32
印　　张	11.125
字　　数	320千字
版　　次	2017年4月第1版　2017年4月第1次印刷
标准书号	ISBN 978-7-5506-2552-5
定　　价	58.00元

(本书凡印装错误可向承印厂调换,电话:0511-88420818)

目 次

序

鲁国尧

古希腊大哲学家亚里士多德的名著《形而上学》开卷第一句话就是“求知是人类的本性”。

持续而永恒的求知欲望促使人们对自然界和对人类社会的认识日益加强，愈展愈广，愈钻愈深。

对汉语的研究，何尝不然？

二十世纪五十年代，第一部汉语史著作诞生，这就是王力先生的《汉语史稿》。这部开山之作对汉语语音史、语法史的论述皆称周详，相较之下，汉语词汇史部分则显得单薄，仅120余页，但是绘制了一个词汇发展史的轮廓，泽惠学界匪浅。补苴、增密、拓展、光大，则有待后来者。值得庆幸的是，“文革”结束，“拨乱反正”，近三十多年来，中国的学术不仅走上了正轨，而且走上了快车道。汉语词汇史的研究同样呈现加速度发展的态势。试看各种书目、试登“中国知网”，就可以发现有关汉语词汇史的论文专著数以千百计。

如今邢永革撰著的《明代前期白话语料词汇研究》即将问世，可以说，它是词汇史研究中的力作，是百花园中新生的一支，它散发着独有的芬香，显现出夺目的光彩。

我称赏此书，首先是其选题。汉语，如从有文字记载以来，有三千多年的历史。如做断代研究，选择什么“代”为宜？我以为有两点可以考虑：一是选具有特色的“代”为宜，二是在研究史上具有拓荒意义的题目为宜。“近取诸身”，比如以1949年后的二三十年的中国大陆的词汇作为研究对象就颇有意义，以近三十多年的词汇作为研究对象也同样有意义，因为政治革命、经济变革、社会文化的变更等给语言词汇带来的变化之大，令人有炫目之感。邢永革选取明代前期的词汇作为研究的对象，我认为具有不同一般的眼光。众所周知，元代自元世祖忽必烈于公元1271年以“元”为国号，讫于1368年元顺帝北遁，共97年，而如果以元灭金的1234年，占领黄河流域的北方起算，则有一百多年。在这不算短的时段里，蒙古语是统治民族的语言，被称为“国语”，蒙古文字被称为“国字”。蒙古语对汉语词汇的影响不可谓不大，只要打开著于元末的陶宗仪的《南村辍耕录》，蒙古词语扑面而来。而朱元璋建立明朝，下诏书禁胡服胡语(不妨造一个新词“非蒙古化”)，力图清除蒙古的各方面(包括语言)的影响，但是新旧嬗变不是一刀可切的，如蒙古语的“站”还是站住了，一直站到二十一世纪的今天，天津的火车站不是有“天津站”“天津西站”吗？读了邢永革这本专著的关于蒙古语从在明初的“顽固”存在到逐渐“淡出”的这一章，读到明代自开国初期到中期的词语变化、新词新语不断涌现的详细叙述，我感到兴趣盎然，她揭示得对，挖掘得深，益我心智。“易代”的前后，政治制度、生产方式、文化生活都会有重大的变更，反应社会的语言必然随之急剧变化，因而诸象毕现、异彩纷呈，这些对后代的研究者来说当是天赐的大好资源，智者把握良机，“捷足者先登”，屹立在科学的前沿。

邢永革研究明代前期词汇，独具慧眼，重点在白话文献，其可圈可点之处在她利用的资源不是常人所想到的《水浒传》、《三国演义》之类名著，而是明初二帝的白话圣旨以及王世贞《弇山堂别集》所收录的有关明初的白话语言材料。朱元璋出身贫贱，从军之前可能是文盲，朱棣是个武夫，他们传世的转文作品肯定都是一些翰林供奉之臣(犹如今之秘书、写作班子)的捉刀之作。白话敕令才是他们鲜活的口语记录，抉发这般生动的语料，加以对比、分析，其成果的时代性、地域性可确认，必能取信于读者大众。最能显示真正的历史年轮的是这些鲜活的白话语料，而非其他。邢永革指出《水浒传》、《三国演义》的语言时代性相当模糊，我十分赞同。众所周知，民间文学作品多是经数十年甚至百年的“层累”积淀而成的，我这里的“层累”是借用二十世纪初年顾颉刚《古史辨》派的术语，我认为用“层累”一词比较恰当。《水浒传》等语料可视作长时段的语言资料，她研究的是明代前期一百多年的词汇状况，没有采用《水浒传》等，是明智之举，保证了“质”的纯洁性，这就是这本《明代前期白话语料词汇研究》的特色之一，“问渠那得清如许，为有源头活水来”。

我对这本书表示赞佩，还在于其研究的绵密功深。如第一章第二节在论及“明代初期的移民活动促进了方言融合”这一问题时，邢永革不仅分析了移民是造成方言融合的重要原因，而且还从“子”的音变入手探究了方言融合的蛛丝马迹。再如对新兴词消亡原因的探讨也很有一定深度，不仅分析了语言内部原因，还从社会发展因素，文化或心理因素，口语与书面语、方言与通语的竞争，政治、文体等外部因素入手进行了深入的分析。对明代前期词汇的同义和反义聚合，以及“打”“弄”“给”等词的组合关系做了认真细致的辨析，以考察词汇发展变化的规律，从而对明代前期词汇系统进行透视，也可以为学界的后续研究提供研究基础和借鉴，丰富汉语史研究的内容，并推动断代词汇研究走向深入。在对单个词义的分析上也新见迭出，如通过对“料理”一词源流的梳理，得出“‘料理’是一个‘出口转内销’的国产词”的结论，堪称细入豪芒，脉络明晰。其对新词新义的研究（包括其后所附《新词新义简表》）对于历时性大型辞书如《汉语大词典》的修订很有参考价值，其对疑难词语的精确考释也可以为近代汉语词汇研究和辞书编纂提供参考。

我希望作者“不下鞍”，仍然在征途上“策马奔驰”，继续勇猛精进，做明代后半期的词汇研究，以至清代词汇的研究。为中国语言学事业做出更大的贡献。

猴年正月

绪论

关于近代汉语的时段划分，一般认为是从晚唐五代至清代初期[①]，去除其前后过渡阶段，共有800年。其间朝代几经更替，语言潜移默化，各个时段的汉语呈现出丰富而复杂的特点。明代属于近代汉语的主干部分[②]，历时276年(1368—1644)，时间上占整个近代汉语的三分之一，是其中非常重要的一个发展阶段。在改朝换代之际，特别是在出现不同民族之间权力交接的时期，是最引人注目的语言变化期，而明代前期[③]的汉语正处于这样一个剧烈变化和转型的阶段。

第一节 研究述评

一、近代汉语词汇研究概况

明代汉语词汇研究与整个近代汉语词汇的研究密不可分，很多关于明代词汇的研究是融入在近代汉语研究中的，成果十分丰富。20世

---

① 见杨耐思《加强近代汉语研究》，《语文建设》1981年第1期；吕叔湘《近代汉语读本·序》，上海教育出版社1983年版；胡明扬《近代汉语的上下限和分期问题》，《近代汉语研究》，商务印书馆1992年版；蒋绍愚《近代汉语研究概要》，北京大学出版社2005年版，第1—6页。

② 袁宾在《论近代汉语》(《广西师大学报》1987年第1期)一文中指出，南宋、元、明、清是近代汉语的主干。

③ 史学界一般把明代分为早期(从开国至宣德年间，即1368—1435年)、中期(从正统至弘治年间，即1436—1505年)和晚期(从正德至崇祯帝亡，即1506—1644年)，早期和中期可以合称为前期。

纪 70 年代以后近代汉语词汇研究逐渐兴起，袁宾、徐时仪、史佩信、陈年高在《二十世纪的近代汉语研究》一书中论述甚详[①]。袁宾等认为，20 世纪 70 年代末至 80 年代初，是近代汉语词汇研究的初步繁荣期，“就范围来说，上自唐代，下至明清，诗词、笔记、变文、语录、小说、戏曲等均在研究之列。就内容来说，已不仅仅局限于词义的考释，有关词义的构成、词义的系统、词义的演变、词义的色彩、词义与语音、语义与文字等都引起研究者的关注，呈现出一种理论探讨的趋势”[②]。20 世纪 80 年代以后的 20 年，近代汉语词汇研究在广度和深度上较以前有很大拓展，专著、专书及断代词典相继出版，特别是“有关近代汉语词汇研究的通论性专著相继问世，体现了近代汉语词汇的研究渐由零星的词语考释走向理论总结的趋势”[③]。这些通论性的专著比较重要的有：史存直《汉语词汇史纲要》，潘允中《汉语词汇史概要》，蒋绍愚《古汉语词汇纲要》，太田辰夫《汉语史通考》，蒋冀骋《近代汉语词汇研究》，袁宾《近代汉语概论》，向熹《简明汉语史》，胡竹安、杨耐思、蒋绍愚《近代汉语研究》，杨建国《近代汉语引论》，符淮青《汉语词汇学史》，蒋绍愚《近代汉语研究概要》，等等。其中蒋冀骋《近代汉语词汇研究》[④]是研究近代汉语词汇的一部力作，该书就近代汉语词汇的来源、构词法、词汇和语言诸要素的关系、词义与社会文化生活的关系等问题进行了较为深入的研究探讨，凸现了近代汉语词汇的特点。向熹《简明汉语史》[⑤]对上古、中古、近代几个阶段的汉语词汇发展情况作了较为细致的分析。蒋绍愚在《近代汉语研究概要》一书中不仅对 20 世纪前后的近代汉语词汇研究情况进行了详尽论述，还就研究方法问题作了深入的分析说明，很有指导意义[⑥]。

---

① 见袁宾、徐时仪、史佩信、陈年高《二十世纪的近代汉语研究》(下册)，书海出版社 2001 年版，第 583—686 页。

② 同上，第 606—607 页。

③ 同上，第 610 页。

④ 蒋冀骋《近代汉语词汇研究》，湖南教育出版社 1991 年版。

⑤ 向熹《简明汉语史》，高等教育出版社 1993 年版。

⑥ 蒋绍愚《近代汉语研究概要》，北京大学出版社 2005 年版，第 273—303 页。

二、明代词汇研究概况

对于明代词汇的研究，明人即已开始。明代中后期出现了一批考释方言俗语的专书，如陈士元《俚言解》、杨慎《俗言》、李实《蜀语》、方以智《通雅》等，但这些研究多为词语的考释和探源，尚不系统。清代是传统语言学的兴盛时期，对明代词汇的研究却比较忽视，只有少数俗语辞书和方言著作有所涉及。进入 20 世纪，近代汉语研究逐渐发展起来，明代词汇研究随之深入。20 世 20 年代伴随着"《水浒》热"出现了考释《水浒传》词语的文章。但关于明代词汇的系统性研究成果却在 20 世纪 80 年代以后才开始出现，此期有关明代词汇的研究蔚为大观，词典及专著继踵而出。

（一）词典的编纂

词典编纂工作起步较早，在 1989—1994 年这 5 年间出版的就有：胡竹安《水浒词典》、白维国《金瓶梅词典》、方龄贵《元明戏曲中的蒙古语》、李申《金瓶梅方言俗语汇释》、曾上炎《西游记辞典》等。另外还有 2002 年王学奇、王静竹合著的《宋金元明清曲辞通释》，这是一部研究戏曲语辞的集大成之作。

（二）专书研究和词汇专题研究

上个世纪末国内主要研究著作有程湘清的《宋元明汉语研究》、章一鸣的《〈金瓶梅词话〉和明代口语词汇语法研究》和顾之川的《明代汉语词汇研究》。其中顾之川的《明代汉语词汇研究》[①]是目前所见对明代词汇研究最为全面系统的一部专著，作者基于较为丰富广泛的语料，研究了明代汉语的新词新义、词义的类聚关系、构词法及词汇的构成，刘坚认为此书"填补了汉语词汇史研究中的一个薄弱环节"[②]。与此同时，国外在日本汉学界也出现了一批相关研究成果，多为专书词汇研究，如香坂顺一《水浒语汇の研究》、《水浒语汇と现代语》，植田均《金瓶梅词话词语汇释》等。

---

① 顾之川《明代汉语词汇研究》，河南大学出版社 2000 年版。

② 同上，见序言。

近几年，近代汉语词汇专题研究渐趋深入细化，主要体现为一大批硕博论文的出现。如2006年严玺的硕士论文《〈皇明诏令〉白话敕语词汇语法研究》，2007年黄宜凤的博士论文《明代笔记小说俗语词研究》，2008年殷晓杰的博士论文《明清山东方言词汇专题研究》、刘君敬的硕士论文《〈逆臣录〉词汇研究》、周元忠的硕士论文《〈金瓶梅词话〉词汇研究》、张旭的硕士论文《〈元朝秘史〉词汇探析》，2011年刘雯的硕士论文《〈金瓶梅〉词话本和崇祯本语言比较研究》，2013年凤梅的硕士论文《〈蒙古秘史〉形容词研究》，2014年刘玲玲的硕士论文《明代外来词研究》等。可以看出，研究内容在不断深入，研究范围在不断扩大，呈现出全面系统化的趋势。

与此同时，研究视角越来越多样化，研究方法也在不断更新。黄宜凤的博士论文《明代笔记小说俗语词研究》以明代笔记小说中的俗语词作为研究对象，发掘了夹杂在明代笔记小说中的前代俗语词、新产生的俗语词，并对俗语词的来源、构词方法进行了研究。叶桂郴《明代汉语量词研究》[①]分析了明代量词对前代的继承关系及明代新量词演变的轨迹，详细论证了汉语量词虚化的轨迹和理据。2009年闫从发的博士论文《基于〈现代汉语大词典〉语料库的明代汉语词汇发展模式研究》对明代汉语词汇发展的模式和规律作了深入研究，并以此为出发点考察了汉语词汇发展的整体特点。罗国强《明代汉语新词语研究》[②]就明代新词语的类别、构成、构词法、造词方式等进行了深入分析。

（三）域外语料的挖掘和研究领域的拓展

值得关注的是，明代新语料的挖掘开辟了近代代汉语研究的新领域。日本学者开其先声，收入太田辰夫《汉语史通考》[③]的《〈老乞大〉的语言》、《关于汉儿言语——试论白话发展史》等文章，利用《老乞大》、《朴通事》等朝鲜时代教科书对元明之际的汉语特点进行了分析。刘坚

① 叶桂郴《明代汉语量词研究》，岳麓书社2008年版。

② 罗国强《明代汉语新词语研究》，湖南人民出版社2013年版。

③ 太田辰夫《汉语史通考》，江蓝生、白维国译，重庆出版社1991年版。

《〈训世评话〉中所见明代前期汉语的一些特点》[①]，陈辽《朝鲜〈吏文〉和明代语言》[②]，洪波《〈吏文辑览〉中的“给”字》[③]，张全真《〈吏文〉中的第一人称代词系统》[④]、《朝鲜官吏汉语教科书〈吏文〉的语言面貌》[⑤]、《明初白话圣旨语言研究》[⑥]等，都是利用汉语教科书、《吏文》、白话圣旨等新语料对元明时期的语言进行了研究。韩国李泰洙的《〈老乞大〉四种版本语言研究》[⑦]一书，通过比较不同版本的《老乞大》的语言，动态地考察了元朝至正年间至清代乾隆年间约 400 年里北方汉语所发生的变化及演变规律。2005 年夏凤梅的博士论文《〈老乞大〉四种版本词汇比较研究》以《老乞大》四种版本的词汇为研究对象，比较其时代差异，从而总结我国北方汉语词汇在元明清三代的历时变化，揭示其发展演变的规律。汪维辉《〈高丽史〉和〈李朝实录〉中的汉语研究资料》[⑧]一文举例分析了高丽、朝鲜时代两部史书中朱元璋白话圣旨呈现的“汉儿言语”特点，肯定了其作为明初口语资料的价值。张美兰《从〈训世评话〉文白对照看明初汉语常用动词的兴替变化》[⑨]选取 12 类语义动词作为研究对象，以分析说明这类动词在明初的新旧质素的兴替概貌，为明代汉语常用词的研究提供了较为可靠的断代依据。

---

① 刘坚《〈训世评话〉中所见明代前期汉语的一些特点》，《中国语文》1992 年第 4 期。

② 陈辽《朝鲜〈吏文〉和明代语言》，《江海学刊》2001 年第 5 期。

③ 洪波《〈吏文辑览〉中的“给”字》，载《刘叔新先生七十华诞纪念文集》，中国广播电视出版社 2004 年版。

④ 张全真《〈吏文〉中的第一人称代词系统》，〔日〕《言语文化研究》，2005(1)。

⑤ 张全真《朝鲜官吏汉语教科书〈吏文〉的语言面貌》，《浙江师范大学学报》2007 年第 6 期。

⑥ 张全真《明初白话圣旨语言研究》，〔日〕《言语文化研究》，2007(2)。

⑦ 李泰洙《〈老乞大〉四种版本语言研究》，语文出版社 2003 年版。

⑧ 汪维辉《〈高丽史〉和〈李朝实录〉中的汉语研究资料》，《汉语史学报》2010 年第九辑。

⑨ 张美兰《从〈训世评话〉文白对照看明初汉语常用动词的兴替变化》，《南京师范大学文学院学报》2012 年第 4 期。

综上，明代词汇研究成果十分丰富，但尚存在以下不足：(1) 明代前期词汇研究薄弱，语料有待开发。研究对象主要集中在小说、话本，很多散见于史书、文集中的口语语料尚未得到充分利用。由于明代前期缺少优质语料，反映实际口语的语料较分散，开采难度大，导致此期词汇研究进展缓慢。(2) 专书和个案研究多，宏观系统论述少，断代研究更少，对明代语言内部系统及特点缺乏更为细致深入的描写分析。(3) 对明代前后期词汇的差异问题关注不够。随着断代词汇研究的深入，断代词汇内部的差异性成为一个不可回避的尖锐问题，目前这一问题尚未引起学界足够的重视。

三、关于近代汉语新词新义的研究

在词汇研究中，新词新义问题一直很受重视，也是研究的难点。由于近代汉语研究起步晚，各个阶段的研究还不够深入，所以对近代汉语新词新义的研究也比较零碎、不成系统。再加上新兴词语的界定较为困难，具体操作时难度较大，对单个词语的时空定位已属不易，更遑论系统研究和断代论述。所以下面我们仅就近代汉语新词新义的研究情况作一概述。

(一) 通论性著作中的新词新义研究

在对近代汉语进行系统研究的专著中，首先关注的往往是新兴词语的问题。王力《汉语史稿》[①]第三章"语法的发展"、第四章"词汇的发展"中的部分内容涉及了近代汉语新兴词语。较为系统地阐述新词新义的著作是向熹的《简明汉语史》，其"中编：汉语词汇史"第三章论述"近代汉语词汇的发展"，专门列"近代新词的产生和蒙语、满语对汉语词汇的渗透"一节[②]，列举大量实例，对新词进行词义分析和归类，并就蒙语、满语对汉语词语的渗透进行了分析研究，使人耳目一新，加深了人们对近代汉语的认识。蒋绍愚在《近代汉语研究概要》第四章"近代汉语语法研究"和第五章"近代汉语词汇研究"中不仅对新词多有涉及，

① 王力《汉语史稿》，中华书局 2004 年版。

② 向熹《简明汉语史》，高等教育出版社 1993 年版，第 598—622 页。

而且对一些词语在近代汉语各个时段的词义变化也进行了细致的研究分析[①]。香坂顺一《白话语汇研究》[②]、徐时仪《古白话词汇研究论稿》[③]中所涉及的"白话词"也多是近代汉语的新兴词。蒋冀骋《近代汉语词汇研究》一书所研究的近代汉语词汇也基本为新词语。

新兴词是断代语言研究中不能回避的话题。程湘清《隋唐五代汉语研究》、《宋元明汉语研究》，王锳《宋元明市语汇释》，顾之川《明代汉语词汇研究》等，都对新词新义有不同范围和程度的论述。

（二）词典与新词新义研究

断代词典、专书词典所收录的词语大部分为该阶段或文献所属时代的新兴词。如龙潜庵《宋元语言词典》，高文达《近代汉语词典》，江蓝生、曹广顺《唐五代语言词典》，袁宾等《宋语言词典》，李崇兴等《元语言词典》，周汝昌主编《红楼梦辞典》，胡竹安《水浒词典》，白维国《金瓶梅词典》等。许少峰在自编《近代汉语词典》基础上又用十年之功增补而成的《近代汉语大词典》取材较为广泛，解释了自唐代至清代戏剧、小说、宋儒及禅宗语录等中出现的语词 50306 个，是一部规模较大的近代汉语词典。2015 年 12 月由白维国主编，江蓝生、汪维辉任副主编，集学界老一辈词汇史专家及年青学者共同编写的《近代汉语词典》[④]终于面世。这部词典收词 51000 余条，字数超过 900 万字，耗时 18 年，可谓皇皇巨著！该词典收词以近代汉语口语词为重点，义项排列和释义体现词义演进的历史轨迹和规律，并吸收借鉴了最新研究成果，是一部学术价值极高的工具书。

（三）考察新词新义的来源

单篇论文中很少有对近代汉语新词新义的系统论述，而多是新词语的个案研究，其中词语的探源是新词新义研究的重要内容。如张永

---

① 蒋绍愚《近代汉语研究概要》，北京大学出版社 2005 年版，第 113—303 页。

② 〔日〕香坂顺一《白话语汇研究》，江蓝生、白维国译，中华书局 1997 年版。

③ 徐时仪《古白话词汇研究论稿》，上海教育出版社 2000 年版。

④ 白维国主编，江蓝生、汪维辉副主编《近代汉语词典》，上海教育出版社 2015 年版。

言、郭在贻关于“信”的“书信”义产生年代问题的讨论[①]，董志翘《“脚”有“足”义始于何时》[②]、钟兆华《〈红楼梦〉“白”字来源探疑》[③]、曹广顺《试说“快”和“就”在宋代的使用及有关的断代问题》[④]、江蓝生《禁止词“别”考源》[⑤]，等等。

词汇研究和语法研究密不可分，语法研究中对于虚词的讨论多涉及词的产生年代问题。如赵中方《唐五代宋元集体量词的发展》，杨淑敏《元明时期新兴副词探析》，杨荣祥《近代汉语副词简论》、《近代汉语副词研究》，蒋绍愚、曹广顺《近代汉语语法史研究综述》。因为对虚词的研究一般要在动态中进行，所以虚词的产生年代往往需要界定得比较具体，新兴虚词的研究也是新兴词研究工作中做得较好的。

（四）新兴词理论研究

有关新兴词理论的研究，如新兴词的界定、新兴词的特点、新兴词的研究方法等，主要是在现代汉语领域进行的，近些年研究范围逐渐上推至明末清初以来的近代史时期的汉语即晚近汉语中[⑥]，这些研究对于近代汉语新兴词的研究很有借鉴和启发意义。针对近代汉语新兴词

---

① 见张永言《“书”的“书信”义不始于唐代》，《中国语文》1962 年第 4 期；郭在贻《“信”的“书信”义究竟起于何时》，《中国语文》1984 年第 4 期。

② 董志翘《“脚”有“足”义始于何时》，《中国语文》1985 年第 5 期。

③ 钟兆华《〈红楼梦〉“白”字来源探析》，《中国语文》1987 年第 1 期。

④ 曹广顺《试说“快”和“就”在宋代的使用及有关的断代问题》，《中国语文》1987 年第 4 期。

⑤ 江蓝生《禁止词“别”考源》，《语文研究》1991 年第 1 期。

⑥ 如赵克勤《论新词语》（《语文研究》1988 年第 2 期），于根元《新词新语和语言规范》（《语文建设》1995 年第 9 期），国怀林《论新词语的确定》（《语言学论辑》第 2 辑，北京语言学院出版社 1996 年版），邢福义《新词语的检测与搜获——一个汉语本体研究者的思考》（《语文研究》2007 年第 2 期），杨端志《从清末民初科学小说新词语看“现代性”新词语的来源和发展——兼论“标志性子词语场”理论和“现代汉语词汇史”的起点》（《山东大学学报》2007 年第 1 期），刘晓梅《当代汉语新词语研究》（2003 年厦门大学博士论文）、《现代汉语词语近代寻源——兼谈近代史料的语言学价值》（《宁夏大学学报》2007 年第 2 期）等。

的理论研究较少，目前未见系统论述。汪维辉在《中古汉语词汇研究概况》一文中谈到“新词新义研究”问题，对词语考释和新词新义研究二者的目的、性质进行了区分：“词语考释的目的是阐明词义和词的得义之由，而新词新义的研究则更注重从词汇发展的角度揭示某一时期产生了哪些新词、旧有的词产生了什么新义，并且以溯源即尽可能找到最早的书证为主要目标……词语考释工作基本上属于训诂学的范畴，而抉发新词新义则主要是属于词汇史的范畴。”[①]从学科角度对新词新义研究进行了归类。

当然，新兴词的研究离不开词义的发展演变研究。关于近代汉语词义的发展演变问题目前论述较为丰富，如蒋绍愚《古汉语词汇纲要》[②]和《关于汉语词汇系统及其发展变化的几点想法》[③]中的有关论述具有指导意义；蒋冀骋《近代汉语词汇研究》中的论述较系统深入。此外词义引申、词义感染（词义渗透）、语义场理论等对于新词新义的演变研究都很有借鉴价值。

（五）近十年新词新义研究新动向

近十年来国内汉语学界对现当代新词新义的研究如火如荼，受其影响，对古代和近代汉语新词新义的研究也逐渐受到注目，专书或专题研究开始大批出现，以硕博论文为主，如：2007 年赵金丹的硕士论文《〈朱子语类〉新词新语初探》，徐曼曼的硕士论文《〈北梦琐言〉双音新词新义研究》；2009 年周琳娜的博士论文《清代新词新义位发展演变研究》，赵利霞的硕士论文《〈肘后备急方〉中的新词新义》，忻丽丽的硕士论文《〈东观汉记〉新词新义研究》；2010 年魏巍的硕士论文《元代汉语词汇史新词研究》，李长银的硕士论文《〈搜神记〉新词研究》；2011 年孙晓玄的博士论文《基于〈汉语大词典〉语料库的宋代新词研究》，宋琳的博士论文《基于〈汉语大词典〉语料库的魏晋新词语研究》；2013

① 见《中古汉语词汇研究概况》，《南大语言学》第二编，第 170 页。

② 蒋绍愚《古汉语词汇纲要》，北京大学出版社 1989 年版。

③ 蒋绍愚《关于汉语词汇系统及其发展变化的几点想法》，《中国语文》1989 年第 1 期。

年郭飞飞的硕士论文《〈大唐西域记〉新词新义研究》。2015 年方圆的硕士论文《〈集韵〉动词新词新义研究》、王艳红的硕士论文《〈弥沙塞部和醯五分律〉中双音节新词新义研究》。新词新义研究是继前一阶段即语义场研究浪潮之后出现的第二次高潮，表现出汉语界对汉语词汇的研究正逐渐由静态描写进入到动态观察与静态描写相结合的阶段。

第二节 明代前期词汇研究的意义和价值

一、研究意义

只有对汉语史各个时段的语言进行细致的描写分析，并在此基础上对其前后时期的语言加以对比研究，从微观上总结出语言渐变的规律性，才能完整汉语史的链条。

历史上每次不同民族间政权的变更都会对语言产生很大影响，政权归属的变化意味着强势语言的改变，普通民众的语言也会随之发生相应的变化，从而使汉语整个词汇语法系统进行相应的调整。所以在改朝换代之际，特别是出现不同民族之间权力交接的时期，是最引人注目的语言变化时期。明代之前有一百年的少数民族统治时期，元之前的南宋时期更是出现了长达一百多年的南北对峙，北方一直在女真族统治之下。在长期的民族语言融合中，汉语自身的变化十分显著，这种变化需要在一个静态的环境中来观察，正如经过五胡乱华之后汉语终于在唐代得到沉淀，唐代成为近代汉语的开端，而明代是继唐之后的又一个重要的语言得到沉淀的阶段，因而是考察语言的绝好时期。

当前断代词汇研究成果较少，明代词汇研究对于词汇史的构建有着重要意义。汉语词汇史的构建是一项复杂艰巨的工程，虽然汉语研究者在这方面付出了大量心血，但仍有很多领域有待开发。“在词汇方面，做的大量工作是对词语的诠释，而对词汇系统、词汇发展规律等方面的研究比较缺乏。”[①]的确，在过去很长一段时间内，有关近代汉语词汇研究的专书和个案研究较多，研究者多侧重于词义的挖掘，宏观系统的论述少，断代研究更少，特别是对近代汉语词汇研究中无法回避的新词新义、词汇的系统性等问题，其研究一直是零碎、不成系统的。当前明代汉语研究也存在着同样的问题。

新词新义研究是汉语词汇史研究的重要内容。汪维辉指出：“新词新义的研究是汉语断代词汇研究和词汇史研究的重要内容。”[②]新词语与时代关系密切，反映社会生活各方面的新变化，具有鲜明的时代特征；同时新词的产生也是词汇系统自适应的外现。通过对新词出现原因的探讨和词义发展演变个案的分析，可以发现语言发展与社会文化、心理、思维习惯等各方面的关系，以及语言内部的发展规律，包括词汇系统的调节机制和词义演变的深层规律等，这对汉语词汇史的研究有十分重要的价值。

新词新义与词汇系统的关系非常密切。周光庆谈到：“词汇尤其是基本词汇的发展，既表现为新词新义的日益增生，也表现为旧词旧义的日渐消亡，主要是指词汇词义系统中各子系统词汇词义数量的增减和相互之间多种关系的演变以及由此形成的在总体上的越来越精密、越来越发达的状态。民族语言词汇的发展，是民族生存方式和社会文化推陈出新、曲折发展的生动写照与忠实标志。观察语言词汇的发展，首先要着眼于新词新义的增生……”[③]杨荣祥更是指出研究新兴词的独特意义：“一个新词产生，不是孤立的现象，它必然要在词汇系统中占据一个相应的位置，与他词形成某些聚合关系和组合关系。”[④]王军也指出：“词汇系统确实是有‘牵一发而动全身’的特性的。这种特性带来的

---

① 蒋绍愚《近代汉语研究概要》，北京大学出版社 2005 年版，第 273 页。

② 汪维辉《中古汉语词汇研究概况》，《南大语言学》第二编，商务印书馆 2005 年版，第 174 页。

③ 周光庆《试论从本体论角度研究汉语词汇》，李如龙、苏新春编《词汇学理论与实践》，商务印书馆 2001 年版，第 48 页。

④ 杨荣祥《〈世说新语〉中的反义词聚合及其历史演变》，《语言学论丛》第二十四辑，商务印书馆 2001 版。

结果是，一个新词的产生，往往会带来更多新词的产生和词义的变化，这是词汇发展的一个不可忽视的重要因素。”①

就汉语史的研究而言，词汇史的断代研究离不开新词新义和词汇系统的研究。杨端志认为：“给一种语言的词汇史断代，必须考虑词语的系统性。只有当一种语言的词语中出现了新的词语子系统的时候，才算是有了飞跃，有了质的变化。”②

语料是研究语言的基础，反过来，做好新词新义的断代研究工作，可以更好地解决语料的年代问题，同时可以为大型辞书的编纂和修订提供依据。

二、研究价值

本研究的价值主要体现在以下几个方面：

（一）疑难词语训释是词汇研究的一项基本工作，本研究从音韵、训诂等语言层面对明代前期的疑难词语进行了考释，并从社会、历史、文化等角度分析其形成及来源，为一些词作出了解诂。

（二）在大量个案研究的基础上，我们就明代前期词汇及新词新义的特点、新兴复合词的构词方法、新兴词的来源及发展趋向、新兴词消亡的原因等问题进行了分析，丰富了明代词汇研究的内容。明代前期产生的新词新义很多沿用至现代汉语中，成为现代汉语词汇的重要组成部分，所以本研究可以为现代汉语词汇的探源工作提供研究基础。

（三）对明代前期词汇的同义和反义聚合，以及“打”“弄”“给”等词的组合关系进行了分析探讨，以考察词汇发展变化的规律，从而对明代前期词汇系统进行透视，这可以为学者的后续研究提供基础和借鉴，推

---

① 王军《词汇动态研究的方法论思考》，葛本仪主编《汉语词汇学》，山东大学出版社 2003 年版，第 663 页。

② 杨端志《从清末民初科学小说新词语看“现代性”新词语的来源和发展——兼论“标志性词语场”理论和“现代汉语词汇史”的起点》，《山东大学学报》2007 年第 1 期。

动断代词汇研究走向深入。

（四）本文的研究可为断代词汇内部比较研究提供借鉴。明朝从1368年朱元璋称帝至1644年崇祯帝缢死，历时276年。研究表明，在语言上其前期和后期是有一定差异的，这一问题虽有前贤提及，但至今尚无人进行系统分析。

（五）本研究可以为研究者提供一个资料相对比较丰富的明代前期汉语语料库。明代前期优质白话语料少，文献中往往白话与文言混杂。我们对前贤研究较少或从未研究过的宋元明时期的白话语料，包括诏令、文书、文集、狱词、笔记、杂史、词话、域外汉语语料等，进行了细致甄选，披沙沥金，从中离析出白话语料，建立明代前期白话语料库，可以为研究者提供研究资料。

第三节　语料选择

语言研究工作中首先要解决的是语料问题。高小方师说过："汉语发展与演变研究，其基础是对语料的准确把握。……进行汉语研究，如果对于所利用的语料的时空定点等问题认识不清，那么，整个研究工作就缺少一块稳固的基石。"①

一、明代汉语研究中的语料问题

明代语料堪称丰富，包括小说、白话史料、会话书、散曲、山歌以及文集中的白话资料。当今研究者使用较多的是白话小说、话本和拟话本这一类材料，如罗贯中《三遂平妖传》、施耐庵《水浒传》、吴承恩《西游记》、兰陵笑笑生《金瓶梅词话》、洪楩所编《清平山堂话本》、冯梦龙编的"三言"（《喻世明言》〔即《古今小说》〕、《醒世恒言》、《警世通言》）、凌濛初"二拍"（《初刻拍案惊奇》、《二刻拍案惊奇》）等。由于这些语料成书存在一个较长的过程，语言层次存在着叠加累积的情况，时代难明，是

① 高小方、蒋来娣《汉语史语料学》，高等教育出版社2005年版，第2页。

否能忠实反映当时的语言实际就成问题。以《水浒传》而言，香坂顺一经过研究后认为："《水浒》并非施氏一人所写，光凭此书词汇上的差别即可断定。……我们可以从《水浒》中发现，宋代词汇、元代语言、明代词语用法的凑合，比比皆是，通书缺乏语言的一贯性。一般来说，如果把它作为语言研究的资料是很危险的。"[①]更有些话本成书年代难以确定，所以它们并不是研究明代汉语的最佳语料。即使是作为优质语料的《金瓶梅词话》、《山歌》、《挂枝儿》等，其成书年代也已经属于明代后期，因而上述语料并不能完全代表整个明代的语言面貌。我们这里选择的是明代前期的诏令、文书、文集、狱词、笔记、杂史、说唱词话、朝鲜汉语教科书和史书中的白话语料，时代确定，如明初皇帝（主要是明太祖朱元璋）的诏令敕语，非常忠实地记录了当时的口语，是研究明代前期语言特别是口语的宝贵语料。

二、本文使用语料介绍

本文研究语料分三个层面：

（一）基础语料

基础语料是本文的主要分析语料，包括以下三部分内容：

1. 明初汉族人的语言材料。又包括以下三类：

（1）明初皇帝的白话敕语。主要是明太祖朱元璋的敕语，也包括永乐帝朱棣的2篇敕语和宣德皇帝的1篇诏书。朱元璋以帝王之尊，金口玉言，其言语时人和后人不敢随意妄改，当与其时的实际语言相符，因而最切合语言实际。朱元璋也很在意自己语言的权威性，不允许被随便窜改[②]。这部分语料包括：

①《皇明诏令》中的9篇白话敕语。篇目如下：

戒谕武臣敕（洪武二十一年六月）

---

① 见〔日〕香坂顺一《水浒词汇研究（虚词部分）·前言》，文津出版社1992年版。

② 《刘仲璟遇恩录》记载："（洪武二十四年二月）二十八日，钦奉圣旨：'着记事，有不是我口里说的说话，他每胡添上时，尔便来说。传旨宣唤人。'"

谕武臣恤军敕(洪武二十一年六月)

宣谕武臣敕(洪武三十一年六月)

戒谕管军官敕(洪武)

御制军人护身敕

靖难兵兴令旨(洪武三十二年)

谕天下武臣敕(永乐七年正月初一日)

谕福建各官敕(永乐八年二月)

即位诏(宣德十年正月初十日)

本书所引用者,其中第一、二、四、五、七条依据刘坚、蒋绍愚《近代汉语语法资料汇编》(元代明代卷),商务印书馆 1995 年版。其他在《汇编》中没有收录的内容,依据《续修四库全书》,并参考《中国珍稀法律典籍集成》①。《宣谕武臣敕》属于文白夹杂;《靖难兵兴令旨》文言成分较多,夹杂白话成分;《即位诏》虽主要为书面语,但文中有一些新兴词语及至今沿用的公文用语。

② 王世贞《弇山堂别集》卷八十六至卷八十八共三卷中所录的白话成分较多的敕语,此据魏连科点校,中华书局 1985 年版,并参考《文渊阁四库全书》本。

这部分材料系王世贞从内府抄出,内容为"自高帝以后书檄之类不登诏令及不可以入史传者"②,我们所选的内容是从宋小明王龙凤十一年(1365)至明永乐十二年(1414)间明太祖朱元璋和永乐帝朱棣的敕语,计 109 条,约 17000 字。这部分语料具有很高的可信度。今北京博物院藏有朱元璋的手迹,我们核对其中的一段文字,发现其内容与《四库全书》所收王世贞《弇山堂别集》中的文字一致。见图 1。

---

① 《中国珍稀法律典籍集成》乙编第三册,杨一凡、田禾校点,科学出版社 1994 年版。第三册所收《皇明诏令》是以北京图书馆藏本为底本,该藏本是明嘉靖二十七年刻本,二十一卷。

② 见〔明〕王世贞撰《弇山堂别集》卷八十五《诏令杂考》。

教總兵官將各
營內新舊見在
馬疋數目报来
毋得隱瞞就
教小先鋒將手
抹来回話

图 1　故宫博物院藏朱元璋亲笔信①

王世贞《弇山堂别集》卷八十六《诏令杂考二 · 与魏国公书》原文作：

> 教总兵官将各营内新旧见在马匹数目报来，毋得隐瞒，就教小先锋将手抹来回话。初二日

对比二者，唯量词“匹”的写法不同，其他文字完全一致。

③ 朱元璋《大诰武臣》，影明洪武刻本，《续修四库全书》史部第 862 册。这是洪武二十年(1387)朱元璋告诫武臣的诏令册。因告诫的对象是文化水平很低的中下级武臣，朱元璋用了极为直白的口语，如同当面训教，语言明白如话。

④ 其他文献中散见的敕令。如明黄佐所撰《南雍志》卷十中的两则诏令：《谕监丞、典簿、掌馔敕》(洪武十六年)、《谕国子监诸生遵守学规敕旨》(洪武三十年)，见《续修四库全书》史部第 749 册。《高皇帝御

① 据吴晗《朱元璋传》(生活 · 读书 · 新知三联书店 1965 年版)书前所附影印资料。

制文集》卷一的《谕西番罕东毕里等诏》[1]。另外明人笔记中也有白话诏令的记载，如叶盛《水东日记》、李诩《戒庵老人漫笔》、顾起元《客座赘语》等。

(2) 明初人转述的朱元璋的话语以及对话资料。主要语料是《刘仲璟遇恩录》，见涵芬楼影印明万历刻本《纪录汇编》卷十五，又见于刘基《诚意伯刘文成公文集》(《四部丛刊》影明刊本)卷一《诚意伯次子合门使刘仲璟遇恩录》。此据刘坚、蒋绍愚《近代汉语语法资料汇编》(元代明代卷)，商务印书馆 1995 年版。

(3) 明初人的狱词。主要材料包括：

①《李善长狱词》，见于钱谦益《牧斋初学集》卷一〇四(《四部丛刊》初编)，此据刘坚《近代汉语读本》(修订本)，上海教育出版社 2005 年版。

②《逆臣录》，五卷。其成书年代在洪武二十六年[2](即 1393 年)。现仅存明红格钞本，藏北京大学图书馆。此据王天有、张何清校点《逆臣录》，北京大学出版社 1991 年版。

2. 朝鲜李氏王朝时代的公文和史书中保存的白话语料。我们这里选择了两种资料：

(1)《吏文·吏文辑览》(下文简称《吏文》)，朝鲜崔世珍编，此据朴在渊校注的《吏文·吏文辑览》，鲜文大学校、中韩翻译文献研究所出版，延梨文化社 2001 年印刷。《吏文·吏文辑览》是在《吏文》的基础上删定而成的。《吏文》是朝鲜时代官员的学习读本，“朝鲜的吏治遵循明王朝的吏治体制，朝鲜为了使官员熟悉各类吏治文书的格式体例，便从明王朝的各种文书以及朝鲜与明王朝之间往来文书中选取了若干部分，编成《吏文》一书，作为官员们学习的范文读本。这个读本共分四卷，卷一是明朝皇帝的宣谕和圣旨，卷二至卷四是奏章、呈文、照会、咨议等各类吏文。明嘉靖十八年(1539)，李朝折冲将军义兴卫副护军崔

---

① 四库全书本《明太祖文集》中作《谕西番罕都必喇等诏》，文字基本一致，唯音译人名不同，如文中“罕东、毕里、巴一撒”分别作“罕都、必喇、拜桑”。

② 《明史·太祖本纪三》载：“(洪武二十六年二月)己丑，颁《逆臣录》于天下。”

世珍编撰了《吏文辑览》，以帮助读者读懂这些吏文。由于原《吏文》一书卷一是皇帝的宣谕和圣旨，对普通官员学习吏文没有太大的作用，崔世珍将原书的卷一删去不收，所以我们现在见到的《吏文辑览》一书只有卷二三四，而卷一阙如。崔世珍对卷二至卷四的各类吏文中不容易被大家理解的汉语语词及专有术语、吏文体裁等进行了注解训释，用双行小字附于正文之中……"[1]。从其所选文案来看，最早为洪武元年，最迟为成化十四年，由此我们可以大致确定《吏文》的语料年代为1368—1478年，属于明代前期。文中保存了不少明代的口语资料，从中"可看出明代皇帝到平民口语的大致情况"[2]。

可以肯定的是，《吏文》的语料是可信的，其所记的很多事件在《明实录》等文献中都有记载。如《吏文》中记录了洪武五年(1372)朱元璋针对高丽欲请子弟入学一事所下的诏令：

> 钦奉圣旨："高丽国王欲令子弟来国学读书。我曾闻唐太宗时，高丽国亦尝教子弟来入学。这的是件盛事。又想这子弟每，远来习学呵，在这里，或住半年，或住一年，或住年半。要回去，交他回去。虽然听从其便，但为本国远处海东，比至京师，水路经涉海洋，陆路不下一万余里。隔离乡土，为父母必怀其子，为人子必思其亲，此人之常情。恁中书省回文去，交高丽国王与他臣下每好生熟议。若是那为父母的愿令子弟入学，为子的听受父母之命来学者，交高丽国王差人好生送将来。省家回的文书，要说的明白。钦此。"(卷二)

关于此事，在《太祖实录》中也有相关记载：

> 上顾谓中书省臣曰："高丽欲遣子弟入学，此亦美事。但其涉海远来，离其父母，未免彼此怀思。尔中书令其国王与群

---

① 见《吏文·吏文辑览》洪波所作"校勘后记"，第247页。

② 陈辽《朝鲜〈吏文〉和明代语言》，《江海学刊》2001年第5期。

下熟议之。为父兄者果愿遣子弟入学，为子弟者果听父兄之命，无所勉强，即遣使护送至京，或居一年或半年，听其归省也。”（卷七十三）

从中可以看出，《吏文》所载应是朱元璋语言的真实记录，《实录》的语言更加书面化，文言成分增多，应该是对诏令做了语言加工。无论从语言研究还是历史研究的角度看，《吏文》的价值无疑更大。

日本学者前兼恭作给原《吏文》加上训读，并将辑览部分从正文的间注中抽取出来，后由末松保和编辑校勘，于昭和五十年（1975）印刷出版了《训读吏文》。本文将这个本子作为参考。

（2）《李朝实录》，又名《朝鲜王朝实录》，记录了朝鲜王朝从太祖到哲宗共 25 代国王计 472 年（1392—1863）的历史。其中有很多与中国明、清王朝的交往记载，在对明朝的交往记载中录有明初太祖朱元璋、建文帝和永乐三位皇帝的白话圣旨，将近 2 万字。本文主要依据吴晗所编的《朝鲜李朝实录中的中国史料》，中华书局 1980 版。

3. 蒙古人撰写或口述、汉人翻译的口语资料。这部分资料我们选取两种：

（1）《元朝秘史》，明洪武年间译为汉文，“反映的是明代初年的口语”①。其流传至今版本主要有三个②，此据《四部丛刊三编》影元钞本，并参考影明刻本（见《续修四库全书》史部第 312 册）。

（2）《正统临戎录》，明初蒙古族人哈铭记述，“记明英宗北狩始末。……惟首尾俱作通俗语。盖铭未必知书，当时口述，令人书之于册尔”（《四库全书总目·史部·杂史类存目》）。见于涵芬楼影印明万历刻本《纪录汇编》卷十九，此据刘坚、蒋绍愚《近代汉语语法资料汇编》（元代明代卷）。又见《续修四库全书》史部第 433 册。

4. 明代中叶之前成书的朝鲜时代汉语教科书。我们选取两种：

---

① 蒋绍愚《近代汉语研究概要》，北京大学出版社 2005 年版，第 21 页。

② 见刘坚、蒋绍愚《近代汉语语法资料汇编》（元代明代卷），商务印书馆 1995 年版，第 266 页，《元朝秘史》“校记〔一〕”。

(1)《原本老乞大》,大约成书于高丽朝末期,约相当于中国元末的至元、至正年间。此据汪维辉《朝鲜时代汉语教科书丛刊》,中华书局2005年版。

(2)《训世评话》,朝鲜人李边(1391—1437)著,成书于1473年。刘坚认为它"既反映了明代前期汉语的口语特点,也保留了一些外语对汉语的影响的痕迹"①。此据汪维辉《朝鲜时代教科书丛刊》,中华书局2005年版。

以上两部汉语教科书的方言背景不同,"《训世》中存在南方官话的成分;《老谚》《朴谚》使用的语言是明代前期(15世纪后期)的北方官话,其中还保留了一些元代'汉儿言语'的成分,《朴谚》中可能还存在少量南方官话的成分"②。

本文把上述四种基础语料作为穷尽式分析描写的对象,这部分语料共计约45万余字。在上述基础语料中,语料时间最早是元至正二十五年,即小明王龙凤十一年(1365),至迟是15世纪后期,其间130多年。其中主要语料集中在洪武年间(共31年)。从时间上看,这些语料属于明代前期。

(二)辅助语料

考虑到语言的渐变性,也为了避免语言分析出现片面性,我们还选择了一些辅助语料,主要包括明代的部分笔记、说唱词话和戏曲。兹介绍如下:

1. 明人笔记资料。这里选取明代笔记中相对来说有一定口语性的作品,包括:李实《北使录》,金幼孜《北征录》、《北征后录》,尹直《謇斋琐缀录》,陆容《菽园杂记》,叶盛《水东日记》,李贤《天顺日录》,马欢《瀛涯胜览》,史仲彬《致身录》,共9部。

2. 戏曲和说唱词话。这里我们选取杂剧《团圆梦》和《明成化说唱

① 刘坚《〈训世评话〉中所见明代前期的一些特点》,《中国语文》1992年第4期。

② 汪维辉《〈老乞大谚解〉〈朴通事谚解〉与〈训世评话〉的词汇差异》,《语言研究》2011年第2期。

词话丛刊》。《团圆梦》,明宗室藩王朱有燉作于宣德八年(1433)年,此据刘坚、蒋绍愚《近代汉语语法资料汇编》(元代明代卷)。《明成化说唱词话丛刊》,收录了明成化七年至十四年(1471—1478)间的说唱词话,为北京永顺堂刊印,1967年出土后由上海博物馆收藏。这是"我国现存的诗赞系说唱文学的最早刻本"①,袁宾认为这批成化本词话和南戏口语化程度很高,为研究明代中叶以前的汉语口语提供了可靠的材料②。此据朱一玄校点本,中州古籍出版社1997年出版。

3.《朴通事谚解》。该书虽成书于17世纪,但"大体上反映了明初的北方话口语,其中也许还杂有南方方言的成分"③。此据汪维辉和朴在渊校点、2003年鲜文大学校中韩翻译文献研究所印刷的《朴通事谚解》。

这部分辅助参考语料共计约60余万字。

(三)背景语料

词汇是不断发展变化的,要描述它也需要在一个动态的语言环境中。我们在研究中除立足上述语料外,还主要参照了下述背景语料:

唐及五代:《全唐诗》,《入唐求法巡礼行记》,《王梵志诗》,《六祖坛经》,《祖堂集》,《敦煌变文校注》。

宋:《全宋词》,《苏轼集》,《五灯会元》,《三朝北盟会编》,《朱子语类》,《大宋宣和遗事》。

金:《古本董解元西厢记》,《刘知远诸宫调》,《大金吊伐录》。

元:《元典章·刑部》,《通制条格》,《新校元刊杂剧三十种》,《全相平话五种》。

明:《水浒传》,《西游记》,《型世言》,三言二拍,《金瓶梅》,《南城召对》。

清:《红楼梦》,《醒世姻缘传》,《儿女英雄传》,《聊斋俚曲集》,《歧路灯》。

---

① 周启付《谈明成化刊本"说唱词话"》,《文学遗产》1982年第2期。

② 袁宾《明代成化本词话语词考释》,《镇江师专学报》(社会科学版)1987年第1期。

③ 汪维辉《〈朴通事〉的成书年代及相关问题》,《中国语文》2006年第3期。

近代:《官场现形记》,《小说报》,《东方杂志》。

现代:钱锺书《围城》。

当代:《王朔自选集》。

在《明代汉语词汇研究》一书中,顾之川把明代白话文献的语言特点概括为四个方面:一、语体特点:文言与白话夹杂;二、语言范式:官话与方言共享;三、时间层次:宋元与明代混合;四、词汇成分:汉语与蒙古语杂糅①。就本文所选择的研究语料而言,除第三个方面是我们选择语料时要极力避免的之外,其他三方面的特点在语料中都很突出,详见下文第一章有关论述。

第四节　研究思路及方法

一、研究思路

(一)首先选择典型语料,建立明代前期白话语料库。立足于基础语料,对其作穷尽性的分析,描写词汇面貌。

(二)检索汉籍全文检索系统、文渊阁四库全书、中国基本古籍库、四部丛刊、北大语料库、大正藏、国学宝典等电子语料,参照《汉语大词典》、《汉语大字典》等工具书,结合前人研究成果,筛选出新词新义,尤其是找出具有时代特点的词语,并从中梳理每个词的发展线索。

(三)对研究对象——新词新义、常用词、同义词、反义词等进行研究。通过对汉语史的考察,确定研究对象,对一些新兴词语的形成、来源和发展趋向等进行较为深入的探讨。运用有关语言学理论,从组合和聚合关系的角度,通过个案研究,来透视明代前期汉语的词汇和语义系统;运用社会语言学理论,对宋元明时期的词汇差异以及明代前后期的词汇差异作比较研究。

另外需要说明的是:其一,本研究立足于明代前期语料,但对于筛

① 顾之川《明代汉语词汇研究》,河南大学出版社2000年版,第71—79页。

选出的词语(主要是新兴词语)则是把它们置于一个大的语言背景下尤其是整个近代汉语中进行考察,而不是仅仅囿于限定语料。其二,尽管本文搜索的语料上至先秦、下至当代作品,都广泛涉及,但书面语言和实际口语之间毕竟是有距离的,书面语所反映的语言信息往往滞后,加之战乱等人为因素造成文献语言的链条不完整,所以我们在确定新词新义的出现时间时难免出现差误,祈请方家指正。

二、研究方法

(一) 描写与解释法:立足自建语料库,分析描写词汇,力求准确解释词义,客观分析语言现象。

(二) 定量分析和定性分析法:首先以语料为出发点,选定既有特点又有代表性的词语;其次运用统计法,对这些词语在各个时期代表性文献中的使用情况作词频统计,以此为基础分析各个时段的词汇差异,揭示词汇特点和变化规律。

(三) 共时研究和历时研究法:在共时平面上对明代词汇作内部比较,从历时角度对从南宋至明代的词汇变化作动态分析。

在运用上述研究方法的同时,比较法贯穿研究始终。

第一章　白话语料所反映的明代前期汉语词汇特点及其成因

通过对明代前期白话语料的细致分析，我们发现，此期汉语词汇时代特征鲜明，既有对元代语言的继承，又表现出自身的新特点。新词新义大量出现，很多唐宋时期已经出现但很少使用的词语在元明时期用例大增，且很多沿用至现代汉语中。其中的原因值得分析探究。

第一节　明代前期汉语词汇的特点

蒋冀骋、吴福祥认为："近代汉语在构成上有四个显著特点：1. 口语词多；2. 方言俗语词多；3. 市语多；4. 外来语多。"[①]魏达纯指出近代汉语文献语言的特点有三个：一、口语与文言相间杂；二、往往带有方言色彩，反映了口语的地域性；三、体现了语言的时间性[②]。明代前期汉语词汇也基本具备了上述特点，同时还具有其他一些特点，下面我们分为七个方面进行分析。

一、深受元代语言影响，保留异质语言因素，呈现出与明中后期不同的词汇特点。

元代对明代前期语言影响的痕迹十分明显。元代公文常用的词语

① 蒋冀骋、吴福祥《近代汉语纲要》，湖南教育出版社 1997 年版，第 185 页。

② 魏达纯《近代汉语简论》，广东高等教育出版社 2004 年版，第 51—54 页。

如“差发”“勒措”“体覆”“追陪”，祈使语气词“者”[①]，假设语气词“呵”，句末动词“有”[②]，表因果或目的关系的“上头”，代词“这般着”“么道”[③]，后置词“行”“里”，口语词“勾当”“根前”“好生”“地面”等仍在明前期沿用。下面分别是洪武五年和洪武十年朱元璋的两则诏谕：

(1) 九月壬戌，张子温、吴季南还。帝赐王药材，亲谕子温等曰：“前年恁国家为耽罗牧子的事进将表文来呵。我寻思，这耽罗的牧子系元朝达达人，本是牧养为业，别不会做庄家，又兼积年生长耽罗，乐土过活的人有。更这厮每从前杀了恁国家差去的尹宰相么道。把这厮每迁将别处住去呵，怕那厮不知国王的好意思，疑惑著别生事端，所以不准来。今番这厮每又怎的如此作乱有。我如今国王根底与将书去有。恁到那里国王根底备细说者，休小觑他，多多的起将军马尽行剿捕者。我听得恁那地里倭贼纵横劫掠，滨海人民避怕逃窜，不能镇遏，致使本贼过海前来作耗的上头，我这里戒饬沿海守御官，见获到前贼船一十三只，有若耽罗牧子每与此等贼徒相合一处呵，剿捕的较难有。又听得女直每在恁地面东北，他每自古豪杰不是守分的人有。恁去国王根底说着，用心提防者。又听得恁国家疑惑大么道。自古天下有中国，有外国，高丽是海外之国，自来与中国相通，不失事大之礼，守分的好有。况今朝聘之礼，不曾有缺，有甚么疑惑处！昔日好谎的君王如隋炀帝者，欲广土地，枉兴兵革，教后世笑坏他。我心里最嫌。有我这说的话，恁去国王根底明白说到。”(《朝鲜李朝实录中的中国史料》前编卷上《高丽史》)

(2) 奉天承运的皇帝教说与西番地面里应有的土官每知

---

① 语气词“者”用在句末，表示命令、晓示或祈使语气在唐代已经使用，但元代公文敕语中使用最多。

② 主要表示现在时，或起谓语系词的作用，相当于汉语的“是”。

③ 参见祖生利《元代直译体文献中的“么道”》，《民族语文》2004 年第 4 期。

道者：俺将一切强歹的人都拿了，俺大位子里坐地有。为这般上头，诸处里人都来我行拜见了，俺与了赏赐名分，教他依旧本地里面快活去了。似这般呵，已自十年了。止有西番罕东、毕里、巴一撒，他每这火人为甚么不将差发来？又不与俺马匹牛羊。今便差人将俺的言语去开与西番每知道，若将合纳的差发认了送将来时，便不征他；若不差人将差发来呵，俺着人马往那里行也者，教西番每知道。俺听得说，你每释伽佛根前、和尚每根前好生多与布施么道。那的是十分好勾当，你每做了者，那的便是修那再生的福有。俺如今掌管着眼前的祸福俚，你西番每怕也那不怕？你若怕时节呵，将俺每礼拜着！将差发敬将来者！俺便教你每快活者，不着军马往你地面里来，你众西番每知道者！（《高皇帝御制文集》卷一《谕西番罕东毕里等诏》）

从这两则诏令中我们可以看到活脱脱的元代白话圣旨的影子。其中划线词语的特殊意义和用法，至明代中期以后就很少使用了。

有一些蒙古语的音译词在明代初期仍暂时使用，如“把都儿”[①]“撒袋/撒答”[②]“答纳”[③]，音义合成词“探马赤”[④]等。还有些蒙语词汇则对汉语产生了深远影响，如“站赤”“站”迅速进入交际语，成为汉语的常用词。“驿站”之“站”乃是从蒙古语 Jam 借来的音译词[⑤]，鲁国尧先生在分析陶宗仪《南村辍耕录》卷八“狗站”一条时进一步指出：“在这部用汉语写成的著作中，‘站’用得如此纯熟自如，可见这个音译借词已经深深

① 蒙古语，勇士。或译作“巴都儿”、“拔都儿”、“把突儿”等。参见李崇兴等《元语言词典》，上海教育出版社 1998 年版，第 9 页及方龄贵《元明戏曲中的蒙古语》，汉语大词典出版社 1991 年版，第 2 页。

② 盛弓和箭的袋子。参见方龄贵（1991）《元明戏曲中的蒙古语》第 102 页“撒袋”。

③ 指大珠。同上，第 124 页。

④ 指元初成吉思汗攻金时以蒙古所属色目诸部族组成的军队。

⑤ 方龄贵《元明戏曲中的蒙古语》，汉语大词典出版社 1991 年版，第 16 页。

渗透进汉语词汇中了。”①

其他民族或部族的词语也有少数进入了汉语词汇。如女真族的“大马法”(女真族对其屯长的称谓)、“喝盏”(金代以后至明代朝宴的一种仪式),其他少数民族的“把事”(少数民族部族中土官手下的主管官员)等,但这些词语对汉语的影响非常有限。

此期汉语在某些常用词的使用上也受到元代的影响,呈现出与明代后期不同的用词特点。如明代前期汉语中代词复数形尾一般用“每”,很少使用“们”。在我们的研究语料中,“每”与“们”的使用比例为 1459∶19,与元代使用习惯一致,与南宋时期的使用情形正相反。吕叔湘认为:“较为近情的假设是把每和们认为属于不同的方言系。……我们或许可以假定在宋、元时代这两系已经有相当分别,北系方言用每而南系方言用们。北宋的时候,中原的方言还是属于南方系,现在的北方系官话的前身只是燕京一带的一个小区域的方言。到了金元两代入主中原,人民大量迁徙,北方系官话才通行到大河南北,而南方系官话更向南引退。……到了元代,北方系官话成了标准话,每字就通行起来。……明初的情形还是如此……到明朝中叶以后们字才又多起来。”②从南宋到明代前期的三百多年时间里,政治中心经历了三次转移,曹广顺认为:“这种政治、权力中心从南到北,再从北到南的转移,肯定会对三代的流行的官话系统造成一定的影响。”他考察了这期间某些语法、词汇出现循环变化的现象,指出其共同变化规律是:宋代用或多用,元代不用或少用,明以后又恢复到宋代的情况。③ 复数代词“们”和“每”的交替使用也是这一观点的有力支撑。我们认为,在明代前期这种交替还没有完成,本文研究语料中

---

① 鲁国尧《陶宗仪〈南村辍耕录〉等著作与元代语言》,《南京大学学报》1996 年第 4 期。

② 吕叔湘著,江蓝生补《近代汉语指代词》,学林出版社 1985 年版,第 58—59 页。

③ 曹广顺《试说“快”和“就”在宋代的使用及有关的断代问题》,《中国语文》1987 年第 4 期。

"每"与"们"的使用比例十分悬殊，基本上使用"每"，这也可以作为明代前后期语言差异的明证。关于明代前后期词汇的差异，我们将在第五章作专门论述。

二、口语和方言词语大量进入书面语，扩散融入通语；方言词语表现出一定的地域差异和渗透性。

"大量口语方言成分涌入文学语言，是近代汉语词汇发展的特点之一。"[①]在明代，口语方言成分不仅进入文学语言，也进入笔记、公文甚至史书中。明代文献中的口语词和方言俗语俯拾皆是，如住坐、倒死（倒毙）、说称、黄鼠狼、早前、明后、镯头、褯儿、绵子（丝绵）、了后、了（最后）、命快（命运好）、别个、南手里（南面）、北手里（北面）、不见（丢失）、早是（幸而）、在上（之上，以上）、肋扇（带肋骨的一扇肉）、露天地里、这歇（这会）、一答（一起）、后晌，等等。

此期口语词和书面语相伴而生，一些词语出现后不久很快就有了相应的口语形式，且交互使用。如"房屋"和"房子"都是在南宋时期开始出现使用，本文研究语料中其使用比例为 21 ∶ 36；"回回"南宋开始出现，明代前期口语中称作"回子"；南宋时期出现的"混堂"，元明时期称作"堂子"。

从文献用语可以看出，这一时期的方言词语呈现出南北的差异，北方人的笔下（如《元朝秘史》）儿化词使用较多，江淮一带（如朱元璋的白话敕语）则相对较少；南方齿音不清，多平舌音、翘舌音不分。例如：

(1) 云南至毕节立界牌上写着土官把事名字，教他供给守御处粮食。如是地界上截子军，照依地方剿捕，缺供给，也去照依地方剿捕。（《弇山堂别集》卷八十七）

① 向熹《简明汉语史》，高等教育出版社 1993 年版，第 607 页。

这是朱元璋在洪武十五年写的一封书信。“截子”即截着[①]，指拦截。这反映出精母和知母不分的情况[②]。明代张位《问奇集》中说到：“江南多患齿音不清，然此亦官话中乡音耳。”

此外，一些词语显示出一定的地域色彩。例如：

(2) 陶都督即便行至忠州云阳县，到瞿塘卫，遇见护卫李指挥。请吃酒间，说知朝廷奸党事发，便将长枪一十三条与李指挥：“你将上去，我只带哱啰一对、哪吧一对、金一面、花鼓四面、银丝腰刀二把、鬼头刀二把、简一把、弓五张、铁箭一百枝、小枪二条、缨头一个、皮甲一副于坐船上装载。”(《逆臣录》卷一)

文中的“陶都督”名陶文，是凤阳府寿州人，属于江淮方言区，他把“喇叭”说成“哪吧”，反映出江淮方言 n、l 不分的情况[③]，这种情形一直延续至今。

(3) 我禁人休去张家那下买盐，他从江西自立批文直至张家盐场买盐，江上把截的不敢当，尽他往来，南台城里仓与库四处俱各有物。(《弇山堂别集》卷八十六)

---

① 明代前期语料中只发现这 1 例，在朱元璋的敕语中动词＋助词“着”较常见，如打着、逼着、抚恤着、遇着、看着、吃着、冻着、采访着等，但“截子”是否就是“截着”的方言表述尚难定论。元曲中有表示“玩耍”等意义的动词“耍子”，有表示“离开”之义的“离子”(张国宾《相国寺公孙合汗衫》第一折：“我与你做盘也波缠，速离子俺门。”)今山西方言中“子尾”可以紧跟在动词后面表示动作的完成，如“念子五年书就不念了。”(见乔全生《山西方言“子尾”研究》，《山西大学学报》1995 年第 3 期)可见其渊源关系。“子”与“着”的关系值得进一步探讨。

② 平翘舌不分的现象在今南北方言中都有，但南方更为普遍。北方主要是沿大运河一线的地区比较明显，应是受南系方音影响所致。

③ 鲍明炜《江淮方言的特点》一文指出：“至于 n、l 不分，或读 n，或读 l，在全方言区分布较为普遍。”见《南京大学学报》1993 年第 4 期。

上文是朱元璋写给曹国公的信，朱元璋是安徽濠州（今凤阳）钟离太平乡人，其话语反映了江淮方言的特点。“那下”即那里。杨建国认为这个词“怕是属于皖南与江西一系”①。

有些词语，如语气词“来”、口语词“迭不得”“后晌”等，则具有明显的北方话色彩。例如：

(4) 我许大年纪，见了多，摆布发落了多，从小受了苦多，军马中我曾做军来，与军同受苦来，这等艰难备细知道。（《大诰武臣序》）

“来”是表示陈述语气的助词②，相当于“咧”、“哩”。这种用法最早见于元杂剧，具有明显的北方方言色彩，今济南、徐州、太原等地仍在使用③。此处是朱元璋的话语，当可看出江淮方言和北方方言之间的渗透关系。

(5) 本官问说：“曹百户你来了，前日对你商量的话，我今日早在直房见这指挥，迭不得备细和他说。”（《逆臣录》卷四）

(6) 至当月贰拾柒日，有脱里不花使令察罕并不知名汉儿男子四名前来本营，偷取脱里不花并洪赛因等老少，当日后晌时起程，到来干兰寨石百户家内宿。（《吏文》卷二）

(5)中“迭不得”意思是“来不及”。句中“本官”指凉国公蓝玉，他是凤阳府定远县人，属于江淮方言区，因为他长期带兵在北方与元兵作战，应该深受北方方言的影响。从文献角度考察，“迭不得”最早见于元

① 杨建国《近代汉语引论》，黄山书社1993年版，第115页。

② 这里谈到的“来”和江蓝生所谈的吴语助词“来”不同。参见江蓝生《吴语助词“来”“得来”溯源》，载《中国语言学报》1995年第5期。

③ 见罗竹风等《现代汉语方言大词典》，汉语大词典出版社1995年版，第2177—2179页。

代文献，主要用于元杂剧、《老乞大》等以北方话为背景的文献中，明代文献用例很少。清代仅《聊斋俚曲集》有一些例子，作“迭不的”，今北方方言中仍使用。可见从元代以来，这个词主要用于北方方言中。(6)中“后晌”指下午。该词最早见于《元典章》、《通制条格》，明代仅出现在《金瓶梅》中。清沿用，且仅仅在《醒世姻缘传》和《聊斋俚曲集》中出现，此后用例较少。从元明清文献用例看，这个词当是北方方言词，现在北方方言仍在使用。①

三、新兴词语大量出现，以双音词为主。

随着社会的发展，新词语不断出现。这一时期出现最多的是双音词，限于本文研究语料，我们分析了其中的新兴词语 638 个，双音词语 596 个，约占 93%。这些新词语有的是新事物、新概念的反映，如绵花（也简称为“花”）、花绒、棉布、袢袄（一种有衬里的对襟夹衣）、粮长、象奴、火甲、集镇、木樨花、三梭布；有的来自口语和方言，如脚后跟、黄鼠狼、男子汉、妇人家、清早晨、缨子、下场头、迭不得、明后、席面；有的是汉语和蒙语组合而成，如驿站；有的来源于其他少数民族语言，如前文提到的大马法、喝盏、把事，还有来自于回族的“木樨花”（剑名）等；有的是对文言性较强的旧词语的替换，如口语词“草帽”替代了“箬笠”；有的词是由于某一义位已经独立出来，成为另一类词，如量词“业”“料”“连”等。例如：

(1) 他接受本人银十两、钞四十贯、白绫袄子一件、绵布二匹，将本军脱放，却拿里长施一代他解官。（《大诰武臣·勾军作弊第二十五》）

(2) 各处集镇，如有豪强及牙行人等把持行市，将粮米物货以贱为贵，以贵为贱，高低唱价，专图厚利肥己者，所司缉访挨拿，轻则量情责罚，重则究问如律。（《吏文》卷四）

① 不同地方表义不尽相同，如在笔者家乡山东菏泽，有的地方（如郓城县）指下午，有的地方（如成武县）则指傍晚。

(3) 张家湾一带禁约，及行在京巡城、巡门并通州公差等项监察御史、五城兵马指挥同委官督令金牌地方火甲缉捉。(同上)

上述例句中“绵布”“集镇”“火甲”都是此期新出现的词语。“绵布”“集镇”的出现反映了明初纺织业、村镇经济的发展；“火甲”指户甲之长，是伴随着明代户籍制度的设立出现的户籍单位。

四、“打”和词缀“儿”“子”的构词能力仍具上升态势，前缀“兀”、后缀“生”衰落。

此期是“打”构词能力较强的一个时期，如打差、打点、打发、打搅、打紧、打话、打捞、打减、打送(打点送礼)、打探、打听、打细(做奸细)等，其中打差、打搅、打送、打细、打减更是元明时期新近产生的词语。

这一时期的“儿”缀和“子”缀词十分丰富，除沿用下来的词语外，新出现的加缀词语也常常以这两种形式作为构词方式。“儿”缀词如道儿、一些儿、有数儿、小孩儿、小人儿、小军儿、性儿、影儿。儿化词在以北方话为基础的语料如《元朝秘史》中使用尤其多，如套儿、衫儿、钩儿、影儿、雀儿、羔儿、褯儿、鸡儿(年)、狗儿(年)、虎儿(年)、兔儿(年)。

“子”缀词其构成形式大部分是“名词＋子”，如城子、门子(指门)、筏子、道子(道路)、谷子(山谷)、幔子、(土产)布子、绵子(丝绵)、绫子、衫子、帽子、靴子、番子(西番)、回子(回回)、马鞍子、骡子、肺子、秤子、标子(兵器，用以投掷的标枪)、堂子(澡堂)、厨子、锅子、妳子(即奶娘)、书子(书信)、关子(公文)，等等。也有少数是“动词＋子”构成，如译子(翻译人员)、抹子(书信)①。

与此同时，前缀“兀”、后缀“生”已经衰落。袁宾认为：“前缀‘兀’来源于前缀‘阿’。‘兀’字作代词前缀，较多地使用始于宋代，并有逐渐排挤代词前缀‘阿’字之势，所以元代以后的文献里，带前缀‘阿’的代词用例渐趋稀少。明代以后，前缀‘兀’也从一般文献里逐渐消失了。从使

---

① 见笔者论文《说“抹”、“抹子”》，《辞书研究》2009 年第 2 期。

用时间上可以看出，‘兀’作为前缀是带有近代汉语特色的语法现象。”[①]在我们的研究语料中，前缀“兀”没有出现，说明前缀“兀”在明代前期就已经衰落，完全退出了词汇系统[②]。至于“生”缀词，在文献中仅仅见到沿用下来的“好生”“怎生”，说明词缀“生”到明代前期已经不再具备构词能力。词缀“生”的构词能力从宋代开始就已经衰弱，刘坚等指出：“宋代以后‘生’的结合能力逐渐减弱，元曲及以后的文献中，使用逐渐减少，最后凝固成一些词，残留在各种文献及口语里。”[③]

五、量词丰富，并出现少量复合量词。

从文献用例看，明代前期的量词极为丰富，与现代相比，现代汉语中使用的量词绝大部分都已经出现。其中名量词最多，如员、名、口、躯、拳、项、个、只、座、根、宗、招、付、副、道、处、所、套、顶、件、引、料、硕、两、贯、对、条、袋、面、领、卷、颗、碗、包、担、车、块、本、顿、下、纸、张、间、把等。动量词有次、场、遭、遍、回等。

其中，除沿用的量词之外，还出现一些新兴量词，如起、钱、支、座、坛、连等。例如：

(1) 凡要打那一个寨，先教人看了贼周回地势，何处可安七稍炮。若可安时，预做下炮，或百二十人坠一座，三十人坠一座。(《弇山堂别集》卷八十七)

(2) 王朋将原分银一两陆钱送杨玉接收。(《吏文》卷三)

此期还新出现少量复合量词，这些量词与其后所修饰的名词分别

---

① 袁宾《近代汉语概论》，上海教育出版社 1992 年版，第 147 页。

② 同样作为朝鲜时代的汉语教科书，《原本老乞大》中前缀“兀”共出现 22 次，此后仅仅与之相隔一百年的《训世评话》则没有出现 1 例，说明“兀”在元明之际的衰落是十分迅速的。

③ 刘坚、江蓝生、白维国、曹广顺《近代汉语虚词研究》，语文出版社 1992 年版，第 286 页。

形成对应关系，如件双、匹只、员名、名口。例如：

(3) 除钦遵将高处诚等每人给与胖袄、裤、鞋各一件双，及应付口粮、脚力，令陪臣朴大生等带领回还外，合行开咨知会施行。(《吏文》卷三)

(4) 随有重羊等节次又招出建州卫札只里并左右二卫女直都指挥等二十员，及送还被虏男妇四名口前来。(同上)

(3)中“胖袄”指棉上衣。“件双”中，“件”对应其前的“胖袄”“裤”，“双”对应“鞋”。(4)中“名口”分别对应其前的“男”与“妇”。《吏文》崔世珍注：“男谓之名，女谓之口。”

六、词语竞争激烈，新词新义淘汰率高。

此期词语竞争激烈，不少新词新义存在时间短暂，如昙花一现。如“房亲”，指家族近支宗亲，最早见于元代文献，主要用于元代及明前期，且用例很少；“问发”，意为判决发配，据调查，该词仅见于明代文献；“养活”可以用作名词，指生活费用，这一意义也仅在明代使用。这些存在时间短暂的词语主要有以下几类：(一) 同素逆序词中不常用的一类，如告禀(即禀告)、拿捉、定约、结归等。(二) 具有词组或缩略语性质的词语，如住种(居住耕种)、闲住(罢官赋闲在家)、告害(状告伤害)、为好(做好事)、译写(翻译抄写)、开读(将诏书展开宣读)、延住(延缓留住)、上粮(上纳田税)、禁约(禁止约束)、根勾(跟寻勾取也，犹缉拿)、坐铺(守卫本铺，谓警戒)等。(三) 新出现的量词及其组合，如业、料、连、头口、头匹、名口、员名、匹只、件双等。

关于新兴词语的沿用情况，我们对其中 106 个新词语(包括新义)进行了比较细致的考察，发现有 39 个(约占 37%)在现代汉语普通话中沿用下来，其中有 31 个(约占 29%)至今常用；其余 67 个(约占 63%)在普通话中已不再使用，仅有 15 个(约占 14%)保留在方言中。由此可以窥知，在汉语词汇的发展进程中新词新义的淘汰率还是比较高的。

词语的竞争还表现在同义和反义聚合的变化中。此期出现大量的同义和反义聚合，同义词如：逐渐/渐渐/逐旋/积渐，察见/看见/视见，住坐/居住（住居）/住过，叫//唤/呼，物事/物件/东西，地面/地方/田地；反义词如：昨前—明后，正人（指官员）—小人（差役），儿孩（儿）—女孩（儿），等等。这些聚合内部成员之间的竞争比较激烈，有的在使用频率上呈现明显的此消彼长的变化，如“叫/唤/呼”，从明代前期开始“叫”的使用频率迅速增加，已经反超“呼”，明代中期以后又超过了“唤”；有的逐渐被淘汰出局，如“住坐/居住”，二词都表示居住之义，元代主要使用“住坐”，明代前期是两个词的竞争高峰期，“住坐”略占优势，而在明代中期以后“住坐”就基本不再使用，“居住”以绝对优势占领了这个义域。

七、词形不规范、不固定。

明代前期在字词的使用上不规范，文献中出现大量的异形词和同素逆序词。

（一）同词异形现象突出。

由于缺乏规范，此期出现大量同词异形现象，现代一般称之为异形词。2002 年教育部、国家语委公布的《第一批异形词整理表》中给“异形词”下的定义是：“普通话书面语中并存并用的同音（本规范中指声、韵、调完全相同）、同义（本规范中指理性意义、色彩意义和语法意义完全相同）而书写形式不同的词语。”异形词内部情形很复杂。有些词是同音假借关系[①]，其中有的是同源关系，如根前/跟前，仔细/子细；有的是通假关系，如藏躲/藏朵，栲打/拷打，分付/分咐/吩咐。有些是异体字关系，如煙墩/烟墩，姦宿/奸宿，布疋/布匹，捉拏/捉拿。有些是古今字关系，如段子/缎子，硫黄/硫磺，追陪/追赔。还有的是繁简字关系，如追趕/追赶。

---

① 顾之川《明代汉语词汇研究》（河南大学出版社 2000 年版）中第七章“同源词”一节中“文字的同音替换”部分列举了“调嘴—掉嘴—吊嘴”、“怨怅—怨畅—怨唱”、“辱没—辱抹—辱末—辱莫”三组词，其实就是同音假借关系的异形词。

有些词语的规范词形在这一时期还没有出现，如文献中用“使”，不用“驶”，如“行使”“驾使”；用“诓谝”，不用“诓骗”；用“卓倚”，不用“桌椅”；用“绵花”“绵布”，不用“棉花”“棉布”；用“那”，不用“挪”，如“那移”；用“达子”，不用“鞑子”，等等。有的是规范词形早已存在，人们仍仿古沿用旧的写法，如使用“呪诅”而没有用“咒诅”。

《吏文》是官吏的仿效文本，但其中也出现了很多异形词，仅异体字的使用就有不少，如木緜/木绵、布疋/布匹等，这说明明代前期字形的使用是缺乏一定规范的。

还有一种情况，由于外力干扰，原有的规范词形不再使用，换用了新的规范词形。如“元来”和“原来”，明前期语料中“元来”只出现了4例①，而“原来”使用了24例。当今学者研究认为，元代以前“原来”根本就没有出现过②。顾炎武《日知录》卷三十二：“元者，本也。……唐宋人多此语，后人多以‘原’字代之，不知何解。”一般认为，这跟明人避忌“元”字，改“元”为“原”有关。根据前人推测，改“元”为“原”可能出于两个方面的原因：一是避讳朱元璋的“元”字，二是嫌恶元朝之元③。

（二）同素逆序词大量使用。

近代汉语中很多复音词在形成初期两个语素之间可以互换位置而意义不变，这类逆序词在明代前期文献中出现较多，多为动词、名词，少数为形容词。又分两种情况：

1. 两种词形同时使用。这一类逆序词数量很多，举例如下（后一种为正体）：

欢喜/喜欢　　泄漏/漏泄　　指攀/攀指　　收接/接收

① 这4例分别是《元朝秘史》1例，《原本老乞大》2例，《训世评话》1例。汉人的作品中未见使用。

② 石冬梅《“元来”不能判定〈三国志通俗演义〉的成书年代》，《湖北文理学院学报》2012年第10期。

③ 明李诩《戒庵老人漫笔》卷一“国初讳用元字”条：“想国初恶胜国之号而避之，故民相习如此。”清郝懿行在《晋宋书故·元由》中也分析到：“今人为书，元俱作原字……盖起于前明初造，事涉元朝，文字簿书率皆易元为原。”明谈迁则认为：“此避讳元璋。”（《枣林杂俎》卷一）

中途/途中　名姓/姓名　宿歇/歇宿　物货/货物
女使/使女　从顺/顺从　赔追/追赔　菜蔬/蔬菜
容纵/纵容　齐整/整齐　动行/行动　到来/来到
路道/道路　地土/土地　定约/约定　动调/调动
住居/居住　牧放/放牧　集聚/聚集　听探/探听
良善/善良　淫奸/奸淫　要索/索要　识熟/熟识
猛勇/勇猛　捉拏(拿)/拏捉　好玩[1]/玩好

2. 仅使用与现代规范词形顺序相反的一种词形。例如：

守把　诱引　习学　结归　照依　照按
攻围　铺店　藏躲　抄誊　身尸　余剩
查审　迫胁　争兢　告禀　承应　历日
告报　窄狭　定限
创开(即开创、开拓)
熟闲(即娴熟)
浅阁(即搁浅)
呪诅(即诅咒)
晒凉(即晾晒)

日本学者香坂顺一在《近世、近代汉语中的语法语汇》一文中指出：近代汉语一些复音词在形成初期其位置都可以倒换。发展到现代汉语中，大致为三种情况：(1) 在 AB 和 BA 两种形式中，现代汉语普通话选择了其中的一种，而另一种可能仍保留在某种方言中。(2) AB 和 BA 两种都进入了现代词汇中，只是意义和用法上有所不同。(3) 两个语素中的一个在现代汉语口语中已消失，另一个则作为词使用[2]。

就我们研究语料中出现的逆序词而言，有些属于第(1)种情况，如窄狭、余剩、比对、争兢等，仅留存于方言中。有些属于第(2)种情况，如“到来/来到”，二者都可以作动词，但“到来”一般不带宾语；另

---

① “好玩”犹玩好，指供赏玩的物品。

② 〔日〕香坂顺一《近世、近代汉语中的语法语汇》，中岛德次等编著《中国文化丛书》，大修馆书店 1967 年版。

外“到来”可以用作名词，“来到”则一般不作名词。有些词语情况更为复杂，有的在普通话和方言中都不再使用，如攻围、告报、告禀、物货等；有的则是一种形式消失不用，另一种意义改变，如“好玩/玩好”，在现代汉语中“玩好”不再使用，“好玩”也不再指供玩赏的奇珍异宝，而是指有趣、有意思。

第二节　影响明代前期汉语词汇的社会因素

明代前期汉语词汇之所以呈现上述特点，有语言内部原因，也有外部原因。语言内部的原因十分复杂，下文第二章第二节和第三节对此有所涉及。这里仅从外部影响论述其成因。

语言发展和社会的关系极为密切，它随着社会的发展而发展，是反映社会生活的一面镜子。元代对明代前期汉语的影响不可忽视，在元代“白话成为上至皇帝下至庶民彼此交流沟通的应用语体，客观上推动了文白此消彼长的由量变向质变的转化，初步形成文白转型的雏形，对汉语书面语由文言向白话的演变有着深远影响”①。明代前期汉语保留很多元代语言的特点，同时不同的民族心理又促使汉语自身进行调整和变化，表现出一种力图从蒙古语影响之下的“汉儿言语”挣脱而回归汉语本色的状态。所以有学者认为明代语言与宋代比较接近，明代汉语是对元代语言的“拨乱反正”②。着眼于明代前期社会，它在政治、经济、文化等各个方面都对汉语词汇产生了不同程度的影响。下面我们重点论述明代社会对明代前期汉语的影响。

---

① 徐时仪《汉语白话发展史》，北京大学出版社 2007 年版，第 158 页。

② 陈辉《耶稣会士对汉字的解析与认知》一文就指出：“朱元璋既然定都南京，且要恢复汉人统治下的礼乐秩序，以南京音为大明‘正音’实属常理。……其《序》偏偏说‘以中原雅音为定’，不就恰恰说明了朱元璋是欲以此‘中原雅音’对元代蒙古人统治下的‘中原雅音’进行‘拨乱反正’吗？”见《浙江大学学报》2007 年第 4 期。

一、国家政策与上层舆论导向对语言的影响。

明朝统治者从蒙古族手中夺得政权，一开始就对恢复传统的汉族礼仪十分重视。从语言角度看，主要表现为以下几方面：

首先，确立汉语的正统地位，对语言进行“拨乱反正”。

在建立政权之初，朝廷就下令禁止胡服，同时不许使用胡语、胡姓。谈迁《国榷》卷三：“太祖洪武元年二月壬子，诏复衣冠如唐制，禁胡服、胡语、胡姓名。”《明太祖实录》卷三十也记载：“胡语、胡姓，一切禁止。”

在语言的具体运用上，朱元璋的敕语中有明显的体现，他的早期敕语多用表示命令祈使语气的“者”，这是元代公文敕语的一贯用法。下面是王世贞《弇山堂别集》卷八十六《诏令杂考二·与魏国公书》所录朱元璋的三条敕令：

> (1) ……总兵官的罪过，回来时与他说话。依奉施行者。(龙凤十二年三月初二日)
>
> (2) 吴王令旨说与总兵官徐达：攻破高邮之时，城中杀死小军数多，头目不会杀一名。今军到淮安，若系便降，系是泗州头目青幡黄旗招诱之力，不是你的功劳。如是三月已里淮安未下，你不杀人的缘故自说将来者。依奉施行者。(龙凤十二年三月初四日)
>
> (3) 吴王圣旨：命中书右丞相、信国公徐达做总兵征北大将军，中书平章、军国重事、鄂国公常遇春做总兵征北副将军，统领大势马步舟师前去征取中原等处城池，招来军将，安抚人民，大小将士悉听节制。依奉施行者。(吴元年九月初二日)

这些书信敕令都是写在小明王龙凤年间或朱元璋称吴王时期，在朱元璋称帝以后的诏令里这种“者”便很少使用了。

除了“者”之外，还有一些常见于元代公牍的特殊词语，如前文提到的“有”“么道”“呵”“上头”等，朱元璋只有在对外族发布诏令敕语时才使用这些词语，如对高丽使者和西番土官的诏谕(见前文)，而在他对内的诏令中根本看不到这种语言现象。可见，朱元璋对于元代的行文习惯是极力避免的。

其次，对语音进行规范，确立标准音。

洪武八年(1375)编成《洪武正韵》，用“中原雅音”[①]规范当时的语音。谈迁《国榷》卷六记载：“太祖洪武八年三月，《洪武正韵》成。初，上谕翰林侍学士讲乐韶凤、宋濂等曰：‘韵学起于江左，殊失正音。有独用音并为通用，如东冬清青之属。有一韵当析为二韵，如虞模苏遮之属。类此未可枚举，卿等广询刊定之。’”又《明史・乐韶凤传》：“明年，帝以旧韵出江左，多失正，命与廷臣参考《中原雅音》正之。”这些举措为官话的形成与传播提供了便利，对我们今天共同语(普通话)的形成有直接推动作用。

一般认为，元代周德清的《中原音韵》反映的是说话音系统[②]。《洪武正韵》以“中原雅音”为标准，它的颁布无疑是对前者的纠偏，是对元代过于通俗化的语音的纠偏，目的是要恢复到汉语原本的雅音状态，即读书音状态。明田艺蘅《留青日札》卷三十八提到：“我朝首重字书之学，以革蒙古之习，因厘正为《洪武正韵》一书。人文化成，此其要也。”[③]从明人姚旅“《洪武正韵》虽未尽复古”[④]的话语中也可以窥知《洪武正韵》是有复古倾向的。由形式而内容，对汉语表层语音的自觉规范必然波及到对汉语深层的文字、词汇、语法内容的规范。明焦周《焦氏说楛》卷七载：“正楷偏旁谬误，如次，从次，与涎同，盜、羡二字会其意。

① 现在学者认定“中原雅音”也是已经失传的韵书的名称。如蒋希文《〈中原雅音〉记略》，《中国语文》1978年第4期；秦曰龙《日藏珍本〈五音通韵〉所见〈中原雅音〉》，《佳木斯大学社会科学学报》2008年第6期。

② 如龙果夫《八思巴字和古汉语》(唐虞译，科学出版社1959年版)、罗常培《论龙果夫的〈八思巴字和古官话〉》(《中国语文》1959年第12期)、李新魁《论近代汉语共同语的标准音》(《语文研究》1980年第1期)、杨耐思《中原音韵音系》(中国社会科学出版社1981年版)等。

③ 〔明〕田艺蘅《留青日札》，《续修四库全书》1129册，书目文献出版社1998年版，第302页。

④ 〔明〕姚旅《露书》卷三，《续修四库全书》1132册，第548页。

如凖、洁、况、冲、決、減、凄、凉、浼、泮、泯、渎、滅、湊、沍、塗、染、梁十八字，皆从水，俗讹从冫，当依《洪武正韵》。”[①]可见《洪武正韵》影响之深。

其三，从中央到地方逐级设立学校，促进了共同语的推广和普及，促进了汉字的规范化。

作为明朝开国皇帝的朱元璋，出身贫苦，文化水平很低，少年时的艰辛经历使他认识到读书的重要性。他尊重知识分子，远在辅佐小明王时，他就把当时的很多名士儒生招揽在自己幕府中，与他们讨论经史。他勤奋好学，逐渐能写通俗的文字，后来还能写诗作赋。出于对学习文化知识的重视，朱元璋建国之初就下诏令建立学校：“古昔帝王育人才、正风俗，莫先于学校。自胡元入主中国，夷狄腥膻污染华夏，学校废弛，人纪荡然。加之兵乱以来人习斗争，鲜知礼仪。今朕一统天下，复我中国先王之治，宜大振华风以兴治教。”（《太祖实录》卷四十六）边远及少数民族地区亦有学校设立，《太宗实录》卷七十八载：“永乐六年四月丙申，巡按云南监察御史陈敏言：‘云南自洪武中已设学校，教养生徒……’”又卷一百四十七：“永乐十二年春正月戊戌，乌撒军民府经历钟存礼言：‘府故蛮夷地，久沾圣化，语言渐通，请设学校，置教官，教民子弟，变其夷俗。’从之。”明政府建立学校的主要目的是为了恢复旧有的儒家礼仪，但这无形中扩大了汉语的影响，促进了共同语的推广。在后来的学校教育中，统治者还对书写的体式进行了规范。《英宗实录》卷十七记载：“至于习字，亦须端楷。”这一举措无疑促进了汉字书写的规范化。

总之，明代的学校教育兴盛普及，中央有国子学（后更名国子监），地方有府学、州学、县学，洪武八年还诏令地方设立社学（即乡村小学）[②]，大大促进了教育的发展，有利于官话的流行和推广。

其四，提倡朴实的文风。

朱元璋尊重知识但并不盲从，他反对浮华的文风，提倡为文要“明

---

① 〔明〕焦周《焦氏说楛》，《续修四库全书》1174 册，第 109 页。

② 《太祖实录》卷九十六：“（洪武八年春正月）丁亥，命天下立社学……延师儒以教民间子弟。”

白易知”。建国之初，朱元璋多次下令简化公文、禁止浮辞藻饰。“故立上书陈言之法，以示天下。若官民有言者，许陈实事，不许繁文，若过式者问之。”(《明太祖文集》卷十五《建言格式序》)“今后笺文只令文章平实，勿以虚词为美也。”(《礼部志稿》卷六十四《笺文勿用虚词》)“到洪武六年，索性下令禁止政府文字用对偶四六文体，并选唐柳宗元代柳公绰所作的《谢表》和韩愈《贺雨表》作为笺表法式。这一改革使政府文字简单、明白，把庙堂和民间打通，现代人用现代文字写作，对当时文风和文学作品的影响很大”①。朱元璋更是以他的实际行动影响了当时的文风，他的很多诏令都是直白的口语，如《戒谕武臣敕》、《谕武臣恤军敕》、《戒谕管军官敕》等，颁发到全国家喻户晓的《大诰武臣》全书也是大白话。上行下效，这直接影响了明代俗文学的发展，促进了文与言的统一，使得我们今天可以通过大量的明代文献窥见明代口语的真实面貌，同时这对现代汉语的形成也有很大影响。

尽管明代初年书面语越来越向实际口语靠近，但沿袭了近两千年的文言文毕竟仍处于正统地位，书面语不得不在这种夹缝中左冲右突，使得明代文献语言出现两极分化现象。有的文章求雅正纯用文言，如叶盛《水东日记》；有的求明白易懂全用口语，甚至是俚言俗语，如《大诰武臣》。同一个人的作品也会呈现出迥然不同的语言风格，如朱元璋的《大诰武臣》和《御制大诰》②，二者在语言上就有较大差异。《大诰武臣》宣谕的对象是下级武臣，所以全用白话；《御制大诰》则是以惩治贪官豪强为主要内容的重刑法令书，基本上用文言，如书中不用“我”，全用“朕”，之、乎、者、也、焉、呜呼等文言虚词多见。虽然以文言为主，但文中又多用当时习用的词语特别是口语词，如刁蹬、妆扮、绑缚、使唤、精壮(指精悍强壮的人)、皮鞭等等。这里选录《御制大诰》中口语词较多的一则，以与《大诰武臣》中的文字作对比：

---

① 吴晗《朱元璋传》，生活·读书·新知三联书店 1965 年版，第 170 页。

② 朱元璋《御制大诰》初编、续编、三编，影明洪武刻本，《续修四库全书》史部第 862 册。

(4) 马料豆,年年有等奸顽人户,通同仓官人等,拌水袢豆,以增斛面,弊同乎米。米坏尚有可食者,豆坏六畜不食,人何用之?每仓一间,不下万余石,因一户奸顽搀水交纳,湿热一蒸,盈廒皆坏,如此者多矣。及期拿住官攒人等,治以极刑。无知朝廷艰辛者乃曰刑酷,孰不知此等之徒奸顽无厌。近为郭桓败露,仓拆廒移,平基毁墙,得见官攒人等造祸之深有如此,将米豆稻成千余石或百石,尽行埋瘗于地下,一概毁烂,其数不少。设心如此,君子监焉。(《御制大诰》初编,《纳豆入水第五十三》)

(5) 郑国公常茂,他是开平王庶出的孩儿,年纪小时,为他是功臣的儿子,又是亲王上头,抚恤他,着与诸王同处读书,同处饮食,则望他成人了出来承袭。及至他长成,着承袭做郑国公。他却交结胡惟庸,讨他母亲封夫人的诰命,又奸宿军妇及奸父妾,多般不才。今年发他去征北,他又去抢马、抢妇人,将来降人砍伤,几乎误事。他的罪过,说起来是人容他不得。眷恋开平王上头,且饶他性命,则发去广西地面里安置。这等人你怕他长久得!(《大诰武臣·常茂不才第二》)

第一段文字使用了以、乎、者、何、之、矣、乃、于、焉等文言虚词,文言色彩较浓,但同时又使用了新兴词“尽行”“官攒”①,“拌”表示的“搅和”“调匀”之义也是此期的新义。第二段文字虽然也使用了“且”“则”等个别文言词,但在句式、虚词的使用上口语性很强,“孩儿”“上头”“地面”都是当时常用的口语词。

即使同一篇文章之内,在语言风格上也会出现既雅又俗的现象。例如:

(6) 十二日,也先宰马备酒相待,令十余人弹琵琶,吹笛

① 官员与攒典,这里指管理仓库的官员吏役。

儿，按拍歌唱，欢笑曰："你每来可怕我么？"实答曰："古今敌国讲和为上，欲要讲和，必命使臣以通两国之情。中途有贼寇，躬冒危险，尚无所怕，今到太师营中，便是一家，何怕之有？"也先喜而然之，且曰："有理的不怕。"也先曰："你每认得上皇，可想他么？"实曰："为臣尽忠，为子尽孝，君父之恩岂可忘乎？我每之思上皇，如太师之思可汗耳。"也先曰："然。既是思想，何不迎回？"实答曰："朝廷四次差人，重赍金帛，太师皆不发。今太师既肯差我每迎回朝，自有厚礼，给赏不轻。"也先曰："大明皇帝敕书内只说讲和，不曾说来迎驾。太上皇帝留在这里，又做不得我每皇帝，是一个闲人，诸事难用。我还你每，千载之后只图一个好名儿。尔每回去奏知，务差太监一二人，老臣三五人来接，我便差人送去。如今送去呵，轻易了你每皇帝了。再不可言。"待酒毕，送下程羊三只。（明李实《北使录》）

上段文字中，叙述语及明朝使者李实的对话全用文言，蒙古族瓦剌太师也先的对话则基本是白话。当然，作者本人的对话记录未必完全符合实际情况，或许是作者有意从措辞上反映汉人和蒙古人的不同语言风格。这种情况应该大致反映了明代前期知识分子对语言的选择心理。

二、社会经济发展对语言的影响。

明建国之初，由于长期战乱，民生凋敝。朱元璋十分重视农业和商业经济的发展，采取各项措施，使农业生产得到快速恢复和发展，商业市场活跃，经济繁荣。明朝初年棉花开始在全国范围内种植，"至我朝，其种乃遍布于天下，地无南北皆宜之，人无贫富皆赖之，其利视丝枲盖百倍焉"①。棉布也成为供给军队的主要物资。反映在语言上，此期出现了"棉布"一词。例如：

① 见〔明〕丘浚《大学衍义补》卷二十二，《文渊阁四库全书》本。

(1) 宝一收买海菜，自趁本处洪万户船到高丽，遇见陈魁五等，将布五匹顾倩肩驼棉布。(《吏文》卷二)

棉花种植业的繁荣促进了纺织业的发展，而且行业内出现了不同的分工，如箬匠、染匠、织挽匠户、裁缝匠户、绣匠等。匠户是元明两朝的一种特殊制度，明初沿袭元代做法，不许变动旧籍。匠户分为两种：轮班匠和固定作工的住坐匠。政府出台相应的免税、提供薪水的政策，大大促进了手工业的发展。明代的"匠户"分工很细，除前面提到的匠户外，还有灶户、网户、仪仗户、铁匠、银匠、锁镣工匠、刊字匠户等。例如：

(2) 状招先年间，为因一般染匠胡满翁、佘关保，箬匠周羊弟，并染匠焦住孙、莫庸、湛三、陈招时常前去凉国公府内染造段匹等项，多得赏赐。(《逆臣录》卷五)

(3) 洪武二十五年闰十二月内，与同一般裁缝匠户项真孙等一十名，轮班赴京工作，在于金吾前卫军铁匠董福家赁房住歇。(同上)

明代工商业进一步发展繁荣，集镇发达，街衢之处店铺林立，于是"上街"成为去集市的替代语：

(4) 及伴送通事、铺行人等哄诱夷人，上街买卖，交通作弊，透漏事情，要乞禁约。(《吏文》卷四)

明代航海事业发达，促使相关的词语大量出现，如驾使(今作"驾驶")、行使(今作"行驶")、暗礁、浅阁(今作"搁浅")、铁猫(今作"铁锚")等。这些新词语有很多沿用了下来，成为现代汉语的常用词。

(5) 切照当职管领旗军王定等驾使明字十五号三百一十料海风船一只并三板船一只，装载粮料运赴北京交卸。(《吏

文》卷二）

（6）又有败船存留铁猫三个，斤重难运。（《吏文》卷三）

三、明代初期的移民活动促进了方言融合。

明代初期的移民活动规模大、持续久，特别是洪武初期移民非常频繁。《太祖实录》卷七至卷一百四十八记载了多次大规模的移民活动，如洪武元年八月把大都的残留居民全部迁至开封，又迁河北、山西等地人民填充北京；先后多次从苏州、浙江、江西、广东等地迁移人口到安徽濠州、泗州等地屯田耕种[①]。在洪武初的七年时间里，朱元璋先后多次下令将蒙古降民及塞外移民陆续迁入内地[②]。据曹树基研究统计，至洪武二十六(1393)年，军籍移民的人数大约为400万人，占全部军籍人口的78%，民籍移民为700万，二者合计达1100万，占当时全国人口的15.7%左右，“换言之，在洪武二十六年，全国大约每6.4个人中，就有1人是移民”[③]。1421年明成祖朱棣迁都北京，迁都本身就是一次大规模的移民，“北京城及顺天府境在永乐年间成为大规模的人口迁入地。迁入的各类人口总计有130万”[④]。

明代前期多次大规模的移民活动促进了语言融合和方言分化，这必然对方言地理格局和汉语词汇系统产生一定影响。索绪尔指出，“方言没有自然的界限”，“由一种语言突然过渡到另一种语言是常见的。……最容易引起混乱的因素是居民的迁移。各族人民总不免来来往往地移动，经过几个世纪的积累，这些迁移把一切都弄混了，在许多地点，语言过渡的痕迹都给抹掉了”[⑤]。所以，给历史上的方言

---

① 见《太祖实录》，卷7—148。

② 见葛剑雄主编，曹树基《中国移民史》(第五卷)，福建人民出版社1997年版，第216—222页。

③ 同上，第472—473页。

④ 同上，第331页。

⑤ 〔瑞士〕索绪尔著，高明凯译《普通语言学教程》，商务印书馆2007年版，第281—285页。

词语定位是很难的一项工作，但我们可以从方言特征词入手，进行对比分析，寻找其异同。下面我们试从“子”和“的”的混淆入手，结合明代前期白话语料以及这一时段前后时期的用字用语，来探究方言融合的蛛丝马迹。

“子”在北方方言中有时音转为“的”，至今北方的某些方言特别是山东方言中仍保留大量的此类语言现象[①]。

（一）“叫化子”与“叫化的”

元明时期称乞丐为“叫化子”，也作“教化子”告花子”[②]，现在一般作“叫花子”。元代文献尤其是元杂剧中也往往作“叫化的”，用例多见，如：

(1)（柳隆卿云）赶出这叫化子去！（扬州奴云）我不是叫化的，我是赵小哥。（秦简夫《东堂老劝破家子弟》第三折）

(2)（小末云）天色已晚，我们拣个干净处安歇。兴儿，这搭儿干净处，被两口叫化的倒在这里，你打起那叫化的去。（兴儿云）兀那叫化的，你且过一壁。（郑廷玉《看钱奴买冤家债主》）

(3)（末）夫人，这个妇人偏不好？必定是个教化的，何似收留它。（高明《元本琵琶记》第三十四出）

(4) 娘子说：“叫你叫化的兄弟来计较看。”叫宝同：“你去破窑里，叫我的兄弟来。”宝同去叫，那兄弟慌忙跑的来。外郎说这缘故，叫化的说：“哥哥不要愁，我背去山峪里藏的来。”

① 今山东牟平、菏泽方言中比较普遍，在笔者家乡菏泽，“子”作为词缀基本说成“的”，如包的（包子）、桌的（桌子）、梳的（梳子）、筷的（筷子）、法的（法子，即办法）等。“子”作为构词语素也往往说成“的”，如儿的（儿子）。另，“小子”“小的”两种说法都有。太原方言中有“唱红的”，指戏曲中扮演中年以上男子的生角，其中“的”音[təʔ]，见《现代汉语方言大词典》第 3753 页。南方方言中则未见“的”缀词语。

② 参见俞理明《从“教化”到“告花子”——汉语中的词义感染》，《古汉语研究》2005 年第 4 期。

(《训世评话》)

元杂剧中出现较多的是"叫化的",而较少使用"叫化子";相对而言,南戏中则极少使用"叫化的"[①],可见这种音变最早应是起源于北方地区。"叫化的"一词在明前期文献中有用例:

(5) 近来我的令旨为开按察司衙门,他三日不接我言,教在江上打着船,便似教化的一般。(王世贞《弇山堂别集》卷八十六)

(6) 近据建州卫女直万户佟锁鲁阿告,永乐四年七月内,蒙钦差三万卫千户王教化的等到来招谕。(《吏文》卷二)

(7) 时迁道:"哥哥,你这般一个汉子,红红白白面皮,不像叫化的。北京做公的多。倘或被他看破,须误了大事。哥哥可以躲闪回避。"(《水浒传》第六十六回)

(5)是朱元璋写给曹国公李文忠的信,文中"教化的"即"教化子",其中"的"为词缀,同"子"。朱元璋家乡属于江淮方言区。(6)中"教化的"用于人名,称说人是建州卫女直(即女真)人。

"叫花的"的说法今方言仍有保留[②]。

(二)"小子"与"小的"

还有一对词语很能说明这种语音的混同,即"小子"和"小的",二者都可以用于谦称,也可以指称年轻人,"小子"往往可以说成"小的",可以同时出现于一部作品中。例如:

(8) 再说道,王家这小的只是用拐子马熟,更说必有伏

---

① 第(3)例虽出自南戏《元本琵琶记》,但故事背景却是发生在当时京都与河南开封一带。高明虽为浙江人,但进士出身,对当时的中原官话和方言应该都比较熟悉。

② 今笔者家乡菏泽仍说"叫花的",而不说"叫花子"。

马。(《弇山堂别集》卷八十六)

(9) 他大的儿子,这小的也利害,不从他,也吃他每害了。(《刘仲璟遇恩录》)

(10) 拜见毕,有凉国公问说:"这小的,你老子好么?"泰回说:"托大人福荫,颇好。只是老来多病,不能来见大人。特令小子来拜望。"(《逆臣录》卷三)

上三例中"小的"同"小子"。(8)中"小的"是表示轻蔑的称呼,(9)中是对男性晚辈的昵称。(10)中的"凉国公"指蓝玉,他是安徽定远人。"小的"是对男性晚辈的称呼。"小子"同其前的"小的"相应,是男性晚辈自称,称说人是庐州府合肥县人倪泰。

《金瓶梅》①中还有"小的子"一词,是对小孩子的亲昵称呼,"的"与"子"混用在一个词语中。

(11) 那员外也觉惨然不乐,说道:"小的子,你也说的是,咱也何苦定要这等。"(《金瓶梅》第五十五回)

从语料中可以看出,"子"与"的"的混合使用情况元代即已出现,至明代分布较广,江淮地区、山东、河北、东北一带都存在这种情况,这与明代初期的移民活动应该不无关系。

我们认为,"子"尾音变为"的[tə]"的现象可能古已有之,有可能是古代中原方音的遗留。随着北方话中入声的消失,"的"逐渐变为平声或轻声,宋元时期的白话文献中开始借用"的"作为方言"子"的记音形式②。

语言的发展虽然有自身的规律,但社会的影响不可忽视,正如英国

① 一般认为《金瓶梅》的方言背景是山东方言。

② 详细论述见笔者《方言"子"尾音变为"的[tə]"的历史考察》一文,载《中国音韵学暨黄典诚学术思想国际学术研讨会论文集》,厦门大学出版社 2014 年版。

语言学家简·爱切生阐述语言变化的"功用性观点"时所言:"因为语言使用人的需要改变了,所以,语言也改变了。"①从社会发展的角度考察当今和历史上的语言变化与变异,有助于我们发现和解决更多的语言问题,促进语言研究走向深入。

① 〔英〕简·爱切生著,徐家祯译《语言的变化:进步还是退化?》,语文出版社1997年版,第152页。

第二章　明代前期白话语料新词新义研究(上)

语言是渐变的,它不会随着朝代的更迭马上完成统治者所希望的完美转身,所以尽管明初以朱元璋为首的明政府采取了不少措施,禁止胡语,但在明代前期,元代的若干语言习惯还是延续下来了,因而与后期相较保留了更多前朝的语言成分。就词汇而言,元代新出现的一些词语不仅得以沿用而且使用更为广泛,如:站、绑缚、鞭子、病故、当差、断发、多余、发卖、跟随、唬吓、接收、老实、漫散、往常、诈骗、照旧,等等。当然,明代前期汉语词汇大部分沿用的还是唐宋时期的复音词,宋尤其是南宋以来新产生的词语数量居多,且在使用频率上至元明时期形成高峰。另外明代前期社会的发展也催生了一批新词新义。

第一节　新词新义的界定

一、新词新义的内容及时效问题

一般认为,新词语是指新创造的词语和产生了新义的固有词语,它既包括有新词形的词语,也包括表新义的旧有词语。新义既指旧词增加的新义,也包括新词的各种新义。

新词新义是相对的发展变化的概念。近代汉语的新词新义主要是相对于中古而言,笼统地说,中古时期没有出现而近代汉语中出现了的词或意义,我们可以视为近代汉语的新词新义。而如果在近代汉语这个时段内具体谈某个新词新义,则能够用以界定的时间主要是朝代,如唐代产生的新词到了明代应该就不算新兴词了。由于近代汉语跨度近千年，且书面语言和实际口语的发展并不完全同步，加之文献链条的缺失，我们对近代汉语新兴词的界定不可能像现代汉语那样以几十年为界，而只能以某词所见最早文献的时代作为判定标准。董志翘认为："所谓新词、新义，本没有一个绝对的标准。因为我们目前只能根据书面文献进行调查……随着研究的深入，调查的面的不断拓展，有些新词、新义的出现年代也会不断被改变。"①因而这里所谓的新词新义是以文献所见时代来确定的，其时效可能会长达一二百年或几百年。

根据现有成果，学者们把近代汉语的上限定在唐五代（见"绪论"部分所述）。所以本章讨论的新兴词上限主要以唐五代为界。但正如蒋绍愚所说，"实际上语言的演变是不能用分期的上下限来割断的"②，在涉及到具体问题特别是新词新义的溯源和讨流工作时，难免会超出这个范围。

研究新兴词，如果仅仅单纯界定"新兴词"，那意义并不大。一般来说，新兴词产生初期，其使用范围小，用法简单，必须结合其发展成熟的过程，才能看清词汇发展过程中一些本质的东西。所以，我们把新兴词放在一个较长的时段里来考察，放在一个足以显示某些词从产生到成熟或者再到消失的时空里考察，以期发现更多有价值的东西。

二、明代前期新词新义的界定

关于新词新义的内涵，立足于以上认识，新词主要指有新词形的词语，也应包括少数旧词中某一义位已经明显独立出来的词。但对于后者，我们采取较为审慎的态度，因为义位独立与否要对大量例证作词义的分析考辨，还要考虑其出现频率等问题，所以除了义位已经明显独立（如"连""钱"的量词用法，指日常所穿长衫的"直身"，名词"裁缝"）、同音义别（如用作棉花简称的"花"，表示"追还赔偿"而非"追随、伴随"义

---

① 董志翘《〈入唐求法巡礼行记〉词汇研究》，中国社会科学出版社 2000 年版，第 91 页。

② 蒋绍愚《近代汉语研究概要》，北京大学出版社 2005 年版，第 6 页。

的“追陪”)的词语外,一般情况下都界定为新义。

我们在判定基础语料中明代前期的新词新义时,参考董志翘《〈入唐求法巡礼行记〉词汇研究》所定的标准[①]及汪维辉《〈齐民要术〉词汇语法研究》之“下编:《齐民要术》新词新义词典”中“凡例”所定的标准[②],确定如下原则:

(一)始见于本章基础语料的词语和义项;

(二)明朝前期去元代不远,故始见于元代的词语和义项也加以收列;

(三)考虑到“语言的渐变性和继承性”,我们也收了少量南宋已经出现,至元明才用例大增而意义丰富化的词语。

具体操作上,先参照《汉语大词典》、《汉语大字典》进行排查,然后检索语料库进行甄别。按照以上标准和做法,我们把研究语料中的新词新义做成一个词表,见附录一。

第二节 新词新义的特点、构成及发展趋向

一、新词新义的特点

明代前期白话语料中新词新义数量丰富,其产生原因很复杂,有社会、文化、心理的影响,也有来自语言内部的因素,但语言的变化主要还是一种继承中的创新。总的看来,新词新义表现出以下特点:

---

① 见该书第91页:“本文中所谓新词、新义以早于《词典》中的始见例的时代为标准。其中少量的词及义位,《行记》中已见,《词典》始见例晚于《行记》,故可归入新词、新义之列。但在调查过程中,我们又发现了早于《行记》的用例,为了提供这一词语的传承线索,我们仍予以保留。”(按,《词典》指《汉语大词典》)

② 见该书第157页:“鉴于语言的渐变性和继承性,凡是晚汉魏晋南北朝时期新产生的词语和义项,均视为新词新义,而不限于始见于《要术》者。”又:“本词典收列复音词标准从宽,有些介于词组和词之间的单位也收入,以便尽可能充分地反映《要术》中的新兴词语。”

（一）出现突然且用例多。

通过对明代前期白话语料的分析和其前后时段语料的纵向对比，我们发现元明时期很多新兴词语突然出现且用例较多。据不完全统计，仅仅在我们45万多字的研究语料中就发现700多个。这些新兴词语有些是南宋开始出现，但并不多见，至元明时期用例大增；有些词语南宋之前未见到用例，元明时期突然大量出现。如"打捞"，最早仅在南宋话本《碾玉观音》中发现1条用例，至元明时期用例便很多了。"应该"，最早见于元明文献，一开始出现用例就较多。其他如打探、隐瞒、抢夺、包揽、公差、倒换、船只、银两等都是如此。这一方面反映了元明时期文献的丰富性和语言的通俗性，另外还从一个侧面反映出元明时期是语言发展特别活跃的一个时期。

（二）存在时间短暂，具有时代性。

有很多新词新义特别是元明之际出现的新词新义生命很短暂，如昙花一现，这些词语往往是那些具有缩略语性质的词语。例如：

根勾：指缉拿。最早在南宋仅见到1条用例，其他有几例见于元代的《元典章》、《通制条格》和明代的《吏文》（共出现2次），此后文献未见使用。

房亲：指家族近支宗亲。最早见于元代文献，用于元代及明前期。主要出现在《元典章》、《通制条格》、《原本老乞大》、《元朝秘史》、《训世评话》等文献中，且用例很少。

问发：判决发配。该词仅见于明代文献，此前此后都未见使用。

大势：大批，多用于形容军队力量强大，是宋元时期出现的新义。最早见于宋彭大雅《黑鞑事略》中，至元明时期用例较多，而到了清代只是偶尔使用。

废：杀，杀掉。此义似乎仅见于明代前期文献①，主要在朱元璋的诏令、《元朝秘史》、《逆臣录》中使用。

养活：名词，指生活费用。这一意义似乎仅在明代使用。

以上这些词语或意义在现代汉语普通话中已经不再使用，完全退

① 今哈尔滨等地方言中仍保留此义。见《现代汉语方言大词典》第5551页。

出了语言交际的舞台。这一类词语还有很多,我们将在下文就其消亡原因作专题论述。

另外,有些数词的使用也很有时代特色,如元明时期习惯用“五七”表示不确定的数字概念,像五七人、五七个、五七遭、五七遍、五七步、五七十里、五七千里、五七日、五七年、五七百名等等,都是表示约数。至清代这一用法明显减少,现代以后基本不再使用。

(三)新兴词以双音实词为主,虚词很少。

这一时期出现的新兴词语绝大部分是双音节的实词,我们对研究语料中的638个新兴词语作了统计分析,其中实词633个,虚词5个,具体情况见下表1。

表1　明代前期新兴词词类分布情况表

音节构成 / 词类	单音节	双音节(其中单纯词)	三音节	四音节	合　计(所占比例)
动词	4	286	2	0	292(45.8%)
名词	5	242(8)	16	0	263(41.2%)
形容词	0	30	1	1	32(5 %)
副词	1	22	0	0	23(3.6%)
量词	11	3	0	0	14(2.2%)
代词	0	7	0	0	7(1.1%)
连词	0	2	1	0	3(0.47%)
数词	0	2	0	0	2(0.31%)
介词	0	1	0	0	1(0.16%)
助词	0	1	0	0	1(0.16%)
合计	21	596	20	1	638
实词					633(99.2%)
虚词					5(0.78%)

我们可以和现代汉语新兴词中各类词的比例作一对比。程娟通过

对1983年版和1996年修订版《现代汉语词典》进行对比分析，统计出“共收新词语1031个，其中名词634个，占全部新词语总数的61.5%；动词344个，占33.4%；形容词37个，占3.6%；区别词14个，量词1个，二者合计1.5%”[①]。通过对比分析发现，明代前期和现代汉语的新兴词都是名词和动词占绝对优势（明前期是87%，现代是94.9%）；明代前期新兴动词的数量超过名词，而现代汉语中则相反。

（四）词序要求不严格，新出现的词语往往可以逆序使用

如：指攀—攀指

（1）本月二十日，是辅骑坐马匹到于黄都督家浼说：“我亲家祝都督为事，生怕他攀指我，烦老官人与我打听一遭。”（《逆臣录》卷一）

（2）后因蓝党事发，恐怕人指攀，吴一央阿孟去京城做待诏为因，打听党事。（《逆臣录》卷三）

“攀指”意为诬供牵连；“指攀”指招供时攀扯牵连别人（据《汉语大词典》，下同）。这两个词在文献中使用时意义完全相同，仅用于元明时期。

哨马—马哨

（3）哨马营离大营三十里拣好便当去处驻扎。（《弇山堂别集》卷八十八）

（4）那厮也则是这般样子，我每船守沙河口修，东正阳他连日把马哨一逢。东正阳回去，下在刘备城下。（《弇山堂别集》卷八十六）

① 程娟《新词新义对比研究》，张博主编《汉语语言文萃》（词汇卷），北京语言文化大学出版社2004年版，第253页。

例(3)“哨马”指探马,即负责哨探的骑兵[①]。(4)“马哨”指骑马的哨兵。其实这两个词所指完全相同。

再如,南宋开始出现的新词“约定”在元代就已经作“定约”,本文研究语料中二者都有使用。

(五) 有些新兴词语结构上还不够紧密,处于向合成词过渡的状态。

如该死、照样、好说等词语:

(5) 及至人动实封,又将邀截回去。这是个该死的罪过。(《大诰武臣·梅义交结安置人第四》)

(6) 仍仰各州县照样不拘纸张大小,刊写发往本境各乡村城市并人烟丛集去处,张挂晓谕施行。(《吏文》卷四)

(7) 五月二十五日,有老姐姐公主到,说众兄弟妹妹每请老姐姐公主来相劝我,说这三四年动军马,运粮的百姓、厮杀的军死的多了,事都是一家的事,军马不要过江,回去天下太平了却不好说。(《弇山堂别集》卷八十八《诏令杂考四》)

上面例(5)“该死”意为该判死罪。(6)中“照样”意为依照样式。(7)中“好说”犹言好商量。以上这些词语都还只是词组。

(六) 新兴词语迅速多义化。

“多义化是汉语词汇增强表达力的重要手段之一,这在近代汉语中成为一个显著的趋势,诸多新产生的词不久就变成了多义词”[②]。明代前期的新兴词语明显呈现出这一特点,迅速多义化。例如“好歹”,最早见于南宋话本,用例很少,元明时期用例大增,成为常用词,意义也很丰富,在明代前期至少已经具备了4个义项:① 好坏;② 结果,犹分晓;③ 意外的变故,多指死亡;④ 不管怎样,无论如何,一定。分别举例如下:

① 蒋冀骋把这个词看作“紧缩式”,认为是“哨路马军”之紧缩。见《近代汉语词汇研究》,湖南教育出版社1991年版,第48页。

② 见袁宾、徐时仪、史佩信、陈年高《二十世纪的近代汉语研究》(下册),书海出版社2004年版,第642页。

(1) 两言议定,价钱中统钞七定,其钱立契日一并交足,外无悬欠。如马好歹,买主自见;如马来处不明,卖主一面承当。成交已后,各不许番悔。(《原本老乞大》) (好歹:好或坏)

(2) 铭说:"家里不说有爷爷,只说老爷在这里。如今差了人到家里也不信,如今只得老爹到边上才得个虚实好歹。"(《正统临戎录》) (好歹:结果)

(3) 太师说道:"待到阳和城里,那里着使臣送皇帝顺大路往庸关上回去。着皇帝宽心,不要见了京城想娘娘,忧戚出病来。有些好歹,到坏了我的名头。"(《正统临戎录》) (好歹:意外,指死亡)

(4) 神天看着,若不回心转意呵,这等不足道的,凶祸迟疾好歹有。(《谕武臣恤军敕》) (好歹:一定)

(5) 大明皇帝都留下不放,他每回来好生怪,俺每这里将进的鞑子,都拆毁了,他每这几个好歹不放回来。(《朝鲜李朝实录中的中国史料》上编卷一《太祖康献大王实录》) (好歹:就是,无论如何)

再如"发落",最早见于元代文献,在明代前期它已具有丰富的含义,可以表示"处置""处理""安排""交代,嘱咐"等义。例如:

(6) 当月第三日,丞相来望太师说:"不是我来发落你,上位怎么肯饶你?"(《李善长狱词》) (发落:处置)

(7) 你这人参布疋不曾发落,敢有些时住里。(《原本老乞大》) (发落:处理,即交易、买卖)

(8) 众人告说:"既蒙太守立姓叶,又教众人抚养,何敢不听发落?然众人呆痴,不得知道怎么叫这小厮立姓叶。"(《训世评话》) (发落:处理,安排)

(9) 蒙本官发落:"将刀贰口、弓贰把、箭壹佰枝送与本卫王指挥、杨指挥,听候接应。"(《逆臣录》卷四) (发落:交待,嘱咐)

词语的多义化使得很多词语出现兼类现象，如前面提到的"好歹"既可作名词，也可作副词。其他如"备细"可作名词、形容词、副词，"本等"可作名词、副词，"生受"可作动词、形容词，"落后"可作动词、副词，"节该"①和"略节"可作名词、动词，等等。

二、新兴词语的语义分类

由于明代前期可供选择的共时平面的语料不多，反映社会日常生活的语料更是稀少，本文研究语料是以含口语成分较多的书信、诏令、公文为主，所以有关公文的用语相对较多。本文研究语料中出现的新兴词，根据其表现内容、主题择要分为以下几类：

（一）典章制度类

如：铺户、厨役、大口、月钱、上班、画卯。

（二）军事活动类

如：操练、打探、打细、弓兵、军丁、军余、围子手、夜不收、马哨、烟墩（煙墩）、寨子、瞭望、哨瞭、哨探、驻扎、起营、厮杀、整点。

（三）公文用语

如：挨究、挨拿、差发、该房、钧旨、批文、文引、条款、节该、知会、原告、息词、窝主、窝家、关支、体审、体覆、体勘、枭令、在逃。

（四）科技发展与对外交往类

如：三梭布、石炮、神机铳、开洋、铁猫、浅阁、驾使、会同馆、番货。

（五）社会日常生活用语

如：修脚、过活、摆宴、猜拳、作揖、做伴、做亲。

（六）事物名称类

称谓：公公、姐夫、舅舅、老爹、妈妈、外公、外母、儿妇、岳父、嫂子、干爷、叔公、叔叔、姑娘。

官职及身份：把事、大马法、首目、官攒、使长、火甲、粮长、牢子、象

---

① 明代公文用语，"凡简略记载圣旨及公文，开头一定要写'节该'字样"（据张全真《朝鲜官吏汉语教科书〈吏文〉的语言面貌》，浙江师范大学学报2007年第6期）。

奴、回回、裁缝、使女、妳娘、乐妇、梳头待诏。

身体：身子、胡子、脚后跟、胸膛。

动物：海青、黄鼠狼、叫驴、牙象。

矿物、植物、农作物及其加工品：油漆、银朱、绵花、芝麻、香油。

器物陈设：木樨花（剑名）、倭刀、锣锅、炕、帐幔、幔子。

服饰纺织：镯头、草帽、袢袄、胖袄、直身、圆领、皮袄、毡衫、披肩、网巾、靴子、手帕、系腰、鞋脚、段子、绫子、罗段、棉布（绵布、緜布）、夏布、普罗。

颜料颜色：颜料、柳黄、明黄、姜黄。

建筑：房屋、房子、板房、耳房、正房、上房、卧房。

场所：窑场、驿站、集场、集镇、铺面、行院、堂子。

（七）时间词语

如：后晌、清早晨、昨前、明后。

（八）语言动作类

如：打话、打捞、揪、拴、丢、丢弃、叮咬、叫门、扛抬、挑担、盘脚、盘坐、厮打、驮载、拷打。

（九）表情状的词语

如：撒泼、光光、活活、瘸、火速、慌张、打紧、上紧、疾忙、痛快。

以上我们可以从一个侧面看出，明代前期的新兴词语来源丰富，反映了明代前期社会生活的方方面面。同时可以看出，人们的思维更趋精密化，对社会和事物的认识、分类更加细密。如房屋建筑细分为耳房、正房、卧房，衣服的式样面料也有细致的区分。特别是亲属称谓，长辈有公公、外公、岳父、外母、舅舅、叔公、叔叔、姑娘（指姑母），平辈有姐夫、嫂子，晚辈有儿妇、小的（男性晚辈）等，这些词语主要是活跃在当时的口语中，其中很多称呼已经与现代汉语完全一致。

三、新兴复音词的构词特点

本文研究语料中的新兴词语绝大部分是复音词，这些复音词又大部分是宋尤其是南宋以来新产生的词语，往往是在元明时期形成使用高峰。下面从构词法的角度对新兴复音词的构词特点进行分析①。

(一) 语法构词

从构词语素的角度,复音词可以分成单纯词和合成词两大类。这里所谓的语法构词主要是就构成合成词的两个语素之间的语法关系而言。以下分类主要参考黄伯荣、廖序东主编的《现代汉语》(增订三版)②,并有适当变化。

1. 联合关系(并列关系)

(1) 这三十八万粮都是百姓每血汗里种出来的,他却妄费用了,如何消受得? 天灾人祸必然到他身上。(《大诰武臣・冒支官粮第一》)

(2) 林宝一既曾从逆拒敌官军,教处重了。(《吏文》卷二)

(3) 除依奉会同各官计议得,山海关口系紧要合用粮米去处,所据前项运到银两,拟合籴买粮米,于山海卫仓交纳外,今给告示,于人烟辏集去处张挂,晓谕多人,不分官员军民人等,但有粮米籴卖,即便具状赴职告投,转行该仓,照数收受,出给通关付缴。(《吏文》卷四)

例(1)中的"血汗"本指血和汗水,这里指辛勤的劳动,名词,"血"和"汗"两个语素之间是联合关系。(2)中"拒敌"意为抵抗、抵挡,动词,两个语素之间是并列关系。(3)中"籴买"指买进粮食,两个语素之间是同义并列关系。"籴卖"是偏义复词,指卖出粮食,"籴"是陪衬语素。"告示"为名词,指通告大众的文件,"告"与"示"是并列关系。

联合关系的词语最多,其他如:裁缝、官攒、罗段、集场、海洋、文册、条款、译写、说称、哨探、瞭望、驾使、撇弃、揭借、查究、轮替、枷号、抄没、绑缚、包揽、逼凌、纵容、帮贴、诓诱(即"诓骗")、央浼、央求、诈讹、备细、

---

① 构词法主要参考任学良《汉语造词法》(中国社会科学出版社 1981 年版),在此基础上略有变化。

② 黄伯荣、廖序东主编《现代汉语》(增订三版),高等教育出版社 2002 年版。

叮咬、多余、公同、好歹、顺便、坍塌、完结、应该、着落等等。

还有一种"量词＋量词"形成的复合量词，也构成一种并列关系。例如：

(4) 本月初七日，又有达贼一千余人马，从本堡深湖河墩入境，至临江等处，四散抢掠，虏去男妇八百六十七名口，牛马等畜一千一百一十三匹只，杀死男妇三十四名口。(《吏文》卷三)

《吏文·吏文辑览》下注："名口‖男谓之名，女谓之口。"又，"匹只‖匹以马言，只以牛言"。这一类词语还有头口、头匹、员名等。

2. 偏正关系

A.状中关系。如挨拿、攒造、采办、倒换、根勾、颤动、胡说、火速、买免、磨问、认领、厮打、厮杀等。例如：

(5) 于经过去处，务要守分安住，不许生事搅扰军民及厮打平人等项，如违或被害之人告发，就将管领之员坐罪。(《吏文》卷四)

(6) 三月十一日，有女户女婿魏让引阿孟去锦衣卫做待诏为由，送钞伍佰贯与锦衣卫陶指挥买免："倘或有人指着吴一，望大人擦了名字。"(《逆臣录》卷三)

例(5)中"厮打"意为"相打"[①]，《吏文》注释："犹相斗也"。(6)中"买免"指花钱赎罪或免去役使。

B.定中关系。如儿孩、亲丁、窝主、住址、柳黄、颜料、木料、料豆、田禾、行粮、驿站、牙行、草帽、肚带、胸膛、哨马、暗礁、去向等。例如：

① 蒋冀骋探讨了"斯"和"相"的语源关系，认为"斯"源出"相"，见《近代汉语词汇研究》，湖南教育出版社1991年版，第139页。

(7) 杨春庆亦不曾亡故,见于东州住坐。尹尚失、金完你等亦在牛峰等所居住。张哈喇马等俱有,离远不识住址。(《吏文》卷二)

(8) 大凡结亲呵,儿孩儿便看他家道,女孩儿便看他颜色。(《元朝秘史》卷一)

例(7)中"住址"与现代的意义相同,即居住的地址。(8)"儿孩"指男孩。

3. 补充关系

主要有下面两种情形:

A.动补结构。如焚化、病故、解官、瞭高、落后等。例如:

(9) 及军人江才等认系各家亲男,即合回还陈告,差官前去,相验明白,然后焚化。(《吏文》卷二)

(10) 他到那里勾到沈福七亲兄沈福六,他接受本人银十两、钞四十贯、白绫袄子一件、绵布二疋,将本军脱放,却拿里长施一代他解官。(《大诰武臣·勾军作弊第二十五》)

上面例(9)"焚化"指烧掉(纸钱、尸体等),"化"补充说明"烧"的结果。(10)"解官"指解送官府,"官"补充说明解送的地点。

B.名量结构。由名词性成分+单位词成分构成,如牛只、皮张、纸张、段疋、布疋(布匹)、果品、船只、车辆、山座、银两等。例如:

(11) 内府各监局递年派办物料,工部等衙门修造军器、乐器、船只等件,并一应买办采办生漆、银朱、皮张、竹木、柴炭等项,递年拖欠种屯子粒及鱼油、翎毛、青绿、铜铁等颜料,桑、穰、席麻、芦柴、岁进野味,及买办追赔袢袄、裤鞋,试验不中弓箭及弦,并漕运漂失粮米、军器等件,悉皆蠲免。(《即位诏》)

(12) 开具该用祝版、香币、金香合、纻丝幡,并收买牺牲大牢猪羊、香烛、段疋,及差出人银两、衣服等物。(《吏文》卷一)

(13) 次日到于果园扎营,有管园官员将果品等物来见。又奉圣旨,差铭送果品与也先处。(《正统临戎录》)

4. 动宾关系

动宾关系的词语也较多,如画卯、做伴、捏故、照样、开市、贴说、摆宴、扳胸、兜肚、报名、过钱、上街、上班、下班、坐铺、叫门、认亲、勾军、为事、害病、捏词、讨信、造福、撞祸、撒泼、听话、猜拳[1]等。例如:

(14) 这书与管军的人造福,不是害他的文书。(《大诰武臣序》)

(15) 今后不分官吏、军民、旗校、匠役人等之家,都要轮流坐铺,提铃巡警。(《吏文》卷四)

例(14)"造福"是"造福田"的省略说法,本是佛教用语,引申指给人带来幸福。(15)"坐铺"即守卫本铺,谓警戒。"坐"有"坐守"的意思。

5. 主谓关系

主谓关系的词语很少。例如:

(16) 但有无批、引,语貌不一,面生可疑之人,捉拿解来。(《吏文》卷四)

(17) 又差百户吴康,假以公差赴京,打听消息回还。(《逆臣录》卷一)

(18) 下番回还,番货中有贵细物件,不必开封,连柜篓称斤两,各官眼同封号,再用厚木柜盛放,布漆铁叶包裹牢固,各官护封十分周密,从陆路差人管解押运赴京来。(《谕福建各官敕》)

(19) 彼时是和回说:"实不瞒老大人说,小的自父亡之

① 即划拳,酒席间助兴的游戏。两人各出拳伸指,同时各喊一数字,符合双方指数之和者胜,负者饮酒。

后，一向家寒，不敢来探。”(《逆臣录》卷五)

例(16)“面生”指面貌生疏；(17)“公差”即公家差遣，指临时派遣去做公务。(18)“眼同”意为亲自会同[1]。(19)“家寒”意为“家境贫寒”。

6. 附加式

这类新词中出现最多的是“子”缀词和“儿”缀词。例如：

“子”缀词：寨子、道子(道路)、译子(翻译人员)、牌子(古时军中小头目牌头的简称)、关子(公文)、锅子、嫂子、书子(书信)、抹子(书信)、身子(身体)、位子(名位，职位)、牢子(狱卒)、幔子、鞍子、日子、堂子(澡堂)。

“儿”缀词：头儿、性儿、褯儿(婴儿的尿布)、(女、小)孩儿。

另外有些词是以“头”“家”“见”“上”“下”“手”“们(每)”“地”为后缀构成的，如镯头、名头、下场头、可怜见、老人家、妇人家、男子汉家、省家(中书省)、因此上、家下(家中)、围子手、娘儿每、坐地(坐着)等。略举几例如下：

(20) 是信应允，就领到户部草料关子，前去汝宁本家传说前因。(《逆臣录》卷一)

(21) 似他这般害军呵，却便似自家打破锅子要饭吃么道，却似露天地里放着米，眼前吃一顿，别的都烂了，明日再要米吃有也无？(《大诰武臣序》)

(22) 我们三卫掌印都指挥完者秃等今年受敕书，着我们三卫头儿再不许去朝鲜地方雠杀。自敕书到，众头儿遵依，再不敢去了。(《吏文》卷三)

(23) 太师抱怨说：“我与上位做事，都平定了，到教我老人家两头来往走。若是这等，事业也不久远。”(《李善长狱词》)

(24) 那颜图万年的好名头落在书册上，差人去报他家里

① 据王学奇、王静竹《宋金元明清曲辞通释》(语文出版社 2002 年版)第 1251 页“眼同”的解释。

知道，着差好人来取。那颜这里差好人送去，复在宝位上坐着，却不是万年的好名？(《正统临戎录》)

(25) 不听不信呵，家里有小孩儿每不记呵，犯法到官，从头儿计较将来，将家下儿男都问过，你记得这文书里几件？(《大诰武臣序》)

例(20)“关子”指关文，即公文。(21)“锅子”即锅。(22)“头儿”指为首的人。(23)“老人家”是老年人的自称。(24)中“名头”指名声。(25)中“家下”即家中。

7. 重叠式

主要是指重叠两个相同的语素构成的词，如姐姐、妈妈、舅舅、公公、叔叔、直直、活活、光光等。例如：

(26) 本官赶开家人伴当，闲话间言说：“我舅舅这件事谋不成，倒连累了许多好头目。”(《逆臣录》卷一)

(27) 朝廷着高崇文去剿捕，把活活的拿了，木柜里柜到京城里来，连他家小房族及他的党干净都杀了。(《戒谕管军官敕》)

例(26)“舅舅”指母亲的兄弟。(27)“活活”指在活的状态下。

(二) 语音构词

这一类复音词主要包括联绵词、叠音词、音译外来词三类。联绵词如哱啰、哪叭(喇叭)，叠音词如回回、罗罗(彝族的旧称)，音译外来词如把都儿、那颜、普罗、撒答、答纳、褡连(即褡裢)[1]等。

(28) 请吃酒间，说知朝廷奸党事发，便将长枪一十三条与李指挥：“你将上去，我只带哱啰一对、哪吧一对、金一面、花

① 参见方龄贵《元明戏曲中的蒙古语》(汉语大词典出版社 1991 年版)第178 页“搭连”。

鼓四面、银丝腰刀二把、鬼头刀二把、筒一把、弓五张、铁箭一百枝、小枪二条、缨头一个、皮甲一副于坐船上装载。”(《逆臣录》卷一)

(29) 又指挥孙苍处有两个回回,金有让孚家奴也教发来。(《弇山堂别集》卷八十六)

(30) 当有本人问中讨去撒答一付,铁箭三蓬。(《逆臣录》卷四)

例(28)“哱啰”指古时军中的一种用海螺壳做成的号角。“哪吧”即喇叭,一种管乐器,上细下粗,多用铜制成,俗称号筒。(29)“回回”指回族人。(30)“撒答”又作“撒袋”[①],盛弓和箭的袋子。

(三) 修辞构词

有些新词语的产生是借用比喻、借代等修辞手段实现的。例如:

(31) 有把口官金百户言问:“恁那里来的官人每?”卑职回对:“俺不是别人,是辽东都司差来的千户,有公干。俺引着进马宰相差来的伴当郑帖木儿,更有宰相佥押的文字。”(《吏文》卷二)

(32) 处诚等思得,天气寒冷,无衣服鞋脚遮体,亦无口粮度日。(《吏文》卷三)

(33) 有王友才、唐福将使臣四人射伤,内一人射重。劫得弓三张,茶褐绵紬直身、黑绿绫袄各一件,纸帒一个,箭拾伍枝,铜锅一个,铜碗肆个,银匙贰张。(同上,卷三)

例(31)“卑职”本指低微的职位,至元代以职务代人,成为下级官吏面对上司时的自谦之称。(32)“鞋脚”本指鞋和脚,至元明时期用以指

① 参见方龄贵《元明戏曲中的蒙古语》(汉语大词典出版社 1991 年版)第 102 页“撒袋”。

鞋和袜,用"脚"代指与之相关的袜子[1]。(33)"直身"指一种日常所穿的长衫,是以形状代指衣服。

此外如腹里(指内地)、耳房(正房或厢房两侧连着的小房间。言其在门内左右如两耳然)、该房(指值班的人)、今早(今天)等也是属于修辞构词。

(四)变序构词

有些新词语是通过改变词序的方式产生的,前面我们列举的大量逆序词中就有不少是元明时期新产生的词语。如"容纵"是宽容放纵之义,在汉代就已经出现,此后从魏晋至于现代都有用例,但总体上用例不多。大概在唐代"纵容"开始出现,元明及以后的文献中使用较多[2],《大词典》解释为:"对错误行为不加制止而任其发展",其释义与"容纵"的"宽容放纵"义看似不同,但在此期文献中所表达的意义是一样的。例如:

(34)辽东都指挥梅义,他父亲已有胡党的意,因论亲上不曾罪他,只贬去辽东做都指挥,着他重新立功。他到辽东,全不思量做好勾当,却容纵为事发充军的人在家并各官家,教学下棋、打双陆、行医、卖卦,及令管军数揭贴各城门钥匙。(《大诰武臣·梅义交结安置人第四》)

(35)仍谕以自永乐年间以来,朝廷赐与近地,开设卫分,授以官爵,递年朝贡,累受赏赐。却乃忘恩背义,纵容下人,常来犯边。(《吏文》卷三)

再如藏躲、动调、指攀/攀指等都是此期新出现的词语。这些变序构成的新词语与原词的意义也是一致的。

---

① 鞋脚,《吏文》注:"鞋,履也;脚,汉人以布裹足至胫者也,亦曰裹脚。"

② "纵容"在元明之前的文献中用例很少,据笔者目见,仅《宋书》和《入唐求法巡礼行记》各有1例。

向熹通过研究指出:“近代双音词发展的主要特点是新的合成词大量增加。联合式、偏正式复合词数量最多。重言词、附加式、支配式、表述式、补充式等复合词数量也不少。”①从明代前期新兴词的构成来看,也是联合式数量居首位,其次是偏正式。

从构成合成词的语素之间的语义关系看,基本上是同义关系或近义关系。杨端志指出:“从原则上讲,词是开放性的,词素在语法结构支持下,可以无限制地加以组合;在语义关系支持下,可以无限制地创造出符合汉民族语义习惯的新词来。但是,语义关系是有限的,如古今语言中有大量的同义近义联合结构的词,但是,它们的语义关系都没有超出‘同义或近义并列互补’关系原则,一条‘同义或近义并列互补关系’,就足以概括。”②

四、新词来源及发展趋向

(一) 新词的来源

本文研究语料中使用的新兴词语主要有以下几个来源:

1. 南宋特别是元代新产生的词语

此期的新词语有一些最早见于南宋文献,如厮杀、摆布、利害(意为厉害)、好歹、过活、坐地、一会等。更多的是沿用元代新产生的词语,如绑缚、鞭子、采办、藏躲、刁蹬、发卖、跟随、官攒、火者、节该、老实、面盆、呐喊、盘获、抢夺、首目、坍塌、往常、下班、颜料、诈骗等等。此外还继承了一些元代产生的具有时代特点的词语,有的是蒙语的音译,有的是蒙语与汉语的混合产物,如前面提到的把都儿、撒袋、探马赤、站赤等。

2. 被激活的古代词语

这一时期使用的词语中,有很多在唐宋时期就已出现,但当时用例很少,甚至是偶尔一见,此后长期未见使用,而到元明时期又被激活,开始大量使用。如“作反”,犹言造反,《魏书》已有1条用例,但此后文献

---

① 向熹《简明汉语史》,高等教育出版社1993年版,第622页。

② 杨端志《汉语的词义探析》,葛本仪主编《汉语词汇学》,山东大学出版社2002年版,第191页。

未见用例，直到元明时期才出现较多的用例，清代沿用，现代用例很少，当代作品中不再使用。“绫子”，最早《游仙窟》有1例，但此后的宋代文献未见使用，直到元明时期才又出现较多的用例，清以后沿用。“暂且”和“接济”，从文献用例来看，它们最早见于唐代文献，唐宋时期用例都很少，至元明时期用例大增，清代以后沿用。“投顺”意思是投降、归顺，最早《魏书》出现1例，但直至宋代也很少见到使用，元明时期才出现较多的用例。“买嘱”，最早见于苏轼作品中，但仅见1例，至元明时期才见到较多的用例。“铺户”，最早在《全唐文》中见到1例，宋代用例非常少，元明时期才使用较多。其他如惨白、行粮、屯种、罗段、火速、影射、革除、棍、上房、拷打、倒塌、短少、张挂、人氏、顺便、兑换、缠扰、迟慢、作数、相机、搬移、农忙、宽限、简命（选派任命）、盼望、监禁、番货、原身、铺户等词，其使用情形大致都是如此。

这一类词语如同枯树遇到合适的气候条件又发新枝，获得了新生。为了更好地考察汉语词汇的兴衰更替，我们这里也暂把它们放到新兴词语中讨论。但为谨慎起见，我们暂未把这些词语看作典型的新词，未列入后面词表。究竟对这批词语如何定性，还需进一步研究。

3. 明代社会发展的产物

有些词语是随着明代社会的发展而新近出现的，我们在前文曾经论及。它们来源丰富，有的是新事物、新概念的反映，如绵花、花绒、棉布、粮长、象奴、火甲、木樨花、三梭布；有的来自口语和方言，如脚后跟、黄鼠狼、男子汉、妇人家、清早晨、缨子、下场头、迭不得、明后、席面；有的是汉语和蒙语组合而成，如驿站；有的是对文言性较强的旧词语的替换，如口语词“草帽”替代了“箬笠”；有的词是由于某一义位已经独立出来，成为另一类词，如量词“业”“料”“连”等。

（二）发展趋向

这些新出现的词语发展趋向各有不同。

有些词语如昙花一现，很快退出了语言交际的舞台，如象奴、体审、靠损、莫敢等。有的词语仅仅在明代前期使用，明后期就不再使用，如根勾、房亲、问发。甚至有的词语是由原来的高频词到逐渐消失，例如“管待”意为款待，最早见于南宋时期，但用例还不多，至元明时期其用例非常之多,清代沿用,而到了现代汉语中已经消失不用。再如"扛抬",指共同用手或肩膀搬东西,最早见于宋话本,元明用例较多,清代沿用,近现代以后基本不再使用。

有的词语仅保留于方言中,如在后、了后、一了、前年、集场、一声、帮贴、堂子、做大、作贱、撒泼、害病、静办(清静)、上紧、早是、花绒(指棉花绒)等。

更多的新词语沿用到现代汉语中,如棉布、修脚、黄鼠狼、草帽、行使(行驶)、认领、上班、颤动、盼望、监禁等。其中有的新词语刚出现时使用很少,至现代汉语中才大量使用,如"颤动",最早见于《元朝秘史》,仅1例,清代未见到使用,现代以后用例很多,成为常用词。"认领"最早见于明代文献,用例尚不多,清代除《型世言》中沿用的2例外未见其他用例,现代以后其用例才开始增多。"遮当"(现代汉语作"遮挡"),最早见于元明文献,但用例不多,至清代文献用例也非常少,甚至现代作家笔下也很少使用,而到了当代其用例则开始增多。"叮咬"一词也是如此,它最早见于《元朝秘史》,仅1例,至清代也只在《醒世姻缘传》中发现1例,直到现代作家笔下仍未见使用,至当代用例才逐渐多起来。

有些新词语虽然沿用下来,但在语义或感情色彩上发生了变化。如"天灾人祸",《大词典》解释为"詈辞",诅咒别人遭遇不测。这个词元明时期始出现,本来是贬义词,清代以前都是詈辞,至现代汉语中逐渐变为中性词,指自然的灾害和人为的祸患。再如"百般",在"想尽或用尽一切方法"这个意义上,元明时期既可以用于好的方面,如百般孝顺、百般爱抚;也用于不好的方面,明前期语料中全用于不好的一面,如百般害军、百般科敛、百般凌虐、百般捏故、百般折倒等,现代汉语中主要用于不好的一面。

从使用上看,有些词语的消长与社会政治关系密切。如"革除"最早见于《全唐文》,其后至元代才偶见用例,都是表示清除之义。至明代,明成祖夺取建文帝帝位后,下诏革除建文年号,复称洪武,臣下嫌于记载,就称建文年间为"革除",明代文献中的"革除"一般为此义。大概由于这个缘故,清代文献很少使用该词,直到近代以后人们思想解放了,"革除"才开始较多地使用。

第三节　新兴词的消亡及原因探析

词汇系统是一个不断更新的体系，正如人的生老病死，新词不断产生、旧词不断消亡是语言发展的规律。新兴词语的产生是社会时代的要求，其消亡也是语言自身调节和社会发展合力的结果。探讨新兴词语的消亡与研究其产生具有同等重要的意义和价值。明代前期使用的一些新兴词语中，不少词语生命短暂，有的甚至昙花一现，其消亡原因值得研究。

一、生命短暂的新兴词语

明代前期出现的新兴词语中，有一些在使用不长一段时间后就迅速消亡了。消亡的主要有以下几类词：

（一）同素逆序词

这里的同素逆序词是指两个语素之间互换位置而意义基本不变的同义词。这一时期出现的逆序词有两种情况，一种是逆序词成对出现，如指攀—攀指，两个词都出现于元明之际；一种是在原有复音词的基础上出现新的逆序形式，如定约、拿捉、马哨。在这些同素逆序词中，往往晚出的形式存在时间比较短暂。例如：

(1) 凡察、满住与忽剌温乃胯同谋，欲于朝鲜国边界不拣那个地方作贼，定约部落各处传箭请兵。(《吏文》卷二)

(2) 有马温将校尉徐贵射死，政等放马脱走，止将马纪拿捉，同张雄奏送锦衣卫镇抚司，参送刑部，问拟斩罪。(同上，卷三)

(3) 状招洪武二十六年正月内失记的日，有本卫指挥李俊，唤升并左所张千户、右所曹千户、中所杨千户等官到后堂密说："本卫日前有那紫檀枪杆，我连日告禀左府汤老官人。……"(《逆臣录》卷二)

(4) 那厮也则是这般样子,我每船守沙河口修,东正阳他连日把马哨一逢。东正阳回去,下在刘备城下。(《弇山堂别集》卷八十六)

例(1)中"定约"即"预先约定"。通过检索文献发现,"约定"最早在唐代文献中出现,一直沿用到现代汉语中;"定约"出现的时间稍后,约在元代,该词仅在元明清时期偶尔使用。例(2)"拿捉"即"捉拿"。"捉拿"出现较"拿捉"早,约在南宋时期,此后一直沿用;"拿捉"仅用于元明清时期,且用例很少。例(3)"告禀"即"禀告",主要见于明清文献。此例比较特殊,"禀告"此时还没有出现。例(4)"马哨"指骑马的哨兵,义同"哨马"。"哨马"出现较早,约在南宋时期,元明清一直沿用。"马哨"则明代始见,文献中很少使用。

此期同时出现的逆序词,也有的是两种形式都很快消失了。例如"指攀/攀指":

(5) 本月二十日,是辅骑坐马匹到于黄都督家浼说:"我亲家祝都督为事,生怕他攀指我,烦老官人与我打听一遭。"(《逆臣录》卷一)

(6) 后因蓝党事发,恐怕人指攀,吴一央阿孟去京城做待诏为因,打听党事。(《逆臣录》卷三)

根据《汉语大词典》的解释,"攀指"意为诬供牵连,"指攀"指招供时攀扯牵连别人。这两个词在文献中意义基本相同,且都仅用于元明时期。

(二) 具有缩略语性质的词语

在元明时期汉语中有这样一批新兴词语,它们组合使用的时间短暂,有些已经成词,有些尚未凝固,从今天的角度看很像词组或缩略语。例如:

(7) 先教人于都司所管地方,沿边画图贴说,通有多少险

处，多少平易处。(《戒谕武臣敕》)

(8) 三月十一日，有女户女婿魏让引阿孟去锦衣卫做待诏为由，送钞伍佰贯与锦衣卫陶指挥买免："倘或有人指着吴一，望大人擦了名字。"(《逆臣录》卷三)

(9) ……及买办、追赔袢袄裤鞋，试验不中弓箭及弦，并漕运漂失粮米、军器等件，悉皆蠲免。(《即位诏》)

(10) 这等吏员皂隶人等，都是积年在乡交结有司、把持官府、说事过钱、酷害百姓之徒。(《大诰武臣·说事过钱第三十二》)

例(7)"贴说"指在地图上附加说明文字。就笔者目见，这个词仅在明代使用。例(8)"买免"指花钱赎罪或免去役使，仅在明清使用，且用例很少。例(9)"追赔"，《元典章》中作"追陪"，意思是追还赔偿，主要见于元代文献，虽明、清甚至近代都有使用，但用例很少。例(10)中"过钱"指代为他人收受贿赂而从中获利，该词仅用于元明时期，清代以后不见使用。以上4词都见于《汉语大词典》。

这类刚刚凝固或正处于凝固成词阶段的新词语在明代前期文献中出现较多，特别是《吏文》一书中使用尤多，列举部分词语如下：

一类是《大词典》收录者：扫道(经过的道路)、泼做(蛮干)、体覆(审查)、问发(判决发配)、定害(打扰；麻烦；搅扰)、关支(领取)、闲住(罢官赋闲在家)、支待(接待)、体勘(探察)、开读(谓将诏书，展开宣读也[1])、军余(军，正军也；余，余丁也)、坐铺(守卫本铺，谓警戒)、根勾(根寻而勾取也。犹缉拿)。

一类是《大词典》未收录者：问决(问斩)、靠损(损害)、住种(居住耕种)、完住(完聚而住居也)、住使(居住使唤)、住俸(停止发给俸禄)、告害(状告伤害)、告要(告称欲要也)、查调(审查提调)、发据(发送于某衙门，而据其来承也)、家庄(庄田舍也)、延住(延缓留住也)、上粮(上纳田

---

① 此据《吏文》崔世珍的注释。后面带语气词"也"的词语解释皆为崔世珍的注释。

税也)、目老(乡中首目之老也)、官目(官员及目老也)、挨程(挨,推也,言推次其程途也)。

以上词语在本文研究语料中有的只出现1例,如"告要"、"家庄"、"支待"、"坐铺";有的使用多次,如"住种"出现3例,"开读"出现6例,"军余"出现8例。其中一些词语很难确定是词还是词组,如"军余",按照崔世珍的解释"军,正军也;余,余丁也",则无疑为词组;《大词典》则按照词收录,解释为:"指未取得正式军籍的军人。"从文献用例看,这一时期"军余"还游离于词与词组之间,有时用作词,有时用为词组。经考察,以上这些词或词组绝大部分只用于元明时期,或仅限于明代前期使用。

(三) 量词及其组合

此期新出现一些较特别的量词,如业、料、连等。如:

(11) 一日,都蛙锁豁儿同弟朵奔篾儿干上不儿罕山上去,都蛙锁豁儿自那山上望见统格黎名字的河边,有一业百姓顺水行将来。都蛙锁豁儿说:"那一业起来的百姓里头,有一个黑车子,前头有一个女儿生得好,若是不曾嫁人呵,索与弟朵奔篾儿干为妻。"(《元朝秘史》卷一)

业,《大词典》未列量词用法。"一业"大致相当于"一支"。从文献用例考察,"业"的量词用法仅见于《元朝秘史》。

(12) 切照当职管领旗军王定等驾使明字十五号三百一十料海风船一只并三板船一只,装载粮料运赴北京交卸。(《吏文》卷二)

料,《大词典》的解释是:"过去计算木料的单位。两端截面一方尺,长足七尺的木材叫一料。"未举例。《吏文》崔世珍注曰:"料‖板叶也。言以三百一十叶作船也。"

(13) 又有败船存留铁猫三个，斤重难运。鼓一面皮破。大金一面，旗一面，号带一条，锅贰口，巨二连，七十斤秤子一部。(《吏文》卷三)

连，作为量词主要见于元明清，文献用例很少。部，作为"秤"的量词极少见，《大词典》没有列此类量词用法。

以上这几个量词在现代普通话中都不再使用，但个别量词如"部"作为"秤"的量词用法在北方某些方言中仍有保留①。

此期还出现少量新兴复合量词，如头口、头匹、名口、员名、匹只、件双等，这些量词与其后所修饰的名词分别形成对应关系。例如：

(14) 国子监署祭酒太常寺丞张显宗、署司业翰林院修撰韩克忠，同本监教官生员一千八百二十六员名，洪武三十年七月二十三日，于奉天门钦奉圣旨："恁学生每听着……"(黄佐《南雍志》卷十《谕国子监诸生遵守学规勅旨》)

(15) 本月初七日，又有达贼一千余人马，从本堡深湖河墩入境，至临江等处，四散抢掠，虏去男妇八百六十七名口，牛马等畜一千一百一十三匹只，杀死男妇三十四名口。(《吏文》卷三)

(16) 除钦遵将高处诚等每人给与胖袄裤、鞋各一件双，及应付口粮、脚力，令陪臣朴大生等带领回还外，合行开咨知会施行。(同上)

例(14)中"员"对应其前的"教官"，"名"对应其前的"生员"。例(15)"名口"分别对应其前的"男"、"妇"，《吏文》崔世珍注："名口‖男谓之名，女谓之口。""匹只"分别对应其前的"马"、"牛"，崔世珍注："匹只‖匹以马言，只以牛言。"例(16)"胖袄"指棉上衣。"件双"中，"件"对

① 如笔者家乡山东菏泽方言中仍偶有使用。在福州方言中"部"可用于组合成套的东西，见罗竹风等《现代汉语方言大词典》，汉语大词典出版社 1995 年版，第 3379 页。

应其前的“胖袄”“裤”,“双”对应“鞋”。这些新兴复合量词多生命短暂,主要用于元明时期,此后基本不再使用。

此期还出现一些新的名量结构词语,像牛只、皮张、纸张、段疋、布疋(布匹)、船只、山座、银两等。例如:

(17) 洪武十一月十二日内,蒙本所差男江祖俚等将带绵布,用驴一头驮载,前去本境地名草河来归人民处,收买牛只。(《吏文》卷二)

(18) 二十八日,风汛不顺,行使失艕。至二十九日,见山,认看不系辽东山座,戗船回使。(同上)

上两例中,“牛只”主要用于元明时期,至清代主要用在律令、军事类文献中,此后很少使用;“山座”则用例罕见。

此外,元明时期存在时间比较短暂的新词语还包括部分公文用语、军事用语以及部分口语词。下面列举部分现在普通话中已经消亡的元明新兴词语,按所见时代、用例多寡情况列表如下①:

表 2　普通话中已经消亡的部分元明新兴词语

使用多寡 所见时代	用例极少	用例少	用例较多
主要元代	勒掯	儿孩 追陪/追赔	体覆
主要元明	推捱 靠损 摘拨 计禀 断发 踏验 指扳 喝盏 逼凌 泼做 坐铺 体勘 官攒 根勾	上位 首目 军匠 房亲 罗罗 系腰 法刀 直房 文引 头匹 腹里 差发 说称 攀指 央浼 过钱 勾军 解官 断没 打差 与同 要处 悬带 开洋 撒袋/撒答 挨究 提铃	住坐 取讨 推调 眼同 征进 疾快 比先 绵子 熟分 问拟 定害 节该 罄身 在前 折证 攒造 住歇 定害 刁蹬

① 表中用例多寡是基于对近代汉语语料的检索,而不仅限于本文研究语料。

续表

使用多寡 所见时代	用例极少	用例少	用例较多
主要明代	打细 给配 烟墩 撞祸 挨拿 整置	把事 历事 粮长	夜不收
仅明代	结归 织挽 息词 驮垛 莫敢 扳胸 明后 扫道 体审 枭令 关给 驾牌 袢袄 票帖 打送 三 梭布	哨瞭 问发 问决 火甲 乐妇 送问	
元明清	昨前 汤羊 胖袄	揭借 宽快 略节	伴当
明清	瞭高 捏故 告禀	象奴 买免 给过	

另外,元明时期还有很多新词义也是昙花一现。有些仅仅或主要用于元明时期,如"大势"所表示的"大批"义,"早是"所表示的"幸而"义,"摆拨"所表示的"安排"义,"关子"所表示的"公文"义,"罢了"所表示的"遇到危难无法解免"义,"走透"所表示的"泄漏"义,"当先"所表示的"当初"义,"夯"所表示的"背负"义,等等;有些是仅用于元明清时期,且用例极少,如印信(借指权力或官职);有的主要用于明代,如相合(指会合、集中)。

二、新兴词语消亡原因探析

以本书研究语科中的 638 个新兴词为例,其中现代汉语中不再使用的 141 个,约占 22%。尽管本文研究语料中诏令、狱讼等公文内容所占比例较大,消亡的词语中公文用语占有一定比重,但无论如何这个比例还是比较惊人的。

词语消亡的原因是一个很复杂的问题,其中有语言自身的原因,也有社会文化、个体心理、文体等因素,下面试从内外两个方面进行分析。

(一)语言内部原因

"任何一个词无论在语言里还是在言语里都不是孤立的,而是跟别的有关的词彼此联系着的;语言的词汇不是词的偶然的堆积,而是构成一定的体系;每当一个新词或新义加入语言的词汇体系,它就要跟词汇里已有的相关的词或词义相互影响,从而导致词义的变化。"[①]这种影响的结果不仅会导致词义的变化,也会导致某些词和词义的消失。

1. 词语之间的竞争

每一个词语生命的长短主要取决于其竞争实力,如表达能力、组合能力、运用能力等。既有显性的词汇系统成员之间的竞争,也有隐性的词义竞争。

逆序词的大量使用是近代汉语的一个突出现象,这必然给词语的选择和使用造成一定混乱,词语之间的竞争在所难免。元代至明前期是逆序词竞争比较激烈的阶段,如"泄漏"和"漏泄"在本文研究语料中的比例为 9∶7,说明竞争正处于激烈状态;"约定"和"定约"的比例为 5∶1,"捉拿"和"拿捉"的比例为 24∶1,选择结果已经非常明显;有的则需要竞争更长的时间才能决出胜负,如"躲藏"一词尽管南宋时期已经出现,但"藏躲(朵)"和"躲藏"在本文研究语料中的使用比例为 8∶0,说明二者的竞争还处于起始阶段。

最能体现词语竞争的场所是语义场,特别是同义和反义聚合中。在竞争中有的直接被淘汰出局,有的进行重组。如"央浼"(也作"央浼"),是恳求、央求之义,它和"央求"都最早见于元代文献[②],元明时期二者并用,"央浼"使用频率较高[③],但清代以后"央浼"基本不再使用[④],被"央求"所取代。就"浼"这个词来说,它在元明时期可以单用,也可以与其他词语组合运用,构成"央浼""求浼""浼引""浼托"等词,一度显示出较强的生存能力;清代"浼"继续沿用,但组合能力明显下降,除"央浼""浼求"偶尔使用外,主要是单用;在《民报》、《新小说》等晚近文献中"浼"还可偶尔一见,而现代普通话中则已完全不用,普通话的推广使得它在现代方言中的使用也越来越少,预示其不久将完全退出语言交际

---

① 张永言《词汇学简论》,华中工学院出版社 1982 年版,第 58 页。

② 《大词典》"央求"最早举茅盾《林家铺子》用例,过晚。

③ "央浼(央浼)"与"央求"的使用比例在《逆臣录》中为 17∶1,《金瓶梅》中为 12∶5。

④ 我们仅在《醒世姻缘传》中见到 1 例。"央浼"今保存在某些北方方言中。

舞台。从词义和词形关系的角度考察,“浼”最初的意义当与水有关,先秦时期即用以表示“玷污”义,宋元时期“浼”有了央求、请求之义,词义与词形很难联系起来,这恐怕也是促使“浼”消失的一个因素。再如“明后”(今后,以后)和“昨前”(从前,以前)是一对反义词,在这个反义组合中还有很早就出现的其他词语:以后—以前、今后—从前,它们之间意义基本一致。当几组同义词不能在语义上构成互补时,便会出现生死存亡的竞争。其竞争结果是“明后—昨前”由于表义不够精确、容易产生歧义而被迅速淘汰出局。再如,此期的“女孩”和“儿孩”也是一对反义词,但元明时期新出现的“男孩”一词很快就取代了“儿孩”,从而导致“儿孩”的迅速消失。

前面提到的一些量词“业”“料”“连”等之所以消失,也在于它们在竞争中被淘汰,分别被使用范围更大、使用频率更高的“支”“叶”“杆”所替代。

2. 语言表达精密化的要求

语义表达的模糊性是有度的。语言表达的精密化对词语表义的精确性提出了高要求,元明时期很多新词语的消失是由于表达上易导致歧义造成的。如表示居住意义的“住坐”清代以后就不再使用;表示所经道路的“扫道”仅在明代偶尔使用;表示打扰、麻烦、搅扰之义的“定害”只见于元明特别是元代文献中;“行财”除表示行贿之义外,还指借给别人钱财作买卖本钱,以及用于古代婚礼纳聘之称,所以近代以后就不再使用。再如“瞭高”,这是明代前期新出现的一个动补结构的词语,意为在高处瞭望。因为“瞭”有远望之义,一开始就用于军事侦察,隐含有在高处远望之义,“高”作为义素造成意义重置,且容易导致歧义,所以这个词使用时间不长,仅限于明清时期。

一般来说,一个稳定的合成词两个语素之间往往意义相同、相近(相关)或相反。前面提到的一些带有缩略语性质的词语,由于两个语素之间缺乏这种关系,内容信息含量过大,不能适应语言精确化的要求,所以很快被淘汰。再如“目老”:

(19) 据目老黄济等状供,勘得本县远僻万山之中,切枕

交南之境，地不满百里，人不尚千丁。(《吏文》卷三)

“目老”是偏正关系，指乡中首目之老，即头目中的年长者，含有“首目”和“老人”两个概念，分别是二者的省略说法，前一语素限定后一语素的范围。而“目老”甚至可以再进一步缩略为“目”，与“官”组成“官目”一词：

(20) 但龙州凭祥县地方既是极边，官目亦皆夷类。(《吏文》卷三)

“官目”指官员及目老，而不是官员之中的目老，两个语素之间是并列关系。这种随意的缩略组合方式容易给人们的理解造成障碍，因而这一类词语存在的时间往往十分短暂。从文献用例来看，“目老”和“官目”仅见于明代的《吏文》，其中“目老”2例，“官目”9例。

3. 语言的经济性原则

语言经济性原则，是指在语言的使用过程中以尽可能少的语言成分表达尽可能多的语义内容。大量缩略语的出现最能体现这一点。何雅文、许亮华认为：“所谓的语言经济性原则，其实是一种隐喻的说法，它指的就是省力原则(principle of least effort)”，“现代生活节奏快，大量缩略语的涌现，也正是语言的经济省力原则起着潜在的作用。……词汇作为语言最基本的要素，从形态结构变化上就直接体现出语言的经济性原则”[①]。上文提到的“军余”“官目”等缩略语即是语言经济性的产物。但随着时代的发展、语言使用环境的变化，其中很多词语在使用时容易产生歧义，表义不够精确，这时它们的存在反而不够经济，因而促成了其快速消失。

而且语言的经济性原则要受表义精确性的制约，如果过于简略的语言影响到了表义的精确性，那么语言自身将会再度调整，使之恢复其

① 何雅文、许亮华《语言经济性原则下的言语交际认知思维模式探微》，《长春大学学报》2010年第11期。

原来状态。如明代“灰”可以用作“石灰”的省称：

(21) 常琇系僧官，陈桓、沈煜、曹振系侯伯，王珩系指挥。各照例运灰完日。(《吏文》卷四)

《吏文》崔世珍注：“凡有罪者，令运石灰。”用“灰”称“石灰”，是用属概念称呼种概念。但这只能在具体的语言环境中使用，离开具体的语言环境则容易产生歧义。为避免歧义，后来人们还是选择使用“石灰”一词。

(二) 语言外部原因

很多词语的消失是由于时代、社会的变化，以及由此引起的人们思维、心理的变化等因素造成的。当然，上述词语多出自公文，所以文体因素也是一个不可忽视的重要方面。

1. 社会发展因素

由于社会的发展，某些词语所反映的客观对象已经不存在，或改换了名称，所以这些词语也随之消亡，如法刀(刽子手行刑的刀)、驾牌(军人所佩带的用以证明身份的牌照)、火甲(户甲之长)、三梭布(江苏省松江县产的纻丝布)等。前文提到的具有“缩略语”性质的词语如军余、开读、坐铺等，其消失的主要原因也在于丧失了社会基础。俞理明研究认为：“在自然语流中，一些习用的成分会在不知不觉中发生缩略变化，而在有意缩略中，也只有那些习用的、高使用率的词语才有必要缩略，缺乏公众基础的缩略词语是生造的，没有生命力的。”[①]

2. 文化或心理因素

有些词语的消失是由于社会文化或人们心理的作用。如“儿孩”的消失，除上文提到的“男孩”一词的竞争因素外，也当与“儿”可以泛指有关，它不仅可以指人，也可用于指称其他动物，如儿马、儿猫。这容易让人产生避讳心理，从而促使人们在感情上倾向于选择没有这种指称功能的“男”作为构词语素。“语言事实的感受，特别是大量新词、新义的

---

① 俞理明《词语缩略的界定及其理论诠释》，《四川大学学报》2000年第2期。

衍生,给人们一种新的启示:语言,尤其是语义(词义)的发展,其生成的机制主要不是逻辑的推理,而是心理的联想。”[①]这一观点未尝不可以用来解释词语的消亡问题。

3. 口语与书面语、方言与通语的竞争

在汉语发展历史中,口语与书面语的博弈从未停止过。南宋至元明时期口语大量进入通语和书面语,有的逐渐占有一席之地,有的却很快消失了。如“母舅”指母亲的弟弟,最早见于《北史》,唐宋时期有少量用例,明清时期用例较多,近现代以后逐渐不再使用[②],而是被“舅舅”一词取代。口语词“舅舅”在南宋时期开始出现;元明清时期常用,从文献用例看,与“母舅”的使用比例相持不下;清代“舅舅”已经进入皇帝圣旨和通志等文体中;近代以后逐渐取代了“母舅”。

但在这种竞争中被淘汰的词语更多的是方言口语词,如前文提到的“明后”“比先”“在前”“住坐”“说称”等;逆序词中消失较快的也是口语性较强的一类,如“拿捉”“定约”。曹廷玉通过研究发现,“近代汉语产生的同素逆序同义词能够保留承传至今天的普通话的并不是非常多”[③]。我们推测,这与“同素逆序同义词均要受到方言的影响”有一定关系。

太田辰夫指出:“中国文艺的诸形态多发源于民间,一经知识人吸取并获可嘉的发展便逐渐僵化而死亡,这在文学史上有一致的见解。语言也同样,常常是新的因素从民间产生,开始作为卑俗的东西,笔下自不必说了,就是口头上也很少用。但不久成为普通话,成为文学语言,随之便死亡了。”[④]这确实是一种引人思考的现象,上述分析中的很多词语即属于这种情形。来自民间的未必就一定有强大的生命力,应

---

① 苏宝荣《语义分析与语法分析结合　理性思维与具象思维兼容——关于汉语复合词结构认知与研究的思考》,《语文研究》2008 年第 1 期。

② 但仍保留在东莞等地的方言中,见《现代汉语方言大词典》1152 页。今安徽南部地区也有使用。

③ 曹廷玉《近代汉语同素逆序同义词探析》,《暨南学报》2000 年第 5 期。

④ 太田辰夫《汉语史通考》,江蓝生、白维国译,重庆出版社 1991 年版,第 206 页。

该看到，很多进入通语的俗言俗语如昙花一现，在激烈的竞争中成为往昔。一个词语如果在其本身产生的土壤中就没有扎牢根基，那么即使它有幸渗入通语，也注定不会长久。

4. 政治、文体等因素

有些词语的消失与社会政治有一定关系。明朝建立之初，朝廷下令禁止胡服，同时不许使用胡语、胡姓①。因此，极具特点的元代白话敕语和公文用语，如祈使语气词"者"、假设语气词"呵"、句末动词"有"，表因果或目的关系的"上头"，代词"这般着""么道"，后置词"行""里"等等，在明代前期的使用大量减少，此后很快就不再使用。

有些词语的消失与文体关系密切。本研究语料包括大量的公文，公文用语更富有时代性。前文表格中列出的当时常用的公文用语、军事用语，以及公文中为了表述精确而使用的量词"牛只""员名""名口""头口"等，它们在语言中存在的时间都比较短暂。

词语消亡的原因往往不止一种。前面提到缩略语存在时间比较短暂，既与其表义不够精确有关，也与其构词理据随着时间的推移而消失有关。"词语缩略并非用原词中的语素按原词语结构重造新词，词语的缩略形式只是原形式的提示符号，它的理据在于它的原形式，只能从原形式来对它作结构和意义的分析，它本身不必是完备的或合理的，因而常常是不可分析的。"②经过一段时间后，这些"不可分析"的词语由于构词理据消失，很难引起人们的联想而导致交际障碍，其消亡是必然的。

总之，词语消亡的原因比较复杂，既有语言内部因素，也有社会发展、文化、心理甚至文体等原因，往往是几种因素共同起作用的结果。只有在词汇史的大背景下综合观照内外诸要素，才能对词汇发展规律作出较为科学的解释。

---

① 如谈迁《国榷》卷三："太祖洪武元年二月壬子，诏复衣冠如唐制，禁胡服胡语胡姓名。"《明太祖实录》卷三十也记载："胡语胡姓，一切禁止。"

② 俞理明《词语缩略的界定及其理论诠释》，《四川大学学报》2000 年第2 期。

第四节　新词新义研究对《大词典》修订的重要价值

对词汇研究的深化和细化,不仅可以充实汉语词汇史的内容,而且对词典的编纂修订也有很重要的价值。通过对明代前期白话语料的分析,我们发现不少具有时代特征的新词新义,可以弥补词典书证的不足,或将词典的例证时间大大提前。下面仅结合《汉语大词典》就其中存在的问题进行探讨。

一、可补充《大词典》漏收的词语

此期出现了很多新兴词语,为《大词典》所漏收。例如:

(一) 料治

(1) 三保听得冯马儿说称要去首告。三保与父说知。父回说:"等我明日料治那厮。"以此将家人冯马儿右脚全剁,左脚剁下三指,及将曾保保右腿打烂。(《逆臣录》卷一)

(2) 有詹尚书对修等言说:"我家马儿好生无理,他要首我谋逆的事,我与你每商量怎么料治他。"(同上)

这里"料治"指教训、处置。《大词典》未收录。在此意义上,古代文献和现代汉语口语中一般用"料理"表示。

(二) 靠损

(1) 屯种养蚕最是好勾当,军家得饱饭吃,得暖衣穿,不靠损百姓,又不懒惰军。(《谕天下武臣敕》)

"靠损"意义当为损害。该词仅见于元明时期,使用很少,其他文献用例如:

(2) 凡有公家差役，交无力小民替代，迤渐靠损未便，咨请闻奏事。(《元典章·刑部》卷十六)

(3) 诸富户依托见任官员影避差役者，所在肃政廉访司官常须用心禁察，毋使循习旧弊，靠损贫民。(《通制条格》卷第十六)

(三) 住俸

(1) 又蒙镇守等官叶达、王锴、刘旺、李安、崔吾能、金文亦各住俸，带罪杀贼。(《吏文》卷三)

(2) 钦遵将崔胜等住俸施行，仍将住俸日期缘由回报。(同上)

(3) 有司、军、卫、营、堡、巡司地方，容隐流民在山，许布、按二司抚民官查勘。五十名之上者，官吏住俸半年，百名之上者，住俸一年，一百五十名之上者，问罪奏请旨定夺。(同上，卷四)

结合用例分析，“住俸”当指停止发给俸禄。

(四) 上街

(1) 及伴送通事、铺行人等哄诱夷人，上街买卖，交通作弊，透漏事情，要乞禁约。(《吏文》卷四)

(2) 该城兵马严督火甲省各行铺户，持货入馆，明白买卖，不许纵容铺户在外私与交易。致使夷人得以上街，许[沿]门贩卖，出入自由，因而窥探事情。(同上)

“上街”指去街市。《吏文》下注：“上街‖犹言入市也。”现代汉语仍沿用。

(五) 问决

(1) 在后是父常同本官议论,谋逆间不期奸党败露,将父王行问决了当。(《逆臣录》卷一)

(2) 不期奸党败露,已将倪百户等官问决抄没,将万春拘拿到卫,取问罪犯。(同上,卷二)

(3) 是佑明知系干党逆,不合依允,与同各官在家伺候谋逆。不期蓝党败露,先将指挥张英等问决了当。有军人谢德成惧罪,自缢身死。(同上)

"问决"主要见于《逆臣录》,共22例。"决"有处死犯人之义,"问决"即问斩。

(六) 除是

(1) 有凉国公又说:"你放心,我事业成时,教你享富贵一世。"傅侍郎起身就拜两拜:"除是大人活得我性命。"(《逆臣录》卷一)

例中的"除是"不再是"除非是"之义,已经凝固成词,意为只有、仅仅。这个意义在元明时期还能见到一些用例,如:

(2) 我叮嘱他这桩事,则除是天知、地知、你知、我知。(高茂卿《翠红乡儿女两团圆》第二折)

(3) 看破无生事,参透悄然机,从些兔狐栖。大则瞒天地,小则入细微,除是自家知,使唤的泥牛下水。(《全元曲》无名氏《慧》)

(4) 九曲风涛何处显,则除是此地偏。(王实甫《西厢记》第一折)

（七）解忿

(1) 本贼等不遵敕旨，只将妇女四口并中途新产小儿一口送回外，其余男妇牛马财产，并不送还。尚不解忿，于宣德十年三次，正统元年一次，二年二次，诱引忽剌温野人到来本国闾延、碧潼等处，杀虏人口头畜去讫。(《吏文》卷二)

“解忿”在魏晋时期已经出现，其后《资治通鉴》也有用例。如：

(2) 是时曹公在宛，备乃大惊骇，谓忠曰：“卿诸人作事如此，不早相语，今祸至方告我，不亦太剧乎！”引刀向忠曰：“今断卿头，不足以解忿，亦耻大丈夫临别复杀卿辈！”(裴松之《三国志注》)

(3) 穆崇宣言曰：“六眷不顾恩义，助显为逆，我掠得其妻马，足以解忿。”(《资治通鉴》卷第一百十六《晋纪》二十八)

“解忿”义同“解恨”，即消除心中的愤恨。“解忿”一词至今仍在笔者家乡菏泽方言中使用。

（八）饶器

各处买办纻丝、纱罗、缎疋及一应物件，并续造缎匹、抄造纸札、铸造铜钱、烧造饶器、煽炼铜铁、采办梨木板，及各处烧造器皿、买办物料、颜料等件，悉皆停罢。(《即位诏》)

饶器，当是饶州瓷器的简称，实指景德镇瓷器。景德镇，原为饶州府浮梁县下辖一镇，故景德镇官窑出产的瓷器亦称饶器。元代蒋祈在《陶记略》中写到：“景德陶昔三百余座。埏埴之器，洁白不疵，故鬻于他所，皆有‘饶玉’之称。”在当今瓷器界“饶器”一词仍广泛使用。

其他还有很多《大词典》未收录的词语，如织挽、窑场、给配、因话（谈话）、视见、察见（看见）、抄提（查抄提取）、搬取、回子（回族人）、在前（以前)、叮咬、梢水(船夫)、把事(主管官员)、首目(首领,头目)、妹子、一声[①](一旦)、秤子、译子、儿孩(男孩)、挨究(查问,搜捕)、节该、批引、名口、员名、匹只、山座、牛只、草束、住歇(住宿,居住)、打送(打点送礼),等等。

二、可完善《大词典》释义不全不确之处

(一) 释义不全

例如:

1. 小人

(1) 就你跟前小人儿知道,不敢对你说。(《弇山堂别集》卷八十六)

(2) 设若白夷差人到时,正人送赴京师,小人放回一二。(《弇山堂别集》卷八十七)

上例(1)中“小人”当是指随从、手下人。(2)“正人”指官长,对应的“小人”当是指下级军士。《大词典》“小人”未列与此相关的义项。

2. 行李

(1) 有蓝玉言说:“你官人每听着,我如今回来要做一件事,你每用心准备些行李好人好马接应。我等上位出来劝农,好下手便下手,你众人齐心着,在后事成了时,都着你做大官人。”(《逆臣录》卷三)

(2) 有小旗陈金保唤达参到家言说:“王阿狗的事发了,我每前日不因对他说这般话,免不得来提。我每家里有些行李,且寄开去。”当有达参收拾财物出外寄放。(同上,卷四)

(1)中的“行李”指物资。(2)中“行李”和下文的“财物”相对应,指

① 刘君敬《〈逆臣录〉词汇研究》(2008年南京大学硕士论文)对该词有专门考证。

财物。《大词典》“行李”列有7个义项:1.使者。2.出使。3.唐时称官府导从人员。4.行旅。亦指行旅的人。5.引申为行程、行踪。6.出行所带的东西。7.比喻负担。其中没有与物资、财物等相关的义项,当补。

3.事故

除李卖土等六十九口事故外,止获到宋得玄、海西等男妇四百五十口。差知司译院事张洪守等管解辽东都司交割。内中途事故一十二口、复逃五十六口外,见到人数收管了当。(《吏文》卷二)

上例中的“事故”当指死亡,《大词典》未列相关义项。

4.中平

(1)你在那军中调守许多军马,务不要偏向,凡事都要中平服人。但有偏向,不能服众;中平,人喜。(《弇山堂别集》卷八十六)

此例中的“中平”意义当为持中、公平。这个意义在唐代翻译佛经中已经使用:

(2)仁等当知,王于沙门深生敬信此不可期。憍闪毗胜光大王为性中平,无有阿曲,众所共闻。(《根本说一切有部毗奈耶杂事》卷第二十六)

《大词典》仅列“中等,平常”一个义项,当补。

5.声息

(1)跟随都指挥巴克实往摩海图等处擒拿细作声息。(《弇山堂别集》卷八十八)

(2) 王哈喇巴图尔、王彦选好人好马一百人或二百人，或昼行夜止，往前擒拿声息，务要十分仔细擒获敌人。(同上)

(3) 遇有敌人，务要用计擒拿声息，尔等哨马照依每日常行。(同上)

分析用例，“声息”当与“细作”同义，指暗探、间谍。《大词典》未列相关义项。

6. 至诚

该词在明前期语料中共见51例。例如：

(1) 礼部为征南事，洪武十五年十一月二十五日于华盖殿早朝钦奉圣旨：“……这般说，他那乌撒、乌蒙、东川、芒部四处把事怎地服事土官，教如此不至诚？……”(《弇山堂别集》卷八十七)

(2) 他那哥泼皮，又不至诚，又要害我的军，我发他在云南金齿呵。(《刘仲璟遇恩录》)

(3) 拜见毕，有戴指挥向前禀说：“这百户也是小人一卫里的，好生至诚的人，小人凡有的话对他商量，以此特引来见大人。”(《逆臣录》卷二)

(4) 此人至诚，以后大句当里可以委付。(《元朝秘史》卷八)

(5) 钦奉宣谕曰：“……今番将来的马呵，那里有我骑的？口说至诚，心不至诚，直甚么事！至诚呵，甚么里显至诚？以物显至诚有。事不得人，何能事鬼神？”(《朝鲜李朝实录中的中国史料》前编卷中《高丽史》)

(6) 这个人常常钓渔为业，侍奉乞养母亲无些儿邋遢，至诚孝顺。(《训世评话》)

从用例分析，"至诚"意为真诚、实在，意义同"志诚"①，《大词典》未列有关义项。

7. 事干

《大词典》"事干"列有两个义项：1. 谓事已办完。2. 办事的才干。但下面各例中的"事干"并非这两个意义。

(1) 在后假以事干赴京为由，时常在于胡府探听消息。(《逆臣录》卷五)

(2) 是和前去探望景川侯曹震，当有本官问说："朱指挥，你来有何事干？"(同上)

(3) 有本官问说："你每来这里有何事干？"复等回说："因比箭等事到京，将些微礼特来拜见大人。"(同上)

从用例分析，"事干"即事情。此义当是元明时期才出现，同时期其他文献也有一些用例，如：

(4) (末见鲁，云)大夫，今日请老夫来，有何事干？(鲁云)今日请老相公，别无甚事，商量索取荆州之事。(关汉卿《关大王独赴单刀会》第一折)

(5) 悟空迎近前来问曰："你是谁家小哥？闯近吾门，有何事干？"(《西游记》第四回)

(6) 过了五年，有事干又到京中来，问问旧邻，已不见了郭家踪迹。(《二刻拍案惊奇》卷二十二)

(7) 只听得小牢子入来报道："孙提辖敲门，要走入来。"包节级道："他自是营管，来我牢里，有何事干！休要开门！"(《水浒传》第四十八回)

① 王学奇、王静竹《宋金元明清曲辞通释》语文出版社 2002 年版解释："谓诚心诚意，老实本分之极。"第 1418 页。

这个意义主要见于元明时期,清以后几乎不再使用。但当代作品中偶尔还会见到用例,如:

(8) 等到小道变做大道传达,三阿公把在外国当经理的女儿叫了回来,开口就是先投资一亿,做房地产,把河街和街河的改造包下来,叫地球疏通疏通。老人亭里都不信有这起事干,抠门拿得出恁多钱财。(林斤澜《三阿公》①)

因此,《大词典》"事干"条目下应补入第三个义项:3. 事情。

8. 体气

(1) 其陪祀官员,除年老、残疾、疮疥、体气、刑余、丧过之人不与外,文官五品以上,武官四品以上,各俱祭服陪祀。(《吏文》卷四)

"体气"当是指人体发出的狐臭等异味。这一意义在文献中用例极少,我们在清代李渔《无声戏》中还发现1例:

(2) 邹小姐不住把鼻子乱嗅,疑他床上有臭虫,哪里晓得里侯身上又有三种异香,不消烧沉檀、点安息,自然会从皮里透出来的。哪三种?口气、体气、脚气。邹小姐闻见的是第二种,俗语叫做狐腥气。(第一回)

《大词典》"体气"未收列该义项。

9. 门禁

(1) 仍严督各城堡门禁并乡村寺庙管屯官旗巡捕人等,俱要用心设法仔细盘诘。(《吏文》卷四)

① 原载《绿叶》1993年第2期。

《大词典》"门禁"仅列一个义项:"门口的戒备防范。"上例中"门禁"应是指看门人。《全元曲》中也有用例:

(2)(王府尹云)兀那厮,休说我这宰相府大院深宅,便是那小家儿,也有个门禁。(乔吉《李太白匹配金钱记》第二折)

10. 转

兵可取孟津渡河,由洛阳、陕州、潼关入陕西省至军前,不然时别路恐转了。作急行动!(《弇山堂别集》卷八十六)

句中"转"指绕远路。《大词典》未列相关义项。在今山东方言中"转"即指绕路,另有"转路"一词与"绕路"同义。

其他还有不少《大词典》未收录的义项,简单列举如下:

驾牌:军人所佩带的用以证明身份的牌照。(详见第三章第一节)

勾军:勾取逃军。(详见第三章第一节)

垛子:指用以驮载东西的马驴等牲畜。(第三章第二节有专门论述)

撒放:指把驴马等牲畜放开(任其觅食)。

条子:指鞭子一类。

放过:饶过。

男妇:儿媳。

道子:道路。

定限:限定,动词。

破调:推脱,推辞。

住居:居住。

杠:量词。(详见第三章第一节)

了后:之后。

(二)释义不确

为事

《大词典》列有两个义项:1. 办事;成事。2. 犹出事。

在我们的研究语料中"为事"用例比较多,有少数是"办事、成事"之义[①],更多的是另外的意义。兹举数例如下:

(1) 辽东都指挥梅义,他父亲已有胡党的意,因论亲上不曾罪他,只贬去辽东做都指挥,着他重新立功。他到辽东,全不思量做好勾当,却容纵为事发充军的人在家并各官家,教学下棋、打双陆、行医、卖卦,及令管军数揭贴各城门钥匙。(《大诏武臣·梅义交结安置人第四》)

(2) 水军左卫千户刘全,将为事起发百户一员,不开除月俸,八石支五个月,十石支五个月,将这等为事百户俸整支十个月,共粮九十石。(《谕武臣恤军敕》)

(3) 文武官吏、旗校、军民、匠作人等,有为事问完,见做工、运砖、运粮等项,及锁镣工匠不关粮赏、常川做工者,悉宥其罪。(《即位诏》)

(4) 是荣明知谋逆,不合要得相从,回说:"我想家父在时,亦曾交结胡丞相来,因见延安侯众人为事废了,我与弟何贵等常常烦恼,幸不曾有事,久后也不知如何。既官人每都从了时,我也和你每做。若做得这件事成时,免得我每久后祸患。"(《逆臣录》卷一)

(5) 铭等回言:"不瞒大人说,小人几个也是为事的人,戴罪出征,心上时常忧虑。大人先回去,小人每也寻些缘故,随后赴京来,若谋得事成,尽出气力。"(同上,卷二)

(6) 一招洪武十二年间,因见已为事犯人哈答孙、黑鹰各人时常前去胡府打棒,多蒙本官赏赐回还。(同上,卷二)

(7) 有父洪武十九年为事钦发金齿充军,家小一向于乌江石碛桥住坐,蒙起发为事官家小前去完聚。(同上,卷四)

---

① 例如《逆臣录》卷一:"本官又说:'我亲家靖宁侯熬到侯的位子,把来废了,他招内必是有我的名字。看官人每也是为事的人,我回家看动静,若得下手时,好歹做一场,望你众人扶助。'"

(8) 一招洪武二十六年正月内，蓝玉回京。大舍差家人张总到家报信，(顾)常为事提取到京工役，因到蓝玉家告说："如今工役受苦不过，不如根同大人谋事。"(同上，卷五)

(9) 若驿站官旗畏避权势，谄谀应付，暗结人情，致有马匹倒死，加追还官。其官照例充为事官立功，旗军发极边墩台哨守。(《吏文》卷四)

从以上用例分析，"为事"不能简单解释为"出事"，其中"为"是动词，有犯、干犯之义，"为事"意义当为犯事，也即犯罪。《吏文》崔世珍注曰："为事‖因事而有罪者曰为事"。"为事"其间还可以插入别的成分，例如：

(10) 状招洪武二十五年十二月内失记的日，有父对炫言说："前日蓝大人说靖宁侯为了事，不知如何？你就同周舍去打听一遭。"(《逆臣录》卷四)

"为了事"即犯了事。"为事"的这一意义在《元典章》等元代文献中已经使用，主要用于元明时期。例如：

(11) 间有品官为事，鞫问官吏，先使本人跪于其前，问官据案假寐，或熟寝榻上，至于睡觉，方问其人招与不招，又复偃卧，或啜茶饮酒，故意迁延，百端凌虐，必得招而后已。国家赤子，乃使刻薄之人，残害如此。(《元典章·刑部》卷二)

(12) 受讫为事无理人钱物，断令有理。(《元典章·刑部》卷八)

(13) 刑部尚书张子麟，真定槁城人。父名钦，初为仓攒典，为事问革，遂力农。(明徐咸《徐襄阳西园杂记》卷下)

《大词典》第2个义项"犹出事"条下列举了两个例子：《二刻拍案惊奇》卷十五："长要来问个信，自从为事之后，生意淡薄，穷忙没有工夫，又是素手,不好上门。"《二刻拍案惊奇》卷十五:"况且窝盗为事,声名扬开去不好听,别人不管好歹,信以为实,就怕来缠帐。"这两例中的"为事"也都与犯罪有关。综合以上分析,我们认为,解释为"出事"意义较为宽泛,《大词典》的第 2 个义项应改为:犯事,犯罪;出事。

三、可提前《大词典》始见例证时间

《大词典》书证过晚者较多,前辈时贤多所补正。这里仅就见于本研究语料的新词新义作一补充,以备方家考证。

1. 书子

"书子"指书信。《大词典》最早的例证出自《儒林外史》,稍晚。检索该词,元代文献尚未见用例,似乎最早见于明代,但用例很少:

(1) 钦奉圣旨:"你如今休去,我也与你个小职名儿,与朝廷办些事。只着报喜的家人稍着<u>书子</u>去,着他每来。"(《刘仲璟遇恩录》)

(2) 师父在洞,幸亏了一个救星,原是宝象国王第三个公主,被那怪摄来者。他修了一封家书,托师父寄去,遂说方便,解放了师父。到了国中,递了<u>书子</u>,那国王就请师父降妖,取回公主。(《西游记》第三十一回)

"书子"在清代《儒林外史》中用例较多,《红楼梦》、《儿女英雄传》等作品中都有用例,此后很少使用,现代作品只是偶尔一用。如:

(3) "那里来,老二?"吴家二掌柜问。
"从家里来。你给我请三股香,数二十张黄表。"
"弄什么呢?"
"人家下<u>书子</u>,托我买的。"(台静农《拜堂》)

2. 慢慢

犹言缓一缓,等到以后。《大词典》最早列举《二十年目睹之怪现状》中的用例，稍迟。这个意义在明代就已经使用，如：

（1）太师说："你的军借三百名与我打柴。"汤大夫说："上位的军不是我的军，我如何敢借与你？"酒散，太师对李六十说："上位气数大，便借得军也无军器，且慢慢理会。"（《李善长狱词》）

（2）是诚回说："且熬将去，慢慢地理会。"（《逆臣录》卷一）

3. 老人家

（1）太师抱怨说："我与上位做事，都平定了，到教我老人家两头来往走。若是这等，事业也不久远。"（《李善长狱词》）

"老人家"用于老年人自称，《大词典》最早举明末周清原的《西湖二集·洒雪堂巧结良缘》为例，稍晚。这个词在《全元曲》的宾白及其他明代文献中已能见到：

（2）（卜儿云）我老人家如今性子淳善了，若发起村来，怕不筋都敲断你的！（关汉卿《杜蕊娘智赏金线池》第一折）

（3）（老千户云）我老人家被你打了这一顿，还说不干你事，倒干我事？（李直夫《便宜行事虎头牌》第四折）

（4）（彭大云）老官人，不要怪我老人家多嘴。你自从开这卦铺已来，也赚的够了，刚刚吃拿了一个银子去，便关上铺门，何等小器。（王晔《桃花女破法嫁周公》第一折）

（5）高愚溪道："前番分文没有时，你兀自肯白养我；今有东西与你了，倒怠慢我不成？我老人家心直口直，不作久计了，你收下我的。一家一计过去，我到相安。休分彼此，说是你的我的。"（《二刻拍案惊奇》卷二十六）

但从明代后期开始，"老人家"用以自称不限于老年人，也用于相对年轻一些的人，这种情况下"我老人家"含有说话人对对方轻蔑甚至谩骂的感情色彩。例如：

(6) 金莲道："不妨事，我老人家不怕冰了胎，怕甚么？"(《金瓶梅》第二十七回)

(7) 寄姐冷笑了一回，说道："好方便人家！不费措处，容易拿出这们些衣裳来！既是拿出这许多衣裳来的人家，就不该又卖了女儿，叫人信不及！这哄吃屎的孩子哄不过，来哄我老人家！你捣的是那里鬼儿？"(《醒世姻缘传》第七十九回)

"老人家"的这种感情色彩至今保留在现代口语和方言中。另外，它有时含有调侃意味。例如：

(8) 本人，笔者，就是此时此际正在给诸位同胞编故事的我老人家，居然还能够来到这个世界上，据母亲后来对我说，这完全是一次错误，而且是一次不可宽恕的错误。(林希《"小的儿"》)

"老人家"这一带有感情色彩的意义《大词典》也未列出，当补。

4. 窑

(1) 老夫人言说："你却不要依着他，那蓝家胡子却不是人，你若依着他，我便寻死去，你快去窑上躲了他便罢，你不躲时，我便皇孙殿下处说去。"系喜奴递茶听得。(《逆臣录》卷一)

(2) 有景川侯着人唤克昌到家议说："如今凉国公来家，我先与他议的事，你也知道。如今上位着我去三山烧窑，你来根我去走遭。待他下手时，便回来接应。"克昌听允，与同蓝玉家医士周遵道议说前事。就于太医院讨差，批一纸同本官到窑上。(同上，卷五)

上两例中"窑"指制造砖瓦陶瓷等物的场所,《大词典》最早举《二十年目睹之怪现状》为例,过晚。

5. 暗礁

本月初五日,随风浪漂流到于悬岛岸边。本船又被暗礁浅阁,风浪踮跌,栈板梁头开裂损坏,泥水进仓。(《吏文》卷三)

"暗礁"指海洋、江河中隆起而不露出水面的岩石,是航行的障碍。明代文献中有少量用例,清代已较多使用。《大词典》最早举碧野《没有花的春天》为例,过晚。

6. 土豪

自洪熙元年六月十二日以后,军民并旗军、将军、力士、校尉、舍人、余丁等,除犯反逆、党恶、土豪、人命不宥外,其余有犯发遣各处充军、立功、哨瞭等项者,尽行宥免,复还职役。(《即位诏》)

例中"土豪"特指乡村中有钱有势的恶霸,这一意义《大词典》最早列举顾炎武《与人书》:"马角无期,貂裘久敝,惟长者垂悯孤根……不至为土豪鱼肉,即石田十顷徐图转售,尚得为首丘之计。"例证稍晚。

7. 德性

遂怪责蒙力克道:"自的子不能教训,要与我齐等,所以将他送了。我要早知您这等德性,只好教你与札木合、坛忽察儿每一例废了来。"(《元朝秘史》卷十二)

例中"德性"指不入眼的模样、品行,含有轻蔑义。在这个意义上,《大词典》最早举曹禺《日出》,例证过晚。

8. 整置

饮间,有叔谷旺言说:"我昨日去见凉国公,本官对我言说,他如今要谋件大事,着我每整置些好人马,一声下手时,便来接应。若久后事成时,咱都少不得做大官人,你也听候接应。"(《逆臣录》卷二)

"整置"意为"置备"。《大词典》最早举许地山《危巢坠简·东野先生》,例证过晚。

9. 大

"大"可以放在某些表时令、时间的词语前,表示强调。《大词典》最早举叶圣陶《多收了三五斗》为例,过晚。这一用法元明时期就已出现,如:

说与各军总兵官:明日大天明做饭吃,吃饭了收拾停当才放起营前进。(《弇山堂别集》卷八十八)

"大天明"意思是天大亮。此外,《全元曲》有"大清早",《型世言》、《金瓶梅》中有"大热天""大冷天"等。

10. 便当

(1) 百户的印信,干碍一百户的军马,倘或人将去,印几纸文书出来呵,好生不便当。(《大诰武臣·排陷有司第三十》)

(2) 不安乐处、不便当处,怎么对当安乐、便当。(《谕武臣恤军敕》)

(3) 这厮每好歹先救高邮,他有徐左丞领过的人马,王保保再添他些,他那里水路旱路都便当。(《弇山堂别集》卷八十六)

(4) 哨马营离大营三十里拣好便当去处驻扎。(《弇山堂别集》卷八十八)

便当，意为方便、容易。《大词典》最早举《老残游记》，例证过晚。

《大词典》例证过晚的词语还有很多，其他如以先、早前、标子、比对、草稟、丢弃、风匣、计量、木料、探病、住址、晒凉（晾晒）、三五成群、烟消火灭等词语的例证都可以提至元明时期。

第三章　明代前期白话语料新词新义研究（下）

在本章中，我们将对其中的106个新兴词语进行解释，并就其使用情况作一般考察，以期发现其兴衰演变轨迹。其次重点对8个新兴词和7个疑难词进行较为深入的考释和探讨。其中对8个新兴词主要进行历史的考察，探究其成词过程及词义演变情况；7个疑难词语皆不见于《大词典》等工具书，我们主要考释其词义。

第一节　新词新义例释及使用情况的一般考察

本文研究语料中出现的新词新义很多，下面选择出来进行分析探讨的106个新词新义以明代前期新近产生的词语为主。我们期望通过对其出现及发展使用情况的考察，能够发现此期新词新义的使用特点及其对现代汉语的影响。

一、**【挨究】**查问，搜捕。该词仅在《吏文》中出现，共4次。例如：

(1) 及札付义州把截张万户，即便挨究原来发卖牛马人民韩帖木儿、金可可等贰起共五十余名，缉捉前项作过杀人正贼。（《吏文》卷二）

(2) 本部已经节次移咨本国催取，虽准回报，除行东西北面沿江把截官司及各道府郡县挨究得获，另解辽东都司交割。（同上，卷二）

(3) 查照得本国人民逃往贵境，例皆咨请取还，合无上项

僧人挨究发回复业便益。(同上,卷三)

该词最早见于南宋文献,元明时期用例稍多:

(4) 毕竟田主虽易而田则未尝易,自可挨究官物之所在,如是则无陷失之患。(宋胡太初《昼帘绪论》)

(5) 该急递铺递到湖广行省咨文,为薛阇干元帅杀虏人口不公等事磨擦损坏,仰挨究施行。(《元典章·兵部》卷四)

(6) 奉圣旨:"是。这厮情犯丑恶,有伤风化,便凌迟了,不必覆奏。任茂等七名,务要上紧挨究,得获解来。钦此。"(明陆粲《庚巳编》卷九)

此词主要用于元明时期,清代偶尔沿用。"挨"有"搜,查问"之义[①],"挨究"是同义复合词。《大词典》未收录该词。

二、**【挨拿】**搜捕。在《吏文》中出现3次,例如:

(1) 锦衣卫官校同五城兵马,照依分管地方,设法缉捕挨拿,巡城御史通行提调。(《吏文》卷四)

(2) 各处集镇,如有豪强及牙行人等把持行市,将粮米物货以贱为贵,以贵为贱,高低唱价,专图厚利肥己者,所司缉访挨拿,轻则量情责罚,重则究问如律。(同上)

《大词典》"挨拿"仅举《古今小说·临安里钱婆留发迹》为例。检索其他语料,该词主要见于明代文献,清代偶尔使用。

三、**【把事】**《大词典》未收录。本文研究语料共出现3次:

---

① 蒋冀骋、吴福祥《近代汉语纲要》(湖南教育出版社1997年版)第353—354页。至于"挨"为何有"搜捉"之义,蒋冀骋《话本小说俗语辞考释》(《古汉语研究》1995年第1期)一文有详细考证。

(1) 这般说,他那乌撒、乌蒙、东川、芒部四处把事怎地服事土官,教如此不至诚? ……”(《弇山堂别集》卷八十七)

(2) 那厮每许大地方如何无一个晓事的,把事都这般不知天道人事,可惜搅坏了你部家。即便出榜去,教土官百姓知道,教听者俺的言语,安分守己当差,休做歹,不听话呵,俺再用心他每,当不得本部再开圣意。(同上)

(3) 云南至毕节立界牌上写着土官把事名字,教他供给守御处粮食。如是地界上截子军,照依地方剿捕,缺供给,也去照依地方剿捕。(同上)

该词最早见于元代,元明清文献中较常见。例如:

(4) 事觉,遂与把事阿都阿牟等以二月二十一日于赤水河作乱,杀永宁府判官常珪……(元苏天爵《元文类·国朝文类》卷四十一)

(5) 罗罗斯土官撒加伯及阿陋土官阿剌、里州土官阿答,以兵八千撤毁栈道,遣把事曹通潜结西番,欲据大渡河进寇建昌。(《续资治通鉴》卷第二百十六)

(6) 当阵斩获贼级一百零四颗,内一颗系头目曹把事首级。生擒五名,内一名系杨朝栋跟随马夫杨喜儿。(明李化龙《平播全书》卷四)

从以上用例分析,“把事”当是指少数民族部族中土官手下的主管官员。

四、【板房】共出现8次。例如:

(1) 李四妻范氏招云:“洪武五年十二月,男李佑回家说:‘今日早,我父亲和太师、延安、吉安四人在胡丞相家板房里吃酒,商量要反。’范氏道:‘可是真个? 你吓杀我!’李佑回说‘是真’了。”(《李善长狱词》)

(2) 洪武二十五年二月初七日,有凉国公在陕西回到原籍家,因于东板房发放:"徐大你收拾下这一百军,整齐着听候我用。如今要谋件大事,若成时抬举你做大官人。"(《逆臣录》卷一)

(3) 洪武二十六年正月初七日,有二舍使火者买住去请叔公蓝千户来到本家西板房里坐。(同上)

(4) 本年失记月日,央浼崔内官引领铭等俱进西华门里板房内潜坐。至起更时分,引到女子三名,与铭等各行奸宿,至天明送出门来。(同上,卷二)

《大词典》"板房"列有两个义项:1. 内廷处理诏书公文之处。2. 用木板隔成的房间。亦指用木板搭建的简陋房屋。从上述用例分析,除例(4)是指内廷处理诏书公文之处,其他三例"板房"都是指明代高级官员(胡丞相指胡惟庸,凉国公指蓝玉)家中议事的地方,可能这种地方是用木板围隔而成,故称"板房"。由此引申指一般的木板房,例如:

(5) 舰高数丈,外饰以丹漆,上下三级,级置走马棚,下设板房为蔽。(《续资治通鉴》卷第二百一十七)

在这个意义上《大词典》最早列举现代作品用例,过晚。

五、**【帮贴】**补贴。仅在《吏文》中出现1例:

(1) 铺陈什物,俱系站军置备,马、驴、车、牛,亦无钱粮帮贴。(《吏文》卷四)

《吏文》崔世珍注:"以故衣贴鞋履曰帮,此谓补助也,即本国所谓奉足补助户首者也。"《大词典》最早举《红楼梦》为例,过晚。在比较可靠的文献中,"帮贴"最早见于南宋李焘所撰《续资治通鉴长编》,但用例很少,明清用例增多。例如:

(2) 素姐问:"这当铺是谁的?"相栋宇道:"你小叔儿做着个穷部属,搅缠不来,我所以合个伙计赚些利钱,帮贴你小叔儿做官。"(《醒世姻缘传》第七十七回)

(3) 子富寻思此说倒亦的确,莽莽撞撞径和黄二姐背地议定,二千身价,帮贴一半。黄二姐大喜过望,连装三口鸦片烟。(《海上花列传》第四十四回)

现代以后很少使用,主要保留在方言中。

六、【包揽】招揽过来,全部承担。仅《吏文》中有 2 例:

(1) 或自承包揽粮草,前去各仓驿交纳者有之。(《吏文》卷四)

(2) 如有此等之徒包揽粮草到于仓驿嘱托交纳,及擅骑马驴并诈取财物挟制多支粮草者,不分官、舍、旗、军,就便擒拿,牢固枷钉送来,以凭施行。(同上)

《大词典》最早举《警世通言》用例。"包揽"一词在《醒世恒言》、《金瓶梅》等明代文献中也有不少用例,清以后沿用,现代汉语中成为常用词。

不过"包揽"早在东晋及唐代汉译佛经中已经出现,但似乎是囊括、全部收取占有之义,与我们上文所谓的"包揽"意义有所不同。《朱子语类》也有 1 例"包揽",应是"概括"之义,也与上述意义不同:

(3) 看来他们都是合下不曾从实地做工夫去,却只是要想象包揽,说个形象如此,所以不实。某尝说,学者只是依先儒注解,逐句逐字与我理会,着实做将去,少间自见。最怕自立说笼罩,此为学者之大病。(卷四十《论语二十二》)

七、【报名】本文研究语料中出现 3 次:

(1) 随至东安门外,爷爷进东门。铭奏说"去鸿胪寺报名"而退。(《正统临戎录》)

此例中的"报名"即报上姓名,指上班报到。

(2) 又访得三五年前,有一江西人王姓者,曾到云南,要冒籍报名科举,所司不容,随后其人奔往交趾,受彼伪御史之职,为之运筹划策,提兵巡备。(《吏文》卷三)

(3) 恁兵部便出榜与京城内外张挂,凡官吏军民弟男子侄并罢闲官吏及还俗僧道人,若有年少力壮,膂力迈人,弓马熟闲,胆气自负,情愿与朝廷出力报效者,许于总兵官石亨等处报名,试验审实乡贯来历明白,不系正军、正匠及另项规避违碍者,即便官受,别立营分。(同上)

(2)、(3)中"报名"的意义已经与《大词典》的解释相合,都是指"欲参加某种活动或组织时,向主管者开具自己的姓名以及年龄、籍贯等。有时只须报告姓名"。

《大词典》最早举清陈康祺《燕下乡脞录》为例,稍晚。"报名"在元明文献中用例已经不少①,清代沿用,至现代汉语中用例很多,成为常用词。

八、【本等】本文研究语料共见 4 例:

(1) 他本等的正军将脱放了,却将好百姓拿去替他做军,如此害人,着百姓每埋冤负屈,你怕他这等人能勾长久?(《大诰武臣·勾军作弊第二十五》)

(2) 他本等的事都不整理,却去交结有司,说事过钱。这等不才的,如何不罪他!(同上,《说事过钱第三十二》)

---

① 主要是明代文献,元代仅《全元曲》宾白中有 2 处使用,《全元曲》的宾白一般认为是明代语言。

(3) 今照野人回还,除原来人员伴送外,合再差通事一员伴送。拟合札付本府,转行自通州直抵辽东,沿途经过军卫有司驿分,支本等廪给口粮。如差去人员,生事搅扰明白,申报施行。(《吏文》卷四)

(4) 今后公差人员到驿,除有符验及奉上司印信明文,差遣紧急事情重务,照例应付本等马、驴,廪给口粮、铺陈。照依上中下等第应付,亦不许占宿上房,勒要上样铺陈、鸡酒下程食用。(同上)

"本等"在例(1)中是本来、原来之义。(2)中指本分,即本身分内。(3)、(4)意为如其身份地位,即自身所在的等级。

"本等"最初指这一等级或原来的等级,是词组;其成词当在元明时期,用例较多,清沿用,此后不见使用。

九、【擦】抹去,擦掉。仅见1例:

三月十一日,有女户女婿魏让引阿孟去锦衣卫做待诏为由,送钞伍佰贯与锦衣卫陶指挥买免:"倘或有人指着吴一,望大人擦了名字。"(《逆臣录》卷三)

《大词典》中所列义项与此意义相符合的是:"抹去。指田粮等的减免。"最早举清黄六鸿《福惠全书・编审・立局亲审》为例,过晚,且释义不确,建议改为:"抹去。有时特指田粮等的减免。"或者再另立一个义项:抹去,擦掉。

一〇、【草帽】仅见1例:

(1) 是荣心思吴海是荣同谋人数,必是有我名字。以此惧怕,先出长安门外,不与伴当相见,潜逃出通济门外,将身穿青绵布圆领衫一件脱下,卖与不识名男子,得钞四贯五佰文,当将钞一贯二佰文买草帽一顶戴着,雇驴一头,骑出安德门,至慈湖急递铺内宿歇。(《逆臣录》卷三)

《大词典》未举例，白维国等《近代汉语词典》未收释。该词最早见于元代文献，但用例很少，明代以后用例增多。例如：

(2) 谢戴文璝佥院惠草帽细结夫须染色新，使君持赠意偏真。玉川便易煎茶帽，元亮还抛漉酒巾。（元陈高《不系舟渔集》卷七）

(3) 舟中皮甲、皮袋帽、草帽、发丝帽、枪头、铁锹、铁炉，无不毕具。（明瞿九思《万历武功录》卷二）

(4) 桥傍列肆，抟面角之曰麻胡饧，和炒米圆之曰欢喜团，秸编盔冠幞额曰草帽。（明刘侗《帝京景物略》卷三）

一一、【查究】检查追究；查办。该词仅在《吏文》中出现 4 次。例如：

(1) 某官某日，已受差遣，不即节制策应，并其路途远近，日期多寡，及有无误事避罪情由，俱要查究的确，问拟如律。（《吏文》卷三）

(2) 若有此等违犯之人，径自呈举，仍将经过公差人员，要见奉何衙门明文，为因某事差遣及应付过马驴、铺陈，廪给口粮车辆等物数目，每月一次，备细开列，同不致隐瞒漏报，重甘结状[①]，粘连呈缴巡按山东监察御史处查究。（同上，卷四）

该词最早见于明代（《大词典》也最早举明唐顺之《牌》为例），明代笔记和《醒世恒言》中也有一些用例，清代沿用，近代《东方杂志》(1904年)、《新小说》等刊物仍有不少用例，当代很少使用。

一二、【长话】冗长拉杂的话。仅《元朝秘史》有 1 例：

---

① 重甘结状，《吏文》注："谓甘受重罪之结状也。凡上司移文于属司，仍令具甘受重罪之结状而呈来，如本国之甘结也。"

我自小亡了父母,又无兄弟,妻好说长话,伴当不中倚仗,为这般,所以有天命的安答胜了。(《元朝秘史》卷八)

上例大概是“长话”的最早用例,明代用例很少,清以后沿用,但用例也不多,主要出现在“长话短说”一语中。“长话”至今仍保留在北方的某些方言区。现代汉语中“长话”则多是“长途电话”的省称,已非同一词。

一三、**【抄没】**查抄没收。共出现5次。例如:

(1) 将那犯人凌迟了,枭令在监前,全家抄没,人口迁发烟瘴地面。(明黄佐《南雍志》卷十《谕国子监诸生遵守学规敕旨》)

(2) 不期奸党败露,已将倪百户等官问决抄没,将万春拘拿到卫,取问罪犯。(《逆臣录》卷二)

(3) 恁礼部便行五城兵马指挥司、会同馆,着落严切晓谕,禁约官员、军民人等、买卖之家,今后敢有仍前故违,将白地青花磁器皿卖与外夷使臣人等将带出境的,正犯处死,全家发边远充军,家财抄没入官。(《吏文》卷四)

该词最早见于《全元曲》等元明文献,明代用例较多,清沿用,其后用例减少,当代用例很少。

一四、**【赤剥】**脱光;裸露。研究语料中仅见1例:

反到那十月间,七岁、八岁、三五岁,这等军的儿女一个个赤剥无衣穿,盼望要一个热炕卧的,着过冬。(《谕武臣恤军敕》)

该词似乎仅见于明清时期,用例很少。“赤剥”的消失大概与“赤膊”有关系。“赤膊”元明时期已经出现,明清用例也不多,但清以后用例开始增加。虽然两个词的意义并不完全等同(《大词典》“赤膊”有两个义项：1.裸露上身；2.裸露的上身），但有重合之处，这大概是导致“赤剥”被替代的重要原因。

一五、【打细】做细作。共见2例：

(1) 取云南的缘故，为云南梁王使人来俺跟前打细，通了流官及火者每，为这般征云南。(《弇山堂别集》卷八十七)

(2) 及走回妇女寇氏又称，达贼头儿差六个人，身穿青布衫鞄[1][鞥]鞋，前来广宁等处打细，已经通行盘诘去后。至今未闻一卫一所盘获不明一人前来，诚恐各该守备等官视为泛常，坐视不获。合再通行省谕，严加盘捕。(《吏文》卷四)

《吏文》下注：“打细‖谓闻见事情也。”指出“打细”的主要任务是打探消息。“打细”中的“打”有“做”义。另有1例“打细作”，更可见“打”的动词性质：

(3) 指挥王祯并无这般关防，受了财，把打细作的都放了。为这般拿来枷枷着，沿海浙东行至福建广东，毕日押赴京师典刑枭首示众。(《谕武臣恤军敕》)

“打细”当是“打细作”的缩略语。文献用例很少，《大词典》也仅举《全元曲》郑光祖《程咬金斧劈老君堂》1例。

一六、【刁蹬】故意为难，捉弄。共见10例。如：

(1) 抚州千户张邦、董升等，将他自家的鹅鸭放在各门上，却着守门的军人，但有挑担米谷过往的，便去取要米谷来喂养。又但凡有客人出入，便以批引为由，多般刁蹬，有钞与他才肯放过。(《大诰武臣·守门阻当第十》)

(2) 应天卫指挥庞权，与同千户旗首等指以异姓军为由，

① 《吏文》注：鞄‖诸本作“鞥”。

刁蹬军人严亚保。(《谕武臣恤军敕》)

(3) 及陪臣陈瑾亦奏称,知县李广宁,娶知州赵南杰女为妻,以拘留土人关正等之故,恐奏此事,故意刁蹬不为起送,滞留日久,以致同来陪臣何瑄等染瘴陆续病死等情。(《吏文》卷三)

(4) 近访得各该仓场官攒、库斗人等,中间守法奉公者,百无一二,徇私作弊者,比比皆然。凡遇收受钱粮,百般设计刁蹬,淹留月余,措要纳户钱物,靡所不为。(同上,卷四)

《吏文》注:"刁蹬‖刁,即'雕'字。欲捕兔之时,飞旋顾视,左右追逐,可捕不捕,良久乃捕。俗取其义,谓人之作威侵人者曰刁蹬……蹬,留难抑勒之义。"《吏文》的注释解释了"刁蹬"的构词理据,可以帮助我们理解该词的意义。

"刁蹬"最早见于元代文献,主要用于元明时期,至清代用例已较少,现代汉语不再使用。

一七、【丢弃】放弃;抛弃。共见3例。如:

(1) 有等无理官军,将收得马骡驴匹垛子不即送赴大营与人识认,却将垛子检括,把马骡驴匹驮载自己行李,每日又不饮水喂草,及至压损瘦乏,丢弃在路。凡有收得马骡驴匹垛子者,不许停藏,即便送赴大营,着人认识;如有隐匿者,拿住定依军法处斩。(《弇山堂别集》卷八十八)

(2) 回到空地内,与先劫银两、铜钱等物,各分入己。内将铜锅等件丢弃无存。(《吏文》卷三)

"丢弃"最早见于明代文献,汤显祖《牡丹亭》、王轼《平蛮录》、凌蒙初《二刻拍案惊奇》等中都有用例。《大词典》最早例证为郁达夫的小说《沉沦》,过晚。

一八、【动调】调动,调集。仅见1例:

(1) 照得近因动调大军,征剿建州贼寇,被我官军俘获贼属并被虏男妇余福儿等到来。(《吏文》卷三)

该词在明代很少使用,他例如陆容《菽园杂记》:

(2) 职方郎中、员外、主事之职,掌天下地图及城隍镇戍烽堠之政。其目有五:一曰城隍,二曰军役,三曰关津,四曰烽堠,五曰图本,余皆未载。以今职掌事件记于左方:点军士;奏报声息(此二事原隶司马部即武选司。今隶职方司);出征动调官军……(卷四《诸司职掌》)

元明文献主要用"调动","动调"是其同义逆序形式。《大词典》未收"动调"。

一九、**【断发】**判罪发配。《大词典》未收录。在本文研究语料中共出现2次:

恁去说与云南大理等处守御卫所,有发到的有罪断发军人编入伍,着他种田。把关去处盘获有罪断发,但是曾刺字不刺字的、刺旗不刺旗的逃囚军人,拿住发与原卫所,将为首逃的废了示众。(《弇山堂别集》卷八十七)

该词主要用于元明时期,用例很少。它最早见于元代文献,《元典章》、《通制条格》有个别用例。此外,明代文献中还有"明断发落"、"决断发配"等语言表达,可以帮助我们进一步理解"断发"的意义。

二〇、**【墩台】**报警台。共见5例,如:

(1) 又过三两日,是以有太监家人北京奴走回,说:"太监到在此,于野狐岭住扎有。高旺到边,与墩台上军人答话。……"(《正统临戎录》)

(2) 外有伯颜帖木儿同也先在下水海子一带住扎,被墩

上瞭高官军偷马打搅，要将墩台围困，炮倒将人杀害。（同上）

(3) 仍督沿边墩台哨守官军人等昼夜用心瞭望，倘前贼徒乘间伺隙为寇，随处边堡军马并听相继截杀。（《吏文》卷三）

该词最早且主要见于明代文献，清代偶尔使用。“墩台”有时也单用“墩”表示，如上例(2)。此外，明清时期还用“墩堠”“墩堡”表示此义。现代汉语中的“墩台”一词，则指所建大桥桥墩的台子，意义已经完全不同。

二一、【儿孩】男孩。仅见1例：

(1) 大凡结亲呵，儿孩儿便看他家道，女孩儿便看他颜色。（《元朝秘史》卷一）

“儿孩”仅见于元明时期，主要在元代使用，在《孝经直解》、《新校元刊杂剧三十种》、《全元曲》中都能见到用例，如：

(2) 擗踊哭泣，哀以送之；（儿孩儿、女孩儿行者哭者送出去着。）（贯云石《孝经直解·丧亲章第十八》）

(3) 不想这使唤的小梅，有八个月身孕，倘或得个厮儿，须是刘家后。我有心待将这家私三分儿分开：一分婆婆，一分女婿，一分我有用处。婆婆，我如今住庄上去计点，怕小梅分娩时分，若得个儿孩儿，千万存留了咱！（武汉臣《散家财天赐老生儿·楔子》）

(4) 俺两个当初指腹成亲，我根前得了个女孩儿，唤做王闰香，年一十六岁也；他根前得了个儿孩儿，唤做李庆安。（关汉卿《钱大尹智勘绯衣梦》第一折）

《大词典》“儿孩”仅列有两个义项：1. 孩童，2. 比喻亲信。应再增补一个义项：3. 男孩。

"儿孩"一词的消亡与"男孩"的兴起有关。"男孩"最早在《新编五代史平话》见到1条用例,其他元明文献未见使用。至清代"儿孩"已经不用于指男孩,"男孩"的用例逐渐增加,至现当代用例大增,成为常用词。

二二、**【发风】**即"发疯"。比喻言行失去常态。仅有下面1例:

又招:"八年九月,李四回家说:'我早起和汪丞相、太师、哥在胡丞相家板房吃酒,商量谋反,我也随了他。'范氏骂李四:'你发风!你怎么随他!'李四说:'我可可随了,我怎么不从他?'"(《李善长狱词》)

"风"在宋元时期已有"癫狂"之义。"发风"在《全元曲》、《西游记》、《喻世明言》等元明文献中有少量用例,清及以后不见使用,而是开始使用"发疯"。"疯"本义是头风病,《字汇·疒部》:"疯,头疯病。"由此引申出"神经错乱,精神失常"义,明代已常见"疯子""疯癫"等词。

《大词典》未收"发风","发疯"最早举《说岳全传》例,过晚。

二三、**【发狠】**① 恼怒;动气。② 下决心,不顾一切。语料中见到2例:

(1) 丞相奉旨发落归家,爷儿三个在前厅哭,发狠:"我做着一大太师,要拿便拿!"(《李善长狱词》)

(2) 如今京师发狠教象来云南,近日真蜡国王真个经由占城、安南赶到象进贡,又俺自家广西十万山内拿了二百三十只。(《弇山堂别集》卷八十七)

该词最早见于明代文献,用例较多,清以后沿用。

二四、**【发落】**语料中共出现37例,意义比较丰富。例如:

(1) 每日军官犯事我发落他时,便聚集头目每来省会他,着知道休去犯,似这等也多遍了。(《大诰武臣·教人作弊第

十一》)

(2) 尔二人明日来安宿处迎接,听发落。(《弇山堂别集》卷八十八)

(3) 文宁等一十二名暂令带罪,照旧操守听调,俱候奏请发落。(《吏文》卷三)

(4) 是干使令火者福童引他去后堂西耳房内,等我发落事情了来梳头。(《逆臣录》卷三)

(5) 首告得实的,回军之日赏米十石、绢十疋、布十疋、钞三千贯;若有知情不出首的,一体治罪,都要发落军士每知道。(《弇山堂别集》卷八十八)

(6) 敕大营及五军总兵官并管队大小头目:今后行营,不许军士落后,如落后的便杀了,该管头目治以重罪不饶,务要发落军士每都知道。军士每都要发落他吃饱饭,不要胡使他。(同上)

(7) 本官应说:"如今江北养马的官见要听宣谕,不若卫家批帖子取他过来这里定夺。"在后果取各官赴京,选下张胜等五百户,发落过江将领马军未曾到来。(《逆臣录》卷三)

(8) 本部明文至日,发落取领附卷,及行左军都督府转行辽东镇守等官覃、王、胡等,俱照本部奏奉钦依内事理,钦遵施行,连送到司,拟合通行。(《吏文》卷三)

"发落"在上例(1)(2)(3)中是"处置"之义;(4)为"处理"义;(5)是"交代,嘱咐"义;(6)前一个"发落"是"交代,嘱咐"义,后一个是"安排"义;(7)(8)中"发落"是"安排"义。

"发落"最早见于元代,元明用例很多,清以后沿用,现当代也有少量用例。

二五、**【发卖】**出售。语料中共见3例:

(1) 济奴一向与同各匠合本打造头盔发卖。(《逆臣录》卷五)

(2) 状招洪武二十六年正月内,因到京买卖,就赁到鹤庆侯铺房一间,发卖盐货,常同鹤庆侯家人李三保在铺内闲坐饮酒。(同上)

(3) 及札付义州把截张万户,即便挨究原来发卖牛马人民韩帖木儿、金可可等贰起共五十余名,缉捉前项作过杀人正贼。(《吏文》卷二)

该词最早见于南宋文献,《元典章》等元明文献用例很多,清代沿用,近现代文献中偶尔出现,至现代汉语中不再使用。

二六、**【方语】**方言。仅见于《吏文》1 例:

(1) 因不晓方语,随取到原呈司译院崔有江审问明白,代书前情。(《吏文》卷三)

《吏文》下注:"天下言语,随方不同,故谓之方言,此指本国而言。"唐代文献中有"殊方语""诸方语""中方语""边方语"等,"方语"单用则主要见于明清时期,文献用例很少,如明于慎行《谷山笔麈》中有用例:

(2) 佛经所载方语,皆唐时语也。(卷十七《释道》)

二七、**【防范】**防备;戒备。仅在《吏文》中出现,共 9 例,如:

(1) 合无行移辽东镇守巡抚太监等官叶等会同副总兵韩,严督各该地方守备官军人等谨慎防范。(《吏文》卷三)

(2) 缘此虏自去年以来与迤北达贼仇杀,因而讲和,虽未审有无胁从,奸谋诡计,难以测度,防范之策,在所当谨。(《吏文》卷四)

"防范"本指堤坝和模子,引申为约束,但此义至明代已经很少使用。又引申为“防备”义，此义似乎最早见于明代文献，《醒世恒言》、《金瓶梅》、明代笔记中都有用例，清代以后沿用。

二八、【**腹里**】内地。共出现10例：

(1) 次日，有太监喜宁就与爷爷说：“今也先领人马不往大路去，往紫荆关进腹里到北京有。”(《正统临戎录》)

(2) 据马根单守堡指挥田纲呈报建州贼人从清河地方入境往腹里抢掠等因到臣为照，此贼既听招抚，却又犯边，若不早图，恐为后患。(《吏文》卷三)

(3) 凡有这等的，自榜文到日为始，限他三个月以里赴所在官司首告，所司量加抚恤。转申兵部，原系边远卫、所充军的，改发腹里卫、所；腹里卫、所充军的，发附近卫、所。(同上，卷四)

“腹里”属于修辞造词。《大词典》解释为：“犹内地。元时为对中书省直辖地区的通称。”阴法鲁、许树安在《中国古代文化史(三)》中谈到：“为了便于统治，元朝把全国划分为十一个大区，由中书省的派出代表机构‘行中书省’主管各大区的军政大事。这样，行中书省就成了地方最高一级的行政管理机构了。此外，邻近大都的一部分地区称为‘腹里’，直属中书省管辖。”①可知，“腹里”不包括大都。但我们从上例(3)中可以看出，由“边远”到“腹里”，再到“附近”，都是相对于大都而言，是逐渐靠近大都的。可见，“腹里”也不包括大都附近地区。

总之，“腹里”当解释为：元代指内地，不包括京畿地区。《大词典》的解释过于笼统。《近代汉语词典》解释为：“喻内地。元代指中书省直辖的今河北、山西、山东和内蒙古部分地区。”可参考。

“腹里”最早见于宋代，主要在元明文献特别是《元典章》、《通制条格》等元代文献中使用，清以后很少使用。

---

① 阴法鲁、许树安《中国古代文化史(三)》，北京大学出版社1991年版，第298页。

二九、【杠】量词,盖两人或几人用棍杠等所能扛抬的一宗物品叫一杠。由此引申,还可指成杠的物品。《大词典》未列此类用法。例如:

(1) 盖以官杠多而私杠少,以此,本县送无迟滞。近年以来,所贡官物止有一百余杠,私物倒有七八百杠。一杠有用十二人者,有用八九人者,小则五六人。(《吏文》卷三)

(2) 一则为因民少杠多,久延月日,致怨远人;一则为因夫少杠迟,坐守时月,构怨州县。(同上)

(3) 往因贡使杠少,彼此和睦,所以往来将就,别无慊怨。近因贡使人等假公营私,故于官杠之外,挟带私货。杠数太多,负载太重,以致龙州凭祥县官民,困于般运,逼迫逃窜。(同上)

(4) 合无请敕安南国王严加戒约,今后公差贡使往来官杠,各宜从轻。每杠重不过八九十斤,可勾两人之力,庶便抬送。(同上)

以上例中“杠”有的作量词,如“一百余杠”“七八百杠”;有的作名词,如“官杠”“私杠”。“杠”的量词用法在元明其他文献中也能见到用例:

(5)(净上白)求人须求大丈夫,济人须济急时无。好好,借得两杠三石七斗四升八合零二百一十五粒在这里。你上仓去,我在下送上与你。(高明《蔡伯喈琵琶记》第十二出)

(6) 东家借得十杠,西家借得五箕。但见仓中有谷,其间就里怎知?(同上,第十六出)

(7) 果见巨箱八只,其箱甚重。每二人抬一箱,恰好八杠。(《警世通言》第二十二卷)

“杠”的这种用法清代及以后未见使用。

三〇、【勾军】《大词典》仅列1个义项:“犹征兵。”但本文语料中的

"勾军"都是指"勾取逃军"。共出现4例:

(1) 永平卫所镇抚冯保,他本卫差他去仁和县勾逃军沈福七、谢福二两名。(《大诰武臣·勾军作弊第二十五》)

(2) 状招先蒙都司差关保前来浙江等处勾军,不合思想母曾氏在中府谢都督家为奴,以此前来本官家内探望,一向不曾前去。(《逆臣录》卷五)

(3) 状招先蒙本卫批差三保前往松江府等处勾取逃军。是三保思量有母尹氏,先年间嫁与金吾前卫千户周成为妻。是三保前来本卫访寻继父周成,得见,就彼迁延,不曾前去勾军。(同上)

(4) 各处都司卫所,自洪武年间至今,差去勾军不回官旗人等,限两个月内,赴所在官司首告,悉免本罪,令各回原卫所管事著役。(《即位诏》)

"勾军"似乎仅在元明时期使用。其他用例主要见于《全元曲》,且其中的"勾军"都是"征兵"之义。

三一、【关给】发放或领取。仅见于《吏文》2例:

(1) 及至到京,关给赏赐,支送下程。月久方回,不无勤劳军民供给。(《吏文》卷四)

(2) 其粮米于本处官仓关支,如有不敷,照敕书内并户部奏行事理,分房减口,委官带领,若达官余丁,俱造有司册内,亲往付近有粮仓分,仍径呈户部等衙门委官处知会,唱明关给,并不许里老人等代领。(同上)

该词似乎仅见于明代文献,用例很少。

三二、【过钱】代为他人收受贿赂而从中获利。共见3例:

(1) 这等吏员皂隶人等,都是积年在乡交结有司、把持官

府、说事过钱、酷害百姓之徒。(《大诰武臣·说事过钱第三十二》)

(2) 成都前卫千户胡中,四川布政司为盐法事,将客人叶惟茂等监问。他与蒋指挥家人蒋均俊,通同前去胡参议处,求浼从轻发落。过付钱钞,就内抽减钞三百二十贯、银四十两、纻丝一匹、盐一引入已。又接受客人张潮英等银十两、钞十五贯,着他在外厢守御。他本等的事都不整理,却去交结有司,说事过钱。这等不才的,如何不罪他!(《大诰武臣·储钦等擅收军役第七》)

按:"过"有递交、转交义[①]。方以智《通雅·谚原》:"辰州人谓以物予人曰过。"从上例(2)可以清楚地看出"过钱"的过程:过付钱钞→抽减……入已→过钱。

"过钱"最早见于《元典章》等元明文献,仅用于元明时期,清代及以后未见使用。

三三、【夯】背负,扛。仅见1例:

住至当月不记日期,忽有迤北纳哈出平章差来使臣耨儿丁达鲁花赤等三名,骑坐马疋,背夯宣匣前来。(《吏文》卷二)

《大词典》中有一个义项"用力扛,举",与例中的"夯"比较接近,但从文意来看,解释为"背负,扛"更合适。

三四、【好歹】研究语料中用例很多,共见46例,意义很丰富。

意义一:好坏。

(1) 铭说:"家里不说有爷爷,只说老爷在这里。如今差了人到家里也不信,如今只得老爹到边上才得个虚实好歹。"(《正统临戎录》)

---

① 见李开《文史研习和理论学语》,江苏教育出版社2005年版,第141页。

意义二:意外的变故,多指死亡。

(2) 太师说道:“待到阳和城里,那里着使臣送皇帝顺大路往庸关上回去。着皇帝宽心,不要见了京城想娘娘,忧戚出病来。有些好歹,到坏了我的名头。”(《正统临戎录》)

(3) 当有太师叫喜太监说:“皇帝着你去送使臣到边上去,你去不去?”太监回说:“太师要差人,着我去时我去。”太师说道:“你愿去时,我不留你;你不愿去时,不强教你去;有些好歹时,你也不要怨我。”(同上)

(4) 一日,铭与袁彬及达子也先帖木儿等同在爷爷前奏说:“吃金一心愿忠朝廷。若驾有好歹时,铭等务要奉金身归朝廷。如铭等有好歹时,亦愿爷爷深埋着,不要触污天地,使鸦鸟残吃。”(同上)

意义三:不管怎样,无论如何,一定。这一意义使用最多,例如:

(5) 这等人容在下面,你怕他有甚么好勾当? 他在乡既害百姓,在卫必然害军,官人每也好歹被他连累坏了。(《大诰武臣・储钦等擅收军役第七》)

(6) 这厮每好歹先救高邮,他有徐左丞领过的人马,王保保再添他些,他那里水路旱路都便当。(《弇山堂别集》卷八十六)

(7) 说与曹国公知道:四月初十日特默齐解赴京师,随即释放。询问元君及王保保所谋何如,本人但言四五月必战,凡战必在天城白登地面。又说王保保若见我这里马军,好歹退一退,佯走一走,等我这里马军离了步军时,他却来与战。(同上)

(8) 神天看着,若不回心转意呵,这等不足道的,凶祸迟疾好歹有。(《谕武臣恤军敕》)

(9) 太师说:‘你不见胡党事至今不得静办? 我家李四每

又犯了，以此无心肠去整理。'仲谦回说：'好歹不妨。'"（《李善长狱词》）

(10) 本官又说："我亲家靖宁侯熬到侯的位子，把来废了，他招内必是有我的名字。看官人每也是为事的人，我回家看动静，若得下手时，好歹做一场，望你众人扶助。"（《逆臣录》卷一）

(11) 本官就留于后堂坐定，茶话间将伴当尽行喝退，潜对旺言说："凉国公造反，不曾谋成，倒把各卫头目都废了。"是旺又说："我一卫指挥都拿尽了，止存得小人一个，好歹也是数里的人。"（同上，卷二）

意义四：最好，肯定。这一意义当是在上一意义基础上引申而来。如：

(12) 一招洪武二十一年，有蓝玉征北，着人寄信与春："你在府办事，早晚艰难。你又是胡党，久后有人招出来，一家儿都是罢了。你不如寻个缘故去奏，则说你年老，管不得事，好歹教你在外领军，就和你每会合做一件大事。"（《逆臣录》卷二）

(13) 是青惧怕本官讦出前情，不合对小旗黄伴儿等言说："如今我每的百户官人拿去了，好歹招出我每的名字，我也无心守卫，莫若去打听消息，与他送饭，免得不指时也好。"（同上，卷二）

(12)中"好歹"有"最好"之义，后面的内容是期望的结果；(13)中"好歹"有"肯定"、"必定"之义，后面的内容是预料的结果。在今北方方言（如笔者家乡菏泽方言）中"好歹"仍有"最好"之义，表示期望。例如：

天好歹下雨，我们就不用下地干活了。

“听说明天不考试了。”“好歹别考,大家都怕考试。”

“好歹”似乎最早见于南宋文献,宋话本《碾玉观音》、《错斩崔宁》各见1例。元明及以后用例较多。

三五、**【好说】**好商量。仅见1例:

五月二十五日,有老姐姐公主到,说众兄弟妹妹每请老姐姐公主来相劝我,说这三四年动军马,运粮的百姓、厮杀的军死的多了,事都是一家的事,军马不要过江,回去天下太平了却不好说。(《弇山堂别集》卷八十八)

该词最早见于元明文献,有不少用例,清以后沿用。《大词典》最早举《红楼梦》为例,过晚。

三六、**【好些】**许多。共见3例:

(1) 当晚备酒吃饮间,是翼将左右伴当喝退,对王礼并婿王信言说:“比先我与延安侯、李太师、吉安侯、南雄侯众人结交胡丞相,商量反事,也不曾成得,到杀了好些公侯。”(《逆臣录》卷一)

(2) 本官喜说:“你作急去,收拾便来。东川侯家里也有好些人,你就去和胡二说这意思,不怕他不从。”(同上)

(3) 赐饮间,本官言说:“我这遭出征,得了好些马来,你明日来,与你一匹去骑。”(同上,卷二)

该词似乎最早见于明代文献,《全元曲》有1例[①],但出现在宾白中,很难说是元代用例。但从明代用例较多这一情况来看,“好些”在前此很长一段时间内应该是活跃在口语中的。该词清以后沿用,成为常

---

① 朱凯《昊天塔孟良盗骨》:“(和尚云)且慢者。一千枝蜡烛,一分银子一对,也该好些银子。我开开这门,放他入来。”

用词。

三七、【花】棉花的简称。在《吏文》中多次出现，例如：

(1) 天顺二年八月内，奉勘本卫批差，根随总旗锁庆驾使登字参号伍佰料海船壹只，装运赏赐辽东都司官军布、花、钞、锭，前往旅顺登口下卸。(《吏文》卷三)

(2) 后有小船壹只前来，到彼问写说，今知是朝鲜地方。就借小船，各军连日打捞搬抢水湿布、花、钞、锭，上岸晒凉。原装大绵布三万一千五十八匹，花绒一万斤，钞一十二万二千锭内，见有打捞布三万一千三十三匹，水迹浥澜破布九千九十一匹，堪中布二万一千六百三十四匹，包钞布一百八十四匹，包花布一百二十五匹，漂流无存布二十五匹。(同上)

(3) 所有钱粮等物内，除铁猫不得运转外，前项布、花、钞、锭等件，差人管押，随同原来坐船军人系孙贵、于顺儿、李广等三名，运到本国境界义州鸭绿江边。(同上)

(4) 切照永平府所属仓、场、驿、分，递年收积各处解纳粮料草束并山东等州县折粮、布、花，俱系民脂民膏，专一供给沿边关营一带操守官军月粮，不为不重。(同上，卷四)

以上各例中的“花”都是指棉花。《吏文》下注：“花‖绵花。”“花”用以指棉花《大词典》最早举现代诗人李季的诗歌《当红军的哥哥回来了》为例，过晚。

三八、【花绒】指去核的棉花。《吏文》下注：“花绒‖绵花之去核者也。”共见 4 例，如：

(1) 至二十四日，到于铁山大洋内，忽遇西北猛风飓作，昼夜雨雪连绵不绝，叠浪上船，将本船舵摆坏，大桅连篷贡具什物脚船等件摆折去讫，又将两傍边装载花绒并绛当压跳风浪掣去无存。(《吏文》卷三)

(2) 见有花绒八千二百五十斤，漂去花绒一千七百五十

斤。(同上)

(3) 该蒙差前往漂风败船停泊去处，眼同本县守令李贵宝、坐船总旗锁庆等备细打点得，见有布二万一千六百三十四匹，水迹浥澜布九千九十一匹，包钞布一百八十四匹，包花布一百二十五匹，花绒八千二百五十斤，钞一十二万二千锭等，物件数目与张胜状告相同。(同上)

《大词典》未收该词，只收"棉花绒"一词，列有两个义项："1. 棉花加工时飞散出来的棉花纤维。2. 棉织品的一种，由粗纱织成，较厚，表面有绒毛，多用来做衣服的衬里。"未举例。"棉花绒"应再增列义项："3. 指去核的棉花"。今山东方言中"棉花绒"和"花绒"意思相同，都指去核的棉花。

三九、【**花银**】通常指成色较纯的银子。见 1 例：

当有沈文矩将犀带一条、珠花四朵、花银一十个，共重伍佰两，送与蓝大官人收接了当。(《逆臣录》卷五)

"花银"当是雪花银、撒花银的简称[①]，最早见于元明文献，用例较多。清代沿用，近现代偶用，当代基本不用。

四〇、【**慌张**】恐惧紧张。仅见 1 例：

是智虑恐各官讦出同党情由，每日慌张，常于锦衣卫门首等处往来打听消息，恐怕被人绑缚不便。(《逆臣录》卷四)

---

① 明王佐《新增格古要论·银》："银出闽、浙、两广、云南、贵州、交址等处山中，足色成锭者，面有金花，次者绿花，又次者黑花，故谓之花银。""花银"与"纹银"大概是因银子表面纹路的不同而称呼有异。"纹银"出现略晚于"花银"，最早见于明代文献，元代之前的文献未见到用例，如在《原本老乞大》中未使用该词，《重刊老乞大》中的"纹银"在《原本》中对应的是"好钞"。

“慌张”最早见于元明文献，且用例较多，已经是常用词，清以后沿用。

四一、**【火甲】**指户甲之长。仅见于《吏文》，共5例，如：

(1) 张家湾一带禁约，及行在京巡城、巡门并通州公差等项监察御史、五城兵马指挥同委官，督令金牌地方火甲缉捉。(《吏文》卷四)

(2) 该城兵马严督火甲省各行铺户，持货入馆，明白买卖，不许纵容铺户在外私与交易。(同上)

(3) 其官员、军民之家亦不许纵容妇女私入庵寺，渎乱伦理。敢有故违，南北两京听巡城御史、锦衣卫巡捕官校、五城兵马督令火甲人等；在外，听巡捕官地方火甲人等，拿送法司，究问明白。(同上)

“火甲”似乎仅见于明代文献，明代笔记、《西游记》、《金瓶梅》中也能见到用例。

四二、**【集镇】**《大词典》解释为：“指乡村中以非农业人口为主的比城市小的居民区。多为商业、手工业中心。”以清黄六鸿《福惠全书·刑名·解逃限期》中的用例作为最早例证，过晚。《吏文》中出现1例：

各处集镇，如有豪强及牙行人等把持行市，将粮米物货以贱为贵，以贵为贱，高低唱价，专图厚利肥己者，所司缉访挨拿，轻则量情责罚，重则究问如律。(《吏文》卷四)

从语料检索看，明代“集镇”用例很少[①]，清代以后用例才开始增多。

---

① 除上例外，我们仅在明孙传庭《白谷集》中见到1例：“不惟含鼓非其故，即耕凿亦鲜其人。郡邑集镇强半邱墟，阡陌田园只余蓁莽。”(卷一)

四三、【驾牌】仅见于《逆臣录》1例：

(1) 有赵同为前党逆事，提送旗手卫监问。清在直房，思想免不得提我，别无计策，为见本卫将引小旗赴内听除，是清心思不好，不如就趁这机会与本卫总、小旗混同一处进去，料想上位除时也不点名，止是看人除授，若除做官，必是在外去了，我这党逆事罢了。是清悬带驾牌腰刀入内，行至午门下，被守门官军盘获。(《逆臣录》卷三)

驾牌，《大词典》解释为："即金榜。旧时用以公告殿试录取名单。"仅举明汤显祖《牡丹亭·索元》中用例："你瞧这驾牌上，钦点状元岭南柳梦梅，年二十七岁，身中材，面白色。"但上例《吏文》中的"驾牌"显然不是指金榜。《近代汉语词典》解释"驾牌"："皇家发出的牌票。""驾牌"文献用例非常少，仅见于明代，我们在明代尹直的《謇斋琐缀录》中还见到1例：

(2) 着臣自骑马到城下，跪说："我是写字的校尉，见有驾牌为照。我原籍是江西人，这里委的是。皇帝在土木时，军马尽被也先杀散了，下吊桥放我进去。"(卷五)

结合此例，我们认为，"驾牌"应是军人所佩带的用以证明身份的牌照。钱大昕《十驾斋养新录》卷第十五提到"豹字牌"，是明代正德年间创立的豹房内府守卫官军所悬带的铜牌，"驾牌"的作用当大致与"豹字牌"同。现首都博物馆藏有明代御马监驾牌，腰牌正面中间刻有篆字"驾牌"，背面竖刻五行楷书，共26字："御马监随驾小厮悬带此牌，无牌者依律论罪，借者与借予者罪同"。"御马监"是明代的宦官机构，其最初的职能是管理皇家的御马和外国进贡的良马，成化年间以后御马监除了管理御马、执掌兵符、掌管"三千户所"外，还提督西厂。因此，《大词典》"驾牌"应再补加一个义项：明代御马监等机构随驾小厮佩带的用以证明身份的牌照。

四四、**【驾使】**即驾驶。共见3例：

(1) 今后守海官员人等，常加操练军士，葺理战船，于紧关岛坞湾泊；遇有贼船到来，不许四散调开：或三五十只、或百十只，成耳一处驾使，并力攻取。(《宣谕武臣敕》)

(2) 切照当职管领旗军王定等驾使明字十五号三百一十料海风船一只并三板船一只，装载粮料运赴北京交卸。(《吏文》卷二)

(3) 天顺二年八月内，奉勘本卫批差，根随总旗锁庆驾使登字参号伍佰料海船壹只，装运赏赐辽东都司官军布花钞锭，前往旅顺登口下卸。(《吏文》卷三)

《大词典》未收“驾使”，收有“驾驶”。从语料检索看，“驾使”除以上3例外，未见到其他用例。“驾驶”则最早见于清代文献，此后用例很多。

四五、**【揭借】**借贷。仅见1例：

(1) 以致马匹驴牛日见耗损，铺陈什物日益破坏。未免负累贫军揭借钱物，典当田产，追陪置办。(《吏文》卷四)

《吏文》下注：“揭借‖借贷也。”

该词最早见于元代《通制条格》：

(2) 大德元年九月，中书省御史台呈：平江等路官吏于不欠粮人户处逼勒揭借闭纳逃亡事故米粮。拟合遍行合属，今后民间差税须令合该人户依期送纳。果有逃亡事故，依例申覆上司除豁。都省准呈：遍行禁治，今后毋得于不欠粮百姓处逼勒揭闭。(卷十四《揭借闭纳》)

“揭借”属于同义连用，“揭”有“借债”义。“揭借”在元明时期用例很少,清代用例也不多见,近代只是偶尔使用,现代汉语则完全不用。但“揭”的“借贷”义一直在方言中使用,如徐州方言有“揭账”一词,指向人借带利息的钱[①]。近些年新兴的词语“按揭”中“揭”就保留了此义,“按揭”是同义复词,“按”在厦门、雷州等地都可以指把物做抵押借钱[②]。

四六、**【军余】**《吏文》中共见8例,如:

(1) 该辽东都司东宁卫千户金声等奏:“往朝鲜国取漫散军余家小。除取发外,有一千一百余口,俱系洪武年间五丁垛一充军籍,定人数。本国却作远年乡户官私奴仆等项不发等因,俱奏。”(《吏文》卷二)

(2) 军卫仍委官一员多领军余防护,毋得临期误事,取罪不便。(同上,卷三)

(3) 成化拾参年拾壹月内,政又纠同未获军余马宽、马广,失记籍贯段洪、吴让,并今在官军人吴刚、王朋,余丁王友才、景刚,逃民唐福,于今年拾贰月初壹日,仍各骑马,身带弓箭,到于永平地名新店儿,打劫得过路不知名人银两并铜钱等物。(同上)

(4) 即今春农时候,诚恐各该地方卫所官员罔知利害,指以砍打农具、屯房椽木为由,故纵军余城外四散游住。(同上,卷四)

(5) 屯田军余,亦要务委的当官员提督,量拨官军防护,加筑归兵屯堡完备,方许放家属下屯,不许似前纵令散住。(同上)

《大词典》“军余”仅列一个义项:“指未取得正式军籍的军人。”不妥。《吏文》注:“军,正军也;余,余丁也。”“余丁”是指军中编外人员,

---

① 见《现代汉语方言大词典》,第4151页。

② 见《现代汉语方言大词典》,第2550页。

“军余”当解释为：“1. 指未取得正式军籍的军人。2. 正式军人和未取得正式军籍的编外人员的统称”。“军余”最早且主要见于明代文献，用例不多，清代偶有沿用，近现代以后不再使用。

四七、【**历事**】仅见1例：

有父因见今在官旧职人陈虎任青州左护卫百户，以此与本官交结往来。后见季立颇能历事，有陈虎将女三观奴嫁与季立为妻。（《逆臣录》卷二）

《大词典》对“历事”只有一个解释：“明代官吏实习制度。明初定制，国子监生学习至一定年限，分拨到政府各部门实习吏事，称‘历事’。实习凡三月，经考核，上等者报吏部候补，但须回监再学习一年，始正式授官。清初因承明制。”但在上例中，“历事”为动词，应解释为：做事干练，有经验。

该词主要见于明代文献，清代偶尔使用，现代汉语不再使用。

四八、【**粮长**】《大词典》：“明清所设征收、解运所在粮区田粮的人员。由粮区内大户充当。”最早举《明史·食货志二》为例。该词在研究语料中多处使用，主要见于《逆臣录》：

(1)（洪武二十一年十二月）二十五日早朝奉天门，再面见，钦奉圣旨：“你那刘当粮长的在这里多时，他家里粮谁与他办？”（《刘仲璟遇恩录》）

(2) 得知火者福童领到吴江县顾粮长、苏州吴县周粮长，为党事送银子壹佰两、段子壹拾匹，买嘱不提，就留一同饮酒。（《逆臣录》卷三）

(3) 兴住言问：“郎中，着你家去做甚么？”有火者完者秃回说：“有几个粮长在家里探望官人，如今使我家去安排些酒饭管待他。”（同上）

(4) 本月失记的日，又行前到凉国公宅内，有本官对说：“顾粮长，我如今有件大勾当对你商量。”（同上，卷五）

该词最早见于明代文献，且主要用于明代，清以后用例逐渐减少。

四九、【**料豆**】研究语料中见1例：

辽东都指挥使司，洪武二十六年正月二十日巳时，抄奉左军都督府保字四百四十四号勘合札付，为马匹料豆等事，内开一件。(《吏文》卷二)

《大词典》解释“料豆”：“喂牲口的黑豆。”最早举明刘若愚《酌中志·内臣职掌纪略》为例。该词在近代文献中用例甚少，当代作品中有个别用例。《现代汉语词典》[①]：“【料豆儿】喂牲口用的黑豆、黄豆等豆类。”但这种用来喂牲口的豆子是熟的，多为炒熟的黑豆，在笔者家乡菏泽方言中称炒熟的供人吃的豆子也叫“料豆”，音 liǎo dòu。

五〇、【**瞭见**】望见。共见4例：

(1) 今蒙大军征伐到彼，有亦纳速先令家人瞭见军民到来，将家小搬走入山藏朵间，被军马追袭，亦纳速等被官军杀死，将哈冬伊等获送前来等因。(《吏文》卷三)

(2) 查得先该总督扬州等处备倭署都指挥佥事都胜奏称，金山卫南汇嘴地方瞭见海洋双桅船四百余只，挂蓬往来行使，俱往大洋，四散去讫等因。(同上)

(3) 除行钦遵外，续该山东镇守巡抚等官太监刘倜等奏称。登州卫抹直口等处瞭见东南北海洋黑色大船四只，又火亮一十三处等因。(同上)

(4) 行间及据蒲河、沈阳、懿路、长勇等堡操守都指挥王英等各报，正月十一日至二十一日，夜昼瞭见境外正西等处烟火不绝。(同上，卷四)

《大词典》最早举清林则徐《札苏藩司为英船驶至浙江洋面赶修宝

① 《现代汉语词典》(第六版)，商务印书馆2012年版，以下简称《现汉》。

山沿海炮台》为例，过晚。该词在明清文献中很少使用。

另有一词"了见"，《六祖坛经》、《全唐诗》及南宋文献中常见，是"清楚地看到""看清"之义，与"瞭见"义不同。

五一、**【瞭望】**登高远望。本研究语料中共见2例：

(1) 仍督沿边墩台哨守官军人等昼夜用心瞭望，倘前贼徒乘间伺隙为寇，随处边堡军马并听相继截杀。(《吏文》卷三)

(2) 昼夜十分加等用心，仔细瞭望，盘诘奸细，谨慎关防，固守堤备，遇警，悉照原行号令，相机调领人马，会合邻近官军，并力截杀，务在成功。(同上，卷四)

该词大概最早见于明代(《大词典》最早举明张居正《京师重建贡院记》为例)，《三国演义》、《水浒传》中也有个别用例，清以后沿用。

五二、**【落后】**共见19例，有四项意义：

意义一：在行进中落在同行者后面。例如：

(1) 朕前令中军清远侯王友于沿途收拾落后官军并瘦乏马驴及一应患病之人，朕自为处置中军事务。(《弇山堂别集》卷八十八)

(2) 今日起行，但有落后的都砍了，接去的也砍了，有抛弃驴马粮食的也砍了，都提将头解着牌来。(同上)

(3) 于是搜到锁儿罕失剌家，房里车里床下都搜遍了，落后搜到载羊毛的车上，将车门内的羊毛掀出，掀到车后时，锁儿罕失剌说："这般热天气，羊毛里若有人，何能当的？"搜的人所以下车去了。(《元朝秘史》卷二)

(4) 太祖落后下的老小营在合泐沣海子边，被主儿乞将五十人剥了衣服，十人杀了。(同上，卷四)

意义二：后来，最后。

(5) 梁监官言说:"王彬,你认得这个官人? 你旧是王保保火者,落后到小达子根前,二十一年时到来。"有王彬就行拜见:"小人也是王保保的旧头目。"(《逆臣录》卷五)

(6) 忽有强盗一十余骑,各带弓箭、枪剑,突出劫了俺每,要索银两。将通事金许义、押物柳宗炯等脱了衣服,用劫打伤。似前索银不得,劫夺俺每带的刀子、盒钵[包]、系腰等物,又劫落后坐车从人每,射伤夺了傢具、弓箭五件。(《吏文》卷三)

意义三:迟慢。

(7) 祭祀祖宗时,诃额仑去的落后了,祭祀的茶饭不曾与。(《元朝秘史》卷二)

(8) 札木合对王罕说:"帖木真安答在前曾教使臣于乃蛮行往来有来。今他这早晚落后了不见来,必是他投降了乃蛮。"因称王罕:"皇帝皇帝,我是存有的白翎雀儿,帖木真是散归告天雀。"(同上,卷六)

意义四:怠慢。

(9) 桑昆自尊大着说:"俺的女子到他家呵,专一门后向北立地;他的女子到俺家呵,正面向南坐"么道。下觑着不曾许亲,以此成吉思心落后了。那成吉思心落后的意思,被札木合觉了。(《元朝秘史》卷六)

"落后"一词似乎最早见于南宋文献,如:

(10) 人行稍却,则落后军马从而剿除。(宋曹勋《北狩见闻录》)

句中“落后”应该已经凝固成词，是“后面、后来”之义。

但“落后”在元明时期才开始较多使用，意义也很快丰富起来。该词一直沿用到现代汉语中，不过在意义上又有变化，其中义项一保留使用，义项二仅在方言中使用，另外两个意义消失不用。现代汉语中“落后”主要指思想和生产发展水平的滞后。

五三、【买办】购买，置办。共见 9 例，如：

(1) 军人宜思义到家对说：“如今凉国公出征回来，要办筵席，我带你每到他家去，与他买办些东西。”是云甫等依允，根随本官前到凉国公宅内，领钞五百贯，办猪、羊、鹅等物了当。(《逆臣录》卷二)

(2) 文矩等辞别回家，到苏州卫对郑指挥议毕，纠合到豪民庄致远、叶平叔、蔡子兰、邓原辉，商议买办军装。(同上，卷五)

(3) 各处买办纻丝、纱罗、缎疋及一应物件，并续造缎匹、抄造纸札、铸造铜钱、烧造饶器、煽炼铜铁、采办梨木板，及各处烧造器皿、买办物料、颜料等件，悉皆停罢。(《即位诏》)

“买办”一词最早见于南宋文献，最初作动词，如上所解。此义清代以后仍延用，至现当代其意义发生变化，主要作名词，《现汉》：“【买办】殖民地、半殖民地国家里替外国资本家在本国市场上推销商品、掠夺资源、进行经济侵略活动的代理人。”

五四、【买免】花钱赎罪或免去役使。共见 5 例，如：

(1) 不期奸党败露，被府军右卫军人桂寿壹等要行绑缚，关子惧怕，又不合将银陆两、钞陆贯、生绢贰匹买免，各人不从，首发罪犯。(《逆臣录》卷三)

(2) 不期事发，文富得知惧怕，来对壹孙言说：“我每商量这件事不曾成得，为头的人发露了，我和你怎么好？你在这里熟便，我如今将钞三百贯在此，你送去锦衣卫陶指挥家买免，

逃得性命时也好。"(同上)

(3) 不期党事败露,被小旗李三保体知前情,绑缚要行面奏。是兄惧怕,令母将出钞一百贯与本人,接受买免,就行脱放。(同上,卷四)

该词最早见于明代,用例很少,清代用例也不多见,《醒世姻缘传》有2例,其后未见使用。

五五、**【买求】**共见5例,如:

(1) 是蛮子不合隐藏蓝玉家栗色叫驴一匹,致被广武卫军人史千家驴等首告,惧怕,将钞一百贯、银钗一对买求。各军不从,启发送问,罪犯。(《逆臣录》卷一)

(2) 舍人就送枣骝马一匹,鞍辔全。陶指挥收了,到妄奏他买求我,闻奏抄札他家。(同上,卷三)

(3) 一招洪武二十六年三月十三日,有东城李兵马来魏让家里对说:"如今上位都把大官人每废得无了,你这里守着锦衣卫近,早晚打听得,只怕有人攀着我时,你来对我说知道。我和你同去卫里,买求陶指挥,央他抹了名字。"(同上)

检索该词,似乎最早见于宋代文献(《大词典》最早举明代例证),限于明清时期使用,且用例较少。《大词典》解释"买求":"犹买通。"但从文献用例看,贿赂未必能使事情办成。结合其字面意义和文例,"买求"当解释为:贿赂央求。

五六、**【卖放】**受贿私放。共出现12次,例如:

(1) 又去作弊,接受胡党家人李应名等五名钞八百五十贯、银六十两、金十两,却将各人卖放。……当初着他抄札胡党时,则要抄得精细,不走了人,其余家财不问,多少都将与他。他却作弊,将罪人卖放,把法度坏了。(《大诰武臣·卖放胡党第十七》)

(2) 兴化卫千户郭福，将壮大正军卖放了，却把幼小军丁收入队伍。及至出海防倭，众小军儿才见贼人，即便退走，郭福就阵被倭杀死。有这一火愚夫，着他在海上守御，他全然不以为事，军也不操队，伍也不整点，好军便卖放了，又私役做买卖。海上百姓每连年被倭贼搅得荒了。(同上,《防倭作弊第二十》)

(3) 后有本人送银五十两，礼接受了当，卖放本官在逃，罪犯。(《逆臣录》卷三)

(4) 永乐五年十一月初一早，本部官于西角门钦奉圣旨："朝鲜国王将流移人口成万家发回辽东复役着业了。其余遗下的，怎肯占吝不发。金声在那里贪财好酒奸骗人家子女，好生不才。他不使朝鲜国王知道，密地里将这些人都卖放了。便将金声那厮拿送法司问罪。再着陈敬铺马里赍文书，说与国王。即将金声卖放的人口尽数送回辽东，复役着业。钦此。"(《吏文》卷二)

该词最早见于元明文献，清、近代沿用，现代汉语中较少使用。

五七、【棉布】《大词典》：用棉纱织成的布。未举例。在本研究语料中，"棉布"多写作"绵布""緜布"，共见16例，如：

(1) 永平卫所镇抚冯保，他本卫差他去仁和县勾逃军沈福七、谢福二两名。他到那里勾到沈福七亲兄沈福六，他接受本人银十两、钞四十贯、白绫袄子一件、绵布二疋，将本军脱放，却拿里长施一代他解官。(《大诰武臣·勾军作弊第二十五》)

(2) 至本月十四日，有何都督家小却来问余德海："你当初和我男儿一同买卖，我原有钞三百贯、绵布一卷在你家里，你与我些，你不与我时，我去锦衣卫告你去，你也是蓝党。"(《逆臣录》卷三)

(3) 又令家人殷显祖、金忠，将带绵布五千匹、绢二千匹，

在陈泥渡口等待接应。(同上,卷五)

(4) 宝一收买海菜,自趁本处洪万户船到高丽,遇见陈魁五等,将布五匹顾倩肩驼棉布。(《吏文》卷二)

(5) 该军人江才等告,近为缺少屯种牛只,洪武十一月十二日内,蒙本所差男江祖俚等将带緜布,用驴一头驮载,前去本境地名草河来归人民处,收买牛只。(同上)

(6) 行该礼部主客清吏司手本,每马一匹绢三匹、绵布二匹,合用布绢查得辽东都司原收在库见有大緜布勾支外,该用绢匹不敷。已经具启。(同上)

该词最早见于明代,明清时期用例尚不多,现代以后多见。

另,《大词典》解释"绵布":"亦作'緜布'。丝织物和麻布。"不确。元明时期特别是明代棉花已大规模种植,木绵(棉、緜)在元明时期已主要用以指棉花。本研究语料中"绵布""緜布"都指棉布,从上文例(3)、(6)可以明显看出绵布/緜布与绢之间没有包容关系。所以对"绵布"的解释应补充如下:"丝织物和麻布,元明以后指棉布。"

五八、**【绵花】**即棉花。绵,通"棉"。仅见1例:

青州卫百户王玘,他在蒙阴县守御,多般去害百姓,将带子绵花俵与百姓每,二十斤要他布二十四匹。(《大诰武臣·排陷有司第三十》)

该词似乎最早见于元明文献,用例已较多,清代沿用,近现代以后基本不用,而是使用规范词形"棉花"。

《大词典》"绵花"最早列举明王世懋《闽部疏》(1585年)中的用例。明代人们对木绵花和绵花的区分还不那么明晰,陆容在《菽园杂记》中就曾指出这个问题:"木绵花生南越,树高四五丈,花红似山茶,子如楮实,绵出子中,可贮茵褥,苏州人称攀枝花者是也。今纺织以为布者,止可名绵花。《雪间通志》以为木绵花,盖踵蔡氏误耳。"(卷十二)

"绵花"也简称"花",见上文【花】。

五九、【名口】量词。用于人。仅见于《吏文》,用例较多,共27次。例如:

(1) 随有重羊等节次又招出建州卫札只里并左右二卫女直都指挥等二十员,及送还被虏男妇四名口前来。(《吏文》卷三)

(2) 本月初七日,又有达贼一千余人马,从本堡深湖河墩入境,至临江等处,四散抢掠,虏去男妇八百六十七名口,牛马等畜一千一百一十三匹只,杀死男妇三十四名口。(同上)

(3) 获到贼马一百二匹并盔甲等件,大小男妇九名口,牛二百五十九只。阵亡军人一名,射死官马二百七匹,失落神枪一把。(同上)

《吏文》注:"男谓之名,女谓之口"。"名口"作为量词在《吏文》中区分非常清楚,如上文例(3)称军人用"名"而不用"口"。再如:

(4) 本月二十九日,开原地方又有达贼三十余人马从抚安堡地方入境,抢去妇人一口,牛三只。(《吏文》卷三)

此例中称妇人用"口"而不用"名"。

《大词典》"名口"最早举《清史稿·食货志一》为例,过晚。该词最早见于明代,有不少用例,清代及近现代用例很少,现代汉语中不再使用。

六〇、【名头】研究语料中共有三个意义:① 由头,名义;② 名声;③ 名号,名称。共见5例,如:

(1) 今恐来朝官吏人等中间有等罔知利害,自生疑惧,徇私请谒,并将财物交通收接公文办事官吏,及本部当该办事官吏、监生、听选人等,假称名头,往来符同作弊,深为未便。(《吏文》卷四)

此例中的“名头”作“由头”解,《吏文》注:“名头‖犹名目也。”

(2)当时把乃公面上搥了两拳,说道:“那颜只万年的好名头;大明皇帝是云端里的皇帝,上天不知因那些怪怒他,推下来。数万的人马,着刀的,着箭的,躧死的,压死的,皇帝身上怎么箭也不曾伤他?刀也不曾砍他?怎么人也不躧着他?他的洪福还高还在里!拿住他时,怎么就问那颜的名字?怎么问我每的大小头目的名头?他不曾作歹,我每也曾受他的好赏赐。好九龙蟒龙,天地怪怒上,今日到我每的手里。上天不曾着他死,我每怎么害他性命?那颜图万年的好名头落在书册上,差人去报他家里知道,着差好人来取。那颜这里差好人送去,复在宝位上坐着,却不是万年的好名?”(《正统临戎录》)

(3)太师说道:“待到阳和城里,那里着使臣送皇帝顺大路往庸关上回去。着皇帝宽心,不要见了京城想娘娘,忧戚出病来。有些好歹,到坏了我的名头。”(同上)

上例(2)中第二个“名头”是“名号,名称”之义,第一和第三个以及例(3)中的“名头”都指名声。

“名头”最早见于元明文献,用例较多,清代沿用,当代作品偶尔使用。

六一、**【捏词】**编造言词,也指编造的言词。共见4例:

(1)青州卫百户王玘……又听奸妇嘱托,诈传旨意,将蒙阴县官拿下拷打,勒要招取害民事理,捏词妄动实封,惑乱朝廷。(《大诰武臣·排陷有司第三十》)

(2)本月二十日,是千儿朦胧捏词,赴殿下前妄启本管百户唐贵与江阴卫百户张说交结十弟兄,意在遮掩前罪。(《逆臣录》卷三)

(3)不期事发,被旗军沈旃保等首发。蒙提百户樊兴送

问。典惧怕供出同谋情由,捏词赴御前妄保本官,不系党数。(同上,卷四)

(4) 恁都察院便将我这言语多出榜,去京城内外张挂禁约。敢有捏故诈骗朝觐官吏,许被骗的即将拖扯赴官首告,治以重罪。其被拖扯之人,将出捏词,诸司不许受理。(《吏文》卷四)

“捏词”最早见于明代文献,《大词典》最早举《红楼梦》为例,稍晚。该词在近代《东方杂志》、《民报》中还偶尔使用,至现代汉语中消失不用。

六二、**【盘获】**盘查擒获。共见4次:

(1) 恁去说与云南大理等处守御卫所,有发到的有罪断发军人编入伍,着他种田。把关去处盘获有罪断发,但是曾刺字不刺字的、刺旗不刺旗的逃囚军人,拿住发与原卫所,将为首逃的废了示众。(《弇山堂别集》卷八十七)

(2) 是清悬带驾牌腰刀入内,行至午门下,被守门官军盘获。(《逆臣录》卷三)

(3) 是福一又行逃出聚宝门外,复回府军右卫营内。被本营军人陈新等盘获,绑缚到卫,问出前情,罪犯。(同上)

(4) 及走回妇女寇氏又称,达贼头儿差六个人,身穿青布衫鞄[鞥]鞋,前来广宁等处打细,已经通行盘诘去后。至今未闻一卫一所盘获不明一人前来,诚恐各该守备等官视为泛常,坐视不获。合再通行省谕,严加盘捕。(《吏文》卷四)

《大词典》仅举清黄六鸿《福惠全书·保甲·功罪赏罚》1例,例证较晚。据笔者目见,该词最早见于《元典章》,元明清时期用例都很少,至《东方杂志》和《湘报》中尚能见到个别用例,至现代汉语中消失不用。

六三、【**盘脚**】犹盘腿。仅见1例：

帖木真自前隐着，合撒儿自后隐着。将箭抽着要射他时，被别克帖儿见了，说："泰亦赤兀兄弟的苦受不得，仇怎生能报？如何将我如眼中的毛，口中的梗，容不得？我死就死，你休将我别古台弃了。"说讫，盘脚坐着等他的箭。(《元朝秘史》卷一)

《大词典》最早举夏衍作品《法西斯细菌》为例，过晚。该词大概最早见于明代，明清用例极少，当代仍偶尔使用。在这个意义上，多用"盘膝"(《元朝秘史》有"蟠膝")"盘腿"。

六四、【**胖袄**】棉上衣。元明时亦专指边防将士或锦衣卫的冬服。仅见2例：

大明礼部为完聚事。该通政使司连状送高处诚等告："……处诚等思得，天气寒冷，无衣服鞋脚遮体，亦无口粮度日。如蒙准告，乞照例赐给胖袄裤、鞋、口粮、脚力，回还完聚"等因，具题。天顺陆年拾壹月贰拾伍日，本部尚书石瑁等于奉天门奏奉圣旨："照例与他。"除钦遵将高处诚等每人给与胖袄裤、鞋各一件双，及应付口粮、脚力，令陪臣朴大生等带领回还外，合行开咨知会施行。(《吏文》卷三)

吴晗《朱元璋传》第六章："过去时代人穿的缊袍，用旧絮装的冬衣，被用木棉装的胖袄所代替了。""胖袄"最早见于《元典章》等元代文献，仅用于元明清时期，且用例很少。

六五、【**批文**】《大词典》："上级或有关部门批复的文字或文件。"但没有举例。本研究语料共见6例。如：

(1) 我禁人休去张家那下买盐，他从江西自立批文直至张家盐场买盐，江上把截的不敢当，尽他往来，南台城里仓与

库四处俱各有物。(《弇山堂别集》卷八十六)

(2) 至二十一日起程,在途中相合着新安卫不知名军人壹名,同行至云门铺宿歇。至二十三日早,是荣不合私起恶心,谋要本军批文照身逃走,将本人用脚踢死,致被本铺不知名铺兵三名拿住,解送宁国县。(《逆臣录》卷三)

(3) 海州等卫备御把总指挥使夏,天顺六年八月初八日,抄蒙钦差镇守辽东总兵官成山伯王批文,为边务事:"照得先该广宁前屯卫地方……"(《吏文》卷四)

(4) 合再通行省谕,严加盘捕。为此批,仰本职速行该管所、驿递、城堡并沿途堡守备官员,今后但有公差人员到彼,务要验看批文,比对朱墨字号,相同是实,方许给马。如有不明诈冒之人,就便捉拿送来按问,将奉何衙门明文、差过官、舍人名、给过马匹数呈报前来,以凭查考。(同上)

"批文"作为动词词组在南宋笔记中已经出现,但作为名词元明时期始用,且已较为常见,清以后沿用。

六六、**【匹只】**量词。共见9例,例如:

(1) 虏去男妇八百六十七名口,牛马等畜一千一百一十三匹只,杀死男妇三十四名口。(《吏文》卷三)

(2) 虏去水寨并上粮男妇五百五十八名口,头畜七百一十八匹只,并盔甲腰刀等件,杀死男妇一十二名口。内有官军夺回男妇一百九十五名口,马牛一百一十六匹只,勘结回报。(同上)

(3) 获到贼马八十七匹,夺回虏去男妇六百八十六名口,牛马五百五十八匹只。(同上)

(4) 吊到辽东都司在官备照卷册内查得辽阳地方,自成化十三年九月起,至成化十四年九月止,节次被贼虏去男妇一千二百三十五名口,牛马一千九百三十四匹只,杀死男妇九十九名口。开原地方节次被贼虏去男妇一十二名口,牛一十九

只,杀死男子一名,夺回男妇三名,牛三只。(同上)

作为复合量词,“匹只”分别对应前文的马和牛,“匹”指马而言,“只”指牛而言,泾渭分明。《吏文》中还有“马匹”“牛只”的搭配形式。“匹只”似乎仅明代文献使用,《醒世恒言》、《金瓶梅》及明代笔记中也有个别用例,清以后未见使用。《大词典》未收录。

六七、**【撇弃】**抛弃;丢开。仅见1例:

又凡察亲兄斡沙哈、阿哈里、哈失八等及户头吾都里、马佐和、马仇音波、童也叱多可、朴讷于赤、李宝之伊、童也叱大、童末应罗、童毛知、童波安、童仍豆等四十余人,各将皮张等物陆续亲来告说:“凡察等不遵皇帝圣旨,不念国家厚恩,撇弃爷娘生长地土,驱逼部落逃窜去了。我等只缘国恩深重誓将终身。”(《吏文》卷二)

该词大概最早见于明代文献,清及近代沿用,但用例很少。《现汉》收录该词。

六八、**【破调】**共见2例:

(1) 可照验即便差官前赴义州把截张万户处,与本司差去人公同督并本官,于概管地面,照依坐去人数,务要一名名缉捕到官,追赃完备,行枷杻手,差人与差去人一同牢固管解,赴司取问施行。毋得循情破调迟滞。(《吏文》卷二)

(2) 可照验即为拘取金万户等并通事郑帖木儿,同原劫人马到官。及胡太子使臣一名名,差人与同差去人管押,星夜解司施行,毋容占吝破调不便。(同上)

《大词典》收有2个“破调”,其一有两个义项:1. 剖析调侃。2. 免予传讯。另一“破调”有一个义项:不和谐的音调。但从上面两例文意分析,上述义项都不符合。《吏文》注:“破调‖装饰虚文推调之谓。”“推调”是推托、推辞之义。“破调”当理解为:找借口推脱。

该词最早见于明代。此意义上的“破调”在明清其他文献中也有个别用例:

(3) 墩军每风汛时月,如三、四、五、六,尽数在墩,不准以取米粮破调。(戚继光《纪效新书》卷十七)

(4) 谁知严列星那种的几亩地,牛粮子种、收割耕锄,威劫那邻舍家与他代力,这地中的钱粮万万不好叫那邻家与他代纳。但邻舍家既是不与他代纳,他难道肯自己纳粮不成?遂把朝廷这十来亩的正供钱粮阁在半空中,若是那里长支吾得过,把这宗钱粮破调了;如支吾不过,只得与他赔上。(《醒世姻缘传》第二十八回)

六九、【普罗】即氆氇,一种绒毛织品,可作床毯、衣服等。例如:

伯能同章青送钞壹千贯、红普罗四匹、毡衫一领,送与他二官人收了。(《逆臣录》卷三)

《大词典》引明曹昭《格古要论·古锦·普罗》:“普罗出西蕃及陕西、甘肃,亦用绒毛织者,阔一尺许。”清陈元龙所编《格致镜原》卷二十七《氍毹附绒》有详细记载:“扬雄《蜀记》:重南越之毲毹。注:罽也,今之氍毹。《丹铅总录》:吐蕃贡霞毲,今之红氍毹。《正字通》:毾㲪,毛席。中天竺有毾㲪,今曰氍毹,秦蜀之边有之,似褐,五色方锦,广中洋舶亦有至者,又名多罗绒。《格古要论》:普罗出西番及陕西、甘肃,亦用绒毛织者,阔一尺许,与洒海剌相似,却不紧厚,其价亦低。洒海剌,出西番,绒毛织者,阔三尺许,紧厚如毡,西番亦贵。”

由此可知,“普罗”当是一个早期外来词,即古代的“罽”,是一种绒毛织物,如同今天的“毛呢”。

七〇、【**起**】量词。伙;批。研究语料中多处使用。例如:

(1) 这起反臣都吃我废了,坟墓发掘了。(《刘仲璟遇恩录》)

(2) 如今凉国公回来对我商议,要成大事,你每这一起舍人,可都来扶助,若事成时,便得做大官人。(《逆臣录》卷三)

(3) 本官又说:"以前有一起达达头目每,受不过苦,也曾反叛来。因我每向前厮杀,以此上走不出去。您以前都是大官人的根脚,如今则得个指挥做。若从顺了我时,久后还着你做大官人。"(同上,卷五)

(4) 二十二日,前贼四面攻围本堡,将千户王庆射伤,就分一起约五百余人马往堡西路行走,一起约四五百余人马亦往堡西路去讫。(《吏文》卷三)

(5) 今后如遇四夷外国朝贡并奏事使臣人等到彼,量其所奏事务及所进方物马匹多寡,将使臣头目,每起少则三四人,多则不过十二人。同方物照例起送赴京。(同上,卷四)

"起"这种用以指人群的量词用法最早见于《元典章》等元代文献,元明清时期多与"这"连用为"这起"。现代作品偶尔使用,现在主要保留在方言中。现代汉语中"起"作为量词往往用于指事情、事件。

七一、【**起花**】提花;缀有突出的花纹。仅见1例:

一招本年二月内,有本卫所镇抚陈名抄札犯人家财,送与陶指挥洗白布贰拾匹、各色纻丝纱罗柒匹、红纻丝幔子壹个,上带银吊挂全各色男女衣服贰拾件、银面盆壹个、起花金带壹条、真珠冠壹顶。(《逆臣录》卷三)

该词似乎最早见于明代文献,《金瓶梅》中也有用例,清沿用,此后未见使用。《大词典》最早举《红楼梦》为例,过晚。

七二、【启发】仅见1例：

是蛮子不合隐藏蓝玉家栗色叫驴一匹，致被广武卫军人史千家驴等首告，惧怕，将钞一百贯、银钗一对买求。各军不从，启发送问，罪犯。(《逆臣录》卷一)

按：上例中"启发"当解释为"揭露"，《大词典》"启发"未列相关义项。

七三、【钱】市制重量单位。十分等于一钱，十钱等于一两。共见2例：

(1) 王朋用刀背将军匠张如金左手指打伤，劫得本人并校余[①]刘成、客人王英银两，回家分用。王朋将原分银一两陆钱送杨玉接收。(《吏文》卷三)

(2) 及将云南安宁黑白盐井等盐课提举司，成化五年六年七年八年以至十余年存积盐课，就于本布政司召商开中十万余引，每引令其纳足色白银六钱，于本司官库收储，以备籴买军饷。(同上)

"钱"的量词用法最早见于南宋文献，如：

(3) 每一转后，却增炭一两飞之，增炭至五转后，忽有黑气和汞霜飞出。则收霜，和鼓了石盐半钱，重于钵中，以玉槌轻手研之，令汞入尽，即依前却安鼎中，用坎离火候飞伏。……收其霜及汞，和石盐一钱，重于钵中熟研了，入鼎，依前火候飞伏。(《云笈七签》卷六十九)

《大词典》最早列举顾炎武《日知录·以钱代铢》："古算法二十四铢

① 校余，《吏文》注："校尉、余丁也。"

为两……近代算家不便,乃十分其两,而有钱之名。此字本是借用钱币之钱,非数家之正名。”例证过晚。

七四、【取讨】索取;讨。共见10例,如:

(1) 有蓝玉差家人祝官保:“你去淮西取讨鞍子来。”(《逆臣录》卷一)

(2) 在京各营操备官军人等,近蒙圣恩,分作两班放回,取讨衣鞋。(《吏文》卷四)

(3) 次日,在金山,我父子二人与原看守达子取讨马乳一皮袋,寻看爷爷朝见。(《正统临戎录》)

“取讨”最早见于《元典章》等元代文献,元明用例很多,清及近代沿用,现、当代不再使用,而是使用“讨取”。“讨取”最早明代开始使用(但本研究语料中未见),清以后沿用。

七五、【上班】《大词典》:“明代卫所的军队按时轮番到京师操练或到指定防地执勤称上班。后指每天按规定时间到供职地点去工作。”共见2例:

(1) 上班之日,照例给与行粮。下班住支,仍添设才识老成副使一员,专一在彼整饬边备,公同守备官操习人马,振扬威武。(《吏文》卷三)

(2) 及照每年头班官军,例该七月十五日赴京,未免六月起程。此时天气炎热,雨水连绵,以致上班官军,冲冒炎热,涉历雨水。到京,多生疾病,不堪操练。(同上,卷四)

该词最早见于明代,文献用例尚不多,清以后沿用,至现当代用例大增。

七六、【上操】整队出操。仅见1例:

(1) 每年上操时务要着实。恁为父母爱子弟,紧要处若

不会武艺,又不晓道理,那时犯了国家的法度,也只是恁为父兄的害了他。(《谕天下武臣敕》)

该词最早明代始用,用例甚少,另外我们在黄宗羲《明夷待访录》中发现1例:

(2) 中都、大宁、山东、河南附近卫所,轮班上操,春班以三月至八月还,秋班以九月至二月还,有月粮,有行粮,一人兼二人之食,是岁有二十余万不耕而食之军矣。(《兵制》)

《大词典》最早举吴晗《朱元璋传》为例,过晚。清代未见用例,现代汉语中"上操"则泛指出操,一般指学生上早操。

七七、**【哨瞭】**共出现18次。例如:

(1) 守御边塞的,十分要用心勤谨,常常着人哨瞭过往的人,好生盘诘关防。(《谕天下武臣敕》)

(2) 说与游击将军都指挥王哈喇巴图尔、内官王彦:选能干指挥一员在哨马营暂时管事,每日哨瞭务要昼夜用心,不许怠慢。(《弇山堂别集》卷八十八)

(3) 自洪熙元年六月十二日以后,军民并旗军、将军、力士、校尉、舍人、余丁等,除犯反逆、党恶、土豪、人命不宥外,其余有犯,发遣各处充军、立功、哨瞭等项者,尽行宥免,复还职役。(《即位诏》)

(4) 为此,今批前去,仰即行属严督操备哨瞭,官军整搠人马,锋利器械,米粆等件齐备。(《吏文》卷四)

"哨瞭"一词《大词典》未收录,其意义当为"巡逻远望以戒备"。其他文献未见到用例,盖此词仅用于明代前期。

七八、**【哨探】**侦察;探看。共见2例:

(1) 约定七月中,军马动行。不须要高平章军马,交他堤备哨探东边高丽军马。(《吏文》卷二)

(2) 除行各边加谨堤备,仍差人远为哨探,但遇入寇,差人星飞传报,就便调领人马,量贼众寡,相继设法追剿外,具题。(同上,卷三)

该词盖最早见于宋代文献,元明文献用例较多,清代沿用,近代偶用,现当代基本不再使用。

七九、**【梳头待诏】**理发师,也简称“待诏”。例如:

(1) 又招:“洪武九年二月,胡丞相问梳头待诏许贵:‘我要使你和太师老官人说些话,你敢说么?’许贵说:‘我敢说。’丞相说:‘我要和太师商量大逆的勾当。’”(《李善长狱词》)

(2) 一招洪武二十六年三月十六日,有陶指挥令力士前去竹桥堂子内叫梳头待诏贰名、修脚的壹名来和我梳头,就有话和他说。后有力士叫到苏州府常熟县待诏壹名到卫,火者福童接引到后厅,不曾梳头。说话间,被内官看见,就行拿获。(《逆臣录》卷三)

(3) 一招洪武二十六年二月十六日,在卫署事,使令皂隶去堂子内叫吴县待诏查阿孟来与我梳头,随有皂隶就堂子内叫查待诏到来。(同上)

(4) 不期一般待诏入锦衣卫与陶指挥梳头,被内官拿获,问出前情,罪犯。(同上,卷四)

“梳头待诏”《大词典》未收录,仅收录“待诏”。“待诏”本为汉代官职名,唐代指待命供奉内廷的人,唐时有画待诏、医待诏等,宋元时期成为手艺工匠的尊称。在本文研究语料中,“待诏”皆用以指理发工匠,清代“待诏”仍主要使用此义,旧时农村称理发师为“待诏”即其遗留。《大词典》最早举李劼人《大波》,例证过晚。

八〇、【送问】谓送交官府审问。皆见于《逆臣录》,用例较多,如:

(1) 有王保保听允,前来锦衣卫,以告给配妻小为由,打听消息,被本卫捉拿,奏发送问。致被本军招出前情,罪犯。(《逆臣录》卷二)

(2) 是海惧怕被人首出不便,于三月十二日朦胧赴御前口奏,遮掩前非,致被送问,罪犯。(同上)

(3) 又不合写纸帖,令家人兴儿取银二十两,送与镇抚司吏王敏,买嘱宽容送问。(同上,卷五)

该词盖最早且仅见于明代,用例不多,清以后未见使用。

八一、【提取】传唤犯人。共见10例,如:

(1) 凡抄札胡党及提取害民官吏人等,都差军官军人前去。(《大诰武臣·卖放胡党第十七》)

(2) 本官问说:"谢都督你来怎地?"是熊回说:"我来取大人回家。"本官说:"我知道了。必是我亲家靖宁侯胡党事内有我名字,差你来提取。"是熊回说:"上位只教我宣唤大人,不知就里如何。"(《逆臣录》卷一)

(3) 一招洪武二十六年正月内,蓝玉回京。大舍差家人张总到家报信,常为事提取到京工役,因到蓝玉家告说:"如今工役受苦不过,不如根同大人谋事。"(同上,卷五)

《大词典》未列相关义项。此义上的"提取"最早见于元明文献,清及近代沿用,至现代汉语中此义使用较少。《现汉》"提取"列有两个义项:(1) 从负责保管的机构中取出(存放的或应得的财物):~存款|他到车站去~行李。(2) 提炼而取得:从油叶岩中~石油。

八二、【**挑拣**】挑选，选择。共见6例，如：

(1) 如正军数目较多时，务要俵在益都、济南、济宁、徐州、邳州，俵了之后，老小完聚，毕日却将马步精锐军挑拣随军征进，大头目老小逐时随机都发来淮安。(《弇山堂别集》卷八十六)

(2) 有张指挥等回说："这是小人卫里挑拣的几个快厮杀的头目并马军，引来见大人。"(《逆臣录》卷一)

该词盖最早见于明代，清用例还非常少，现代以后用例才开始增加。《大词典》最早举杜鹏程《在和平的日子里》，例证过晚。

八三、【**铁猫**】仅见2例，如：

(1) 又有败船存留铁猫三个，斤重难运。鼓一面皮破。大金一面，旗一面，号带一条，锅贰口，巨二连，七十斤秤子一部。(《吏文》卷三)

(2) 所有钱粮等物内，除铁猫不得运转外，前项布、花、钞、锭等件，差人管押，随同原来坐船军人系孙贵、于顺儿、李广等三名，运到本国境界义州鸭绿江边。(同上)

《吏文》下注："铁猫‖即船碇也。"元明时期其他文献也偶有用例：

(3) 人数：官校、旗军、火长、舵工、班碇手、通事、办事、书算手、医士、铁猫、木艌搭材等匠，水手民稍人等共二万七千五百五十员名。(明祝允明《前闻纪·下西洋》)

"铁猫"指"船碇"南宋已见用例，如南宋周密《癸辛杂识续集·海蛆》："(海舟)铁猫大者重数百斤，尝有舟遇风下钉，而风怒甚，铁猫四爪皆折，舟亦随败，极可异也。"另外"铁猫"还可以指一种救火的工具，与此处讨论的"铁猫"所指不同。如孟元老《东京梦华录》卷三《防火》："每坊巷三百步许，有军巡铺屋一所，铺兵五人，夜间巡警收领公事。又于高处砖砌望火楼，楼上有人卓望。下有官屋数间，屯驻军兵百余人，及有救火家事，谓如大小桶、洒子、麻搭、斧锯、梯子、火叉、大索、铁猫儿之类。”

“铁猫”在元明时期已多作“铁锚”。“锚”字出现很晚，大概在唐代，最初应该是指铁或钢一类的金属，如《全唐诗续拾》卷五十四中所收白云仙人《灵草歌·海桃草》：“灵枝号海桃，生服善治劳。不但添人寿，兼软汞与锚。”至元明时期“锚”才用以指船碇，并出现“铁锚”一词。如：

(4)（梢公云）请老爷自在舱里稳稳的坐定，小的每收拾锚缆哩。（《全元曲》无名氏《冯玉兰夜月泣江舟》第三折）

(5) 伯牙依稀还认得去年泊船相会子期之处。分付水手，将船湾泊，水底抛锚，崖边钉橛。（《警世通言》第一卷）

(6) 淮安清江浦厂中草园地上，有铁锚数枚，大者高八九尺，小亦三四尺者，不知何年之物，相传永乐间三保太监下海所造。雨淋日炙，无点发之锈，视之真如银铸光泽，犹日用于世者。（明郎瑛《七修类稿》卷四十八《奇谑类》）

八四、**【听话】**共见2例：

(1) 即便出榜去，教土官百姓知道，教听者俺的言语，安分守己当差，休做歹，不听话呵，俺再用心他每，当不得本部再开圣意。仰西南诸夷悉宜遵守，毋蹈前非，须至榜者。（《弇山堂别集》卷八十七）

此例中“听话”意为听从。在这个意义上，《大词典》最早举巴金作品为例，过晚。“听话”表示听从义盖最早见于明代，除上例外未见到其他用例。清以后用例增加，现代汉语中主要使用此义。《现汉》：“【听话】听从长辈或领导的话。”

另外，“听话”还有听从吩咐和安排之义：

(2) 荣至本月十六日,到本卫后堂内与本卫孙指挥、武指挥三人一同商量。有孙指挥说起:"凉国公说问我每要军用俚,如今怎的好?"荣回说:"你是长官,你便主张。"时孙指挥说:"我去凉国公家回话。"我自分付千户每,各人回家,一向上直带刀,不曾去凉国公前听话。(《逆臣录》卷二)

《大词典》未列与此相关的义项。这个意义在清代文献中也有使用:

(3) 贾琏道:"叫芸儿。"贾芸进来也跪着听话。(《红楼梦》第一一二回)

八五、**【头口】**泛指牲畜。语料中共见 5 例。

(1) 因这般,头口也有,茶饭、使唤的都有了。(《元朝秘史》卷一)

(2) 可克薛兀撒卜剌于王罕的后头袭着,将桑昆的妻子百姓掳了,又将王罕在帖列格秃口子行的一半百姓头口也掳将去了。(同上,卷五)

(3) 因你与我父契交的上头,我差人迎接你来我营内,又科敛着养济你。你后将蔑儿乞百姓掳了,头口家业尽都与了你。(同上,卷六)

(4) 又问:"随后多军马来的是谁?"札木合说:"是诃额仑母的一个儿子,用人肉养来,身有三度长,吃个三岁头口,披三层铁甲,三个强牛拽着来也。……"(同上,卷七)

(5) 成吉思再说:"内里的扯儿必官并放头口的、宿卫的知料者;内里的房子、车两、旄纛、生熟饮食、器械等物,宿卫的提调者。(同上,卷十)

明沈榜《宛署杂记》卷十七:"驴骡曰头口。"清赵翼《瓯北诗话·吴梅村诗》:“京师人谓骡马曰头口。”汪维辉为《朴通事谚解》“头口”作注:“头口,泛指马牛猪羊之称。数猪以头,数牛亦曰头,数羊以口,数獐亦曰口,故泛称畜口曰头口,牛马亦曰头疋。”[①]盖“头口”最初泛指大大小小的牲畜,后来仅指骡马等大牲畜。今银川、太原等地“头口”仍泛指牲口。

“头口”在元明文献中用例很多,清代沿用,近现代以后主要在方言中使用。

八六、**【头匹】**指牲畜。共见4例:

(1)若晓事不作歹呵,将那大军踏践坏的人口、头匹纳差发呵,几年用得了?(《弇山堂别集》卷八十七)

(2)本年闰八月初十日,钦差指挥佥事孟捏可来等官赍捧到敕谕节该:“谕李满住等,令各将所抢去人口马牛头匹尽行给还。王亦须以所得建州等卫人口头畜等物还之。而自今各顺天道,谨固边备,辑和邻境。戒饬下人,勿相侵犯。钦此。”(《吏文》卷二)

(3)臣于宣德八年初十日,钦奉敕旨:“即将所得男妇头匹,以至零碎之物,尽行送还,务要辑和邻境。”(同上)

(4)那可克薛兀撒卜剌黑却袭着你,将桑昆百姓妻子都掳了,又将你帖列秃的百姓掳了一半。你又求救于我,我使四杰将你桑昆的妻子、百姓、头匹都救与了你,又曾知感来。(《元朝秘史》卷七)

“头匹”在唐代已经连用作量词,本是牛马驴骡等大牲畜的计量单位,后引申指计量的对象——牲畜,此义盖最早见于元代文献,仅用于元明时期,用例不多。

八七、**【问发】**判决发配。共见10例,如:

---

① 见汪维辉编《朝鲜时代汉语教科书丛刊》(一),中华书局2005年版,第262页。

(1) 逃军、逃匠、逃囚人等，诏书到日为始，许两个月内赴官自首，与免本罪。军还原伍，民还原籍，匠复本业。其人匠有因问发充军当匠者，一户止存一名当匠，其余放免。(《即位诏》)

(2) 洪武二十四年四月内，为收叶穰作弊事，蒙刑部问发后府充皂隶。(《逆臣录》卷一)

(3) 不期奸党败露，已将各官问发处决了当。(同上，卷二)

(4) 成化拾贰年玖月拾壹日，是政不合纠合已问发余丁马纪、张雄并未获马得、马温等，在于河间府连儿窝截路打劫不知名客人银两分用，被巡捕旗校缉知，将张雄捉获，政等各骑马匹，身带弓箭，与旗校对敌。(《吏文》卷三)

该词主要用于明代，清代偶尔使用，此后未见使用。

八八、**【夏布】**《大词典》:“用苎麻纤维织成的布，宜于制夏装，故名。为我国特产，多产于江西、湖南、广东、四川等地。”共见2例:

(1) 锦衣卫百户裴兴，接受力士蒋次武等八名钞九十贯、夏布五匹，将各人脱放。(《大诰武臣·卖放军人第十八》)

(2) 是敬德同沈子芳赍到青纻丝十匹、线罗十匹、夏布十匹，送与詹都御史。(《逆臣录》卷一)

此词盖元明时期出现，用例较少，清以后沿用，现当代用例减少。在山东方言中“夏布”指纺织较稀薄的棉布，用来制作夏衣。

八九、**【下程】**接待行人的酒食。共见7例，如:

(1) 及至到京，关给赏赐，支送下程。月久方回，不无勤劳军民供给。(《吏文》卷四)

(2) 其余人伴照依比先存留在彼事例，支给口粮下程，只待候使臣人等回还，一同前去。(同上)

(3) 查得先该本部仪制清吏司主事高岗奏称:会同馆接待各处夷使,房舍铺陈之类俱各损坏,下程酒食,数多克减。及伴送通事、铺行人等哄诱夷人,上街买卖,交通作弊,透漏事情,要乞禁约。(同上)

(4) 其各处夷人到馆,该用下程酒食之类,光禄寺委官一员押送前去,照名给散,严防厨役人等,不许侵克。(同上)

(5) 其所差人员,守法安分者少,无知僭妄者多。一承差遣,志意扬扬,经过驿站,不量事情急缓,不揣名分高下,辄便虚张声势,狐假虎威,公然占宿驿舍上房,勒要上等铺陈马匹,需索下程鸡酒等物,稍有违慢,辱骂驿官,殴打夫役。(同上)

《吏文》下注:"下程‖凡使臣到馆,送酒食等物,谓之下程,五日一次。"在这个意义上,《大词典》最早举清西厓《谈征·事部·下程》:"世谓下马饭也。夫登途曰上路,则停骖当曰下程,必有归饩以食,故有谓归饩曰下程也。"例证过晚。

"下程"本指停驻、休憩,引申指行人下程时用以接待的酒食,进一步引申指赠给行人的川资或礼物。其名词意义盖最早见于明代,主要见于明代笔记、《醒世恒言》、《二刻拍案惊奇》、《金瓶梅》等文献中,清代沿用,此后未见使用。

九〇、**【枭令】**犹枭示。《大词典》举明宋应星《天工开物·蜂蜜》:"凡蝙蝠最喜食蜂,投隙入中,吞噬无限。杀一蝙蝠,悬于蜂前,则不敢食,俗谓之枭令。"钟广言注:"枭令,即枭示。"

(1) 挟雠妄奏李逖检推瘸不肯出征,张司吏交结官府,致将李逖检割断腿筋。张司吏枭令了当。(《大诰武臣·耿良肆贪害民第三》)

(2) 将那犯人凌迟了,枭令在监前,全家抄没,人口迁发烟瘴地面。(明黄佐《南雍志》卷十)

该词盖最早见于明代,文献用例很少,当代仍偶尔使用。

九一、【小的】用例较多,有以下几种意义:
意义一:小孩子,少年。

(1) 若是能抚、能方便、不苦害,众军每赞叹着,家中老的小的,自是这等,每日自然欢喜安乐。(《谕武臣恤军敕》)

(2) 如今他家有门馆先生,我每都将小的送去读书,也早晚得他抬举。"(《逆臣录》卷二)

意义二:旧时平民、差役对官绅自称之词。

(3) 一招当日凉国公又问严百户:"你管甚么军?"严百户言说:"小的管步军。"(《逆臣录》卷二)

(4) 彼时是和回说:"实不瞒老大人说,小的自父亡之后,一向家寒,不敢来探。"(同上,卷五)

意义三:同"小子",对男性晚辈的昵称。

(5) 他大的儿子,这小的也利害,不从他,也吃他每害了。(《刘仲璟遇恩录》)

(6) 拜见毕,有凉国公问说:"这小的,你老子好么?"(《逆臣录》卷三)

(7) 我看你这小的老实,特与你说,休要走了消息。(同上,卷四)

意义四:同"小子",表示轻蔑的称呼。

(8) 再说道,王家这小的只是用拐子马熟,更说必有伏马。(《弇山堂别集》卷八十六)

(9) 胡家这小的痴,早自将得这诰来。我道那里得些诰来,原来是他的。我随即赶得他回来。(《刘仲璟遇恩录》)

"小的"在宋话本中开始出现,元明时期大量使用,清沿用,现当代用例减少。

九二、**【鞋脚】**指鞋和袜。仅见1例:

(1) 处诚等思得,天气寒冷,无衣服鞋脚遮体,亦无口粮度日。(《吏文》卷三)

"鞋脚"本指鞋和脚,这里用"脚"代指与之相关的袜子。"鞋脚"最早在《入唐求法巡礼行记》有1条用例:

(2) 虽地水温而无卤泥,缘莓苔软草布根稠密,故遂不令游人污其鞋脚。(卷三)

但此例中的"鞋脚"似乎还不能确定是指鞋袜。可以确定的最早例证当在明代,除上例外,《金瓶梅》中有不少用例,清代沿用,现代作品如老舍和张爱玲的笔下仍偶尔使用。至现代汉语中,"鞋脚"的这一意义已经完全消失。

九三、**【行财】**共见8例,皆见于《逆臣录》中。如:

(1) 状招先年有乡人陆小一与詹尚书行财,多有利息,就央本人引进詹尚书家,借钞五千贯作本买卖。(《逆臣录》卷一)

(2) 喜山禀说:"这是镇江府丹徒县民,要与我每行财买卖。"本官喜,赐酒。饮间,令喜山取出钞三千贯,付舍子收领买卖。在后常于府内往来。至洪武二十六年正月内,闻凉国公征进回来,是舍子同行财人孙南九等前来拜见。(同上,卷五)

(3) 因见凉国公家火者喜山,是荣要行投托,就邀请本人饮酒间密问:"如今凉国公大人家有几个行财买卖的人?"当有喜山回说:"我家钱钞尽有,只无得心做买卖人。"是荣就行回说:“望郎中与大人说声,我有几个弟兄,别无生理,正要寻些钞贯作本。”喜山回说:“我明日带你去拜见大人。”辞散后,至次日,有喜山带荣等前去府内拜见国公。有本官言问:“这几个是谁?”喜山向前禀说:“这都是丹徒县人,见充粮长,他要与我每行财买卖。”当蒙本官赐酒。饮间,就令喜山取出钞二千贯,付荣等接受买卖,各分利息。(同上)

行财,《大词典》有三个义项:1. 行贿。2. 出纳钱财。3. 古代婚礼纳聘之称。其中意义最接近的是义项2,但这个解释较笼统,让人不明所以。从以上用例分析,“行财”应是指借给别人钱钞作本进行买卖以获取利润,所获利润双方共同分享。这个意义上的“行财”似乎仅见于明代文献,用例很少。

九四、【行使】即“行驶”,谓车船行进。共见9次,皆见于《吏文》。例如:

(1) 洪武伍年四月初二日,太仓开洋行使。至当月二十日,失离船宗。(《吏文》卷二)

(2) 当令通事吴克忠,告蒙都评议使行下按廉使和买马十匹,辏足五十匹马数责付。甲又收领,用船装载。于七月初三日,开洋行使。在海遭风,倒死马二匹。(同上)

(3) 当职于九月二十二日乘船起离济州,行使至火脱伊海岛,被逆风打回明月浦。(同上)

(4) 除行概管沿海地方备御都指挥等官整操军马,严督城堡墩架瞭守官军昼夜谨慎防范,差人远出登高望远去处哨瞭,遇有倭贼船只在洋行使,即便飞报沿海地方知会,倘有登岸,就便相继截杀外,具题。(同上,卷三)

表示“车船行进”意义的“行使”似乎最早且仅见于明代文献,用例很少。清代才开始使用“行驶”。《大词典》“行使”未收录与行驶有关的义项。

九五、【牙象】公象,雄象。仅见1例:

(1) 那象也则是吓人,如今京城见有牙象八十只,使他打人并打草人一般打,则是行迟,没马身小行快,人赶得上他。(《弇山堂别集》卷八十七)

"牙象"在文献中用例很少,明王士性《广志绎》中见到1例:

(2) 缅人于壬辰岁以贡物入,余时在澜沧。犒之牙象一,母象一。

牙,作为动物的性别区分大概始于明代。《大词典》解释"牙":牡,雄性。明李时珍《本草纲目·兽一·豕》:"牡曰豭、曰牙。""牙"用以指雄性动物最早应是从大象开始的。亚洲象仅雄象有发达的牙齿,雌象则没有长牙,所以象牙就成为判别大象性别的一个重要特征。由此引申,"牙"可以泛指雄性,如"牙狗""牙猪"等,今方言仍沿用。

九六、【央浼】恳求;请求。共见17次。例如:

(1) 本年失记月日,是三与同染匠李寿二、蒋和尚、邵贵、顾以文、韩大、陆阿孙、王留保、周宗、潘福四、杨今保、俞旺、邹阿关、任福一、韩李保、吴文、张福一,央浼本人引领前去本官门首开铺。(《逆臣录》卷一)

(2) 是旺不合要得希求进用,央浼曹百户引领前去凉国公宅内东耳房内。(同上,卷四)

"浼"在元明时期使用较为频繁,也作"浼"。它不仅单用,还与"央""求""托""引"等词组合,有较强的构词能力。例如:

(3) 本月二十日,是辅骑坐马匹到于黄都督家浼说:"我亲家祝都督为事,生怕他攀指我,烦老官人与我打听一遭。"

(《逆臣录》卷一)

(4) 有父唐弼,于詹尚书根前浼托。本官当晚于御前朦胧奏准放了。(同上,卷一)

(5) 不期事败,惧怕露出前情,将前枪私自用火烧毁。后有军人许闹住要行首告,又行置酒求浼本人息词。(同上,卷三)

(6) 状招洪武二十六年正月内,因见凉国公回还,有权势,不合要得投托,对本所百户徐礼浼说:“如今大人回来了,你是旧日根他的伴当,可浼引我去拜见他,得照觑一步也好。”(同上,卷三)

(7) 除招与徐华招内相同外,状招先任府军前卫指挥之时,因见胡丞相行事有权,不合要得交结,与同威武卫指挥何诚、高指挥、陶指挥托浼延安侯引领前去拜见。(同上,卷四)

“央浼”最早见于元明文献,且主要用于元明时期,至清代只是偶尔使用,此后文献中未见用例,但今方言中仍有保留。

九七、**【央求】**恳求。仅见1例:

除暗行访察及行僧、道录司严加禁约外,合行出给告示,仰今后各处保来僧、道到京者,即便经[径]自赍文赴司投下,听候施行,不许在外延住央求。(《吏文》卷四)

该词最早见于元明文献[①],明代已经较为常用,清以后用例增多,沿用至现代汉语中。《大词典》仅举茅盾《林家铺子》1例,过晚。

九八、**【邀同】**约别人在一起。共见10例,如:

(1) 本日晚,有何尚宝邀同浚并伊兄何贵、留守卫潘指挥,俱到凉国公直房内报说前事,本官正同景川侯在彼商议谋

① 其中《全元曲》宾白有1例,其他皆为明代文献。

逆。(《逆臣录》卷一)

(2) 至第三日,有虎贲左等卫指挥汪淳等邀同澄等俱到凉国公直房内。(同上,卷二)

(3) 状招洪武二十六年正月内,因见凉国公征进回还,是翰同虎贲右等卫指挥王敬等,邀同右府王经历前到凉国公宅内拜见。(同上)

(4) 状招洪武二十六年正月十五日,有本卫镇抚杨和、安鹏举、白赛因帖木儿到家,邀同百户刘彬等,前到沈阳侯家庆贺元宵。(同上,卷三)

该词最早见于明代文献,清代沿用,近现代偶尔使用。《大词典》仅举夏丏尊、叶圣陶《文心》1例,过晚。

九九、**【夜不收】**《大词典》:"古代军队中的哨探。因彻夜在外活动,故名。"共见4例。如:

(1) 本年三月初五日,传斌下夜不收康德等,在地名青崖子探见达贼三四百余人马,斩获首级五颗,夺下马二匹并弓箭腰刀等件,被伤军余六名,得获被虏男妇四名口,牛五只。(《吏文》卷三)

(2) 六月内,也先哨马于分岭墩捉获夜不收李贵,到于金山也先处,随差使臣送至御前,审问情由。仍差铭伴送李贵到于大同,放进入城。铭与总兵等官答应话,又到山阴,转带夜不收王智,同见圣驾。(《正统临戎录》)

"夜不收"最早见于元明文献,清代偶尔使用,此后不见用例。据明叶盛《水东日记》卷七所载:"军中探听贼中动静消息,及专备急干使令之人,如宋之时西边之所谓'急脚'、'急步'者。今湖湘谓之'健步',西北谓之曰'夜不收',惟广中则称'缉事军'。"可知"夜不收"最初乃西北用语。

一〇〇、**【译写】**翻译抄写。共见4例,如:

(1) 臣等到于辽阳,会同太监叶达、都指挥佥事詹升计议,令带来通事通政使司经历司知事徐亮译写番文,差进贡女直宋阿鲁等及东宁卫通事舍人赵明节次赍去。(《吏文》卷三)

(2) 该太监汪令带来通事百户王英译写钧贴,差卜花秃、重羊、张兀里、哈答四名赍去,召唤建州卫未到头目完者秃被虏人口送还。(同上,卷三)

该词文献用例很少,明沈德符《万历野获编》、清毕沅《续资治通鉴》有少数用例。《大词典》释"译写":翻译写作。与这里所说的"译写"所指内容有所不同。

一〇一、**【员名】**复合量词。共见23例,如:

(1) 国子监署祭酒太常寺丞张显宗、署司业翰林院修撰韩克忠,同本监教官生员一千八百二十六员名,洪武三十年七月二十三日,于奉天门钦奉圣旨:……(明黄佐《南雍志》卷十)

(2) 臣等陆续招出海西兀者等卫都督等官察安察等一千四百二十六员名前来,开读敕书,再三晓谕,量加宴赏。(《吏文》卷三)

(3) 彼有巡守本关今在官千户李安、镇抚崔吾能率领官军四十五员名,因见贼众,不合不行并力拒敌,被贼射伤军人洪本、林旺二名。(同上)

(4) 有已故指挥刘聪带小旗孙斌等八员名复回叆阳堡袭探,行至卤兼场堡界洒马吉夹山卫口,忽遇前贼三四十人马突至。(同上)

(1)中"员"指教官,"名"指生员;(2)(3)(4)中"员"用以指官员,"名"用以指军士。"员"和"名"作为量词,其所指对象有尊卑高下之分,这在《吏文》一书中区分非常清楚。

"员名"盖最早见于明代,《大词典》未收录该词。除上面的例证外,明代笔记中也可以见到一些用例。该词在清代未见使用,近代《东方杂志》《湘报》有较多的用例,现代汉语不再使用。

一〇二、【**在前**】以前,从前。共见42例,如:

(1) 俺翁吉剌家,在前日子里,不与人争国土百姓,但有颜色的女子,便献上与您皇帝人家,后妃位子里教坐有来。(《元朝秘史》卷一)

(2) 他母亲说:"你兄弟每如何那般?做譬喻说道:'除影儿外无伴当,除尾子外无鞭子。'咱每受泰亦赤兀兄弟每的苦,报不得时,如何恰似在前阿兰娘娘的五个孩儿般不顺和,你每休那般做。"(同上)

(3) 帖木真说:"在前日子你与我父亲契合,便是父亲一般。今将我妻上见公姑的礼物将来与父亲。"(同上,卷二)

(4) 是南言说:"有凉国公谋反,知他是虚是实?上位如今坏了他。在前我做舍人时,根他战北征南,可惜好个总兵官,把来废了。"(《逆臣录》卷五)

(5) 今又闻交趾走回军丁说称,在前交趾吞了占城之时,就要乘胜来犯天朝云南地方。(《吏文》卷三)

(6) 在前俱有守备都指挥专一提督,专一操练,禁防盗贼,其后一向缺官操守。(同上)

"在前"成词大概在南宋,主要见于《元典章》《通制条格》等元代文献,用例较多。如《元典章》中的用例:

(7) 转行过房作驱使唤贩卖的,合依着在前世祖皇帝圣旨体例禁止。(《刑部》卷十八)

(8) 送刑部议得:捉获赌博钱物,不许展转扳指在前同赌人数,止理见发人等事(事)理,如准廉访司所言,遍行禁治相应。(《刑部》卷十九)

明代除上面列举的用例外,其他文献也有使用。如:

(9) 行者道:"老孙比在前不同,烂板凳高谈阔论了;如今保唐僧,不得身闲。容叙! 容叙!"(《西游记》第十六回)

清代以后文献中未见到用例,但今北方方言仍有保留。《大词典》未收录。

一〇三、**【早是】**幸而,幸好。共见5例,如:

(1) (洪武)十四年正月,平凉侯请太师饮酒,平凉侯说:"我每都是胡丞相作反的人,若上位寻起来,性命都罢了。"太师说:"早是也不来寻我。"平凉侯说:"若不寻着我每,且躲一躲,不要出头罢了。"(《李善长狱词》)

(2) 至二月初一日早朝,退至长安西门,有詹尚宝对宏言说:"前日凉国公谋的事,上位知觉了,早是我当住两日,未曾拿下。你便去对你哥哥说,教他上紧下手,莫带累我。"(《逆臣录》卷一)

(3) 当有何尚宝于南橱内取出"礼"字号金牌一百面、"信"字号金牌一百面,在于北橱顿放。后有何尚宝对浚言说:"如今蓝党败露,前日金牌早是不曾取得去。"(同上)

此义主要见于元明时期,清代偶尔使用,现代汉语未见使用①。

一〇四、**【纸张】**指纸。仅见1例:

(1) 仍仰各州县照样不拘纸张大小,刊写发往本境各乡村城市并人烟丛集去处,张挂晓谕施行。(《吏文》卷四)

《大词典》:"纸的总称。纸以张计,故称。"最早举丁玲《一九三〇年春上海(之二)》为例,过晚。检索文献,我们发现《全唐文拾遗》卷二十二有1处使用了"纸张":

① 今方言似乎未见使用此义,银川方言中"早是"意为本来。

(2) 准贞元元年八月二日敕,当司权宜停减诸色粮外,纸数内停减四万六千张。(刘太真《诸道供纸张奏》)

不过从文意看,这里的"纸张"还是词组,指纸的张数。

"纸张"用以指纸在宋代未见用例,至元代《通制条格》才出现。如:

(3) 一样,昏钞纸张边角有火烧烟熏痕迹。前件议得:若无行用库退印,字贯分明,虽是钞纸边角有火烧痕迹,可以倒换。(卷十四)

"纸张"在元明时期用例较少,清代沿用,近代以后用例才逐渐增多。

一〇五、【住歇】住宿歇息,一般指短时间住宿。共见15例,例如:

(1) 彼时,春等还在本家住歇,致被拿获,罪犯。(《逆臣录》卷二)

(2) 初五日至初九日,为因饥饿,行步艰难,沿途急递铺内宿歇。至本月十九日,到宣州庙北民人老陈家住歇。至二十一日起程,在途中相合着新安卫不知名军人壹名,同行至云门铺宿歇。(同上,卷三)

(3) 一招洪武二十六年正月内,有凉国公于四川回京,经过武昌,在竹牌门外馆驿内住歇。是镛与同护卫指挥陈干前去探望本官。(同上,卷四)

(4) 今呈前因,拟合发问,的于何年月日,为因何故,在于本国何寺出家为僧,后于何年月日,为因何事潜逃在于何处进入,壹向在于辽阳何处住歇。备细缘由明白声说,取具不扶供词呈来,以凭施行。(《吏文》卷三)

(5) 到于易州,夜晚住歇。使刘婆儿取水做饭,进毕,又煮肉,带将皮袋,防备爷爷充饥。(《正统临戎录》)

“住歇”最早在《入唐求法巡礼行记》中有1例：

(6) 长官处分祇承人云:“领和上到新罗坊。若人识认，即分付取领状来;若无人认,即却领和上来。”便共使同到坊内,总管等拟领,别有专知官不肯,所以不作领状,却到县中。长官判:“权在大善寺安置。三日住歇。”(卷四)

其后宋代文献未见用例,到元明时期才出现较多用例,清及近代沿用,现当代不再使用。《大词典》未收录该词。

一〇六、【撞祸】闯祸,惹事生非。仅见1例:

本官又说:“你原是根我的旧人,只在这里安下,休要胡走撞祸。”(《逆臣录》卷四)

该词盖最早见于明代,文献用例很少,主要在《西游记》中有几例,近现代《新新小说》有1例。其他文献未见使用。盖“撞祸”与“闯祸”同词异形。今很多方言区中表碰撞意义的“撞”发送气音[tʂ‘uaŋ]①,与“闯”读音相同。

以上我们对明代前期使用的106个新词新义进行了考察,统计发现,其中有39个在现代汉语普通话中沿用下来,约占总数的37%,且其中有31个(约占29%)至今常用;其余67个(约占63%)在普通话中已不再使用,但其中有15个(约占14%)保留在方言中。由此可以窥知,在汉语词汇的发展进程中,对新词新义的淘汰率还是比较高的。

① 如徐州、南京、贵阳、柳州、山东牟平等地方言都发送气音。笔者家乡山东菏泽方言中“撞”也多读作送气音,音[tʂ‘uaŋ^{44}]或[tʂ‘uaŋ^{312}]。

第二节　新词新义个案研究

下面将要讨论的 8 个词语,《大词典》皆有收释。我们按照名词、动词、形容词、副词等由实词到虚词的顺序,逐一就其源流演变情况进行考察。

一、抹子

明代前期文献中出现了“抹子”一词:

(1) 令旨说与总兵官知会:二月二十一日,参军都事到家,说称海安坝上除孙指挥守城,其余军马都来泰州,抹子上教常平章上水寨。这几说都好,江淮也无甚么事。前日报那边军马事势轻重不一,俞平章取军紧急。(明王世贞《弇山堂别集》卷八十六)

这是承上封书信而言,上封信内容是:“吴王令旨:教总兵官徐相国,你委付冯同知牢固封闭高邮城门,无令贼人得出,委付常平章固守海安等处,量拨官兵固守泰州城池,你将本部精兵及水寨惯战官军,并常平章摘拨军马,亲率渡江,径抵宜兴,剿捕贼徒,依奉施行者。”所以“抹子”当是指“二月二十日”朱元璋的书信。

“抹子”为何可以指书信?此义如何引申而来?下面我们将对这一词语的意义进行历时的考察分析。

现代汉语中“抹子”一词主要用于建筑行业,指一种涂抹工具,但这个意义与古代文献所使用的意义差别较大。考察近代文献,特别是元明文献,“抹子”还可以表示“头巾”“亲笔书信”等更为丰富的内容。

“抹子”一词古代文献中不习见,现在一般的语词工具书都较少收录,《汉语大词典》虽有收录,但仅有一个义项:"瓦工用来抹灰泥的器具。"①且没有举出例证。"抹子"是现代建筑行业常用的一个词,就笔者目前所见,这一意义最早的用例是《金瓶梅》第七十九回中的"腻抹儿":"我说恁大年纪,描眉画鬓儿的,搽的那脸倒像腻抹儿抹的一般,干净是个老浪货!""抹儿"即"抹子"②,"腻抹儿"就是涂抹腻子所用的工具,现在还有不少地方有"腻抹子"这个叫法。根据涂抹东西的不同,还有"泥抹子""灰抹子"等名称。

考其来源,"抹子"当是宋以后出现的新词,然最初的意思却并非《汉语大词典》所解释的一种涂抹工具。考察如下:

(一)"抹子"可以指头巾。

(2) 非命妇之家,毋得以真珠装缀首饰、衣服,及项珠缨络耳坠头、帤抹子之类,凡帐幔、复壁、承尘、柱衣、额道、架帕帘床裙,毋得用纯锦遍绣。(宋李攸《宋朝事实》卷十三《仪注三》)

(3) 非命妇之家,毋得以真珠装缀首饰、衣服,及项珠、缨络、耳坠、头帤、抹子之类,凡帐幔、缴壁、承尘、柱衣、额道、项帕、覆旌、床裙,毋得用纯锦遍绣。(《宋史》卷一百五十三《舆服五》)

(4) 至元八年正月,中书省照得,娼妓之家,多与官员、士庶同着衣服,不分贵贱。拟将娼妓各分等第,穿皂衫子,戴角冠儿。娼妓之家长、亲属,裹青头巾,妇女紫抹子,俱要各各常川穿戴。仍不得戴笠子,穿金衣服,骑坐马匹,诸人捉拿到官,将马给付告人充赏。(《通制条格》卷第九《衣服》)

例(2)是《丛书集成初编》的断句,不当在"头"后点断。"头帤"是指

① 《中文大辞典》("中国文化研究所",1966年版)的释义是:"泥水匠用以涂墙之具。"〔日〕诸桥辙次《大汉和辞典》(大修馆书店,1984年版)解释为"镘"。

② 参见李申《金瓶梅方言俗语汇释》(北京师范学院出版社1992年版)第363页。

丝质或绢质的系发带，“抹子”指束额的头巾。这种束额的头巾，在晋代以来的文献特别是唐宋文献中多称“抹头”“抹额”“巾抹”。

(5) 其秋张昌贼起。先略江夏，诳曜百姓，以汉祚复兴，有凤凰之瑞，圣人当世。从军者皆绛抹头，以彰火德之祥，百姓波荡，从乱如归。(晋干宝《搜神记》卷七)

(6) 戏有五方狮子，高丈余，饰以五方色，每一狮子有十二人，戴红抹额，衣画衣，执红拂子，谓之狮子郎舞。(唐段安节《乐府杂录》)

(7) 水花沾抹额，旗鼓夜迎潮。(李贺《画角东城》诗)

(8) 其年十二月，左仆射合诸道奏：“诸节使新授，具巾抹，带器仗，省中参辞兵部尚书侍郎者。”(《唐会要》卷七十九)

明代还有“抹头子”的说法：

(9) 夜市扑卖：狼头帽，小头巾抹头子，细柳箱，花环叉朵篦儿头䍐，销金帽儿，罗水桶杖，诸般藤作，璃琉炮灯，银丝合子。(《永乐大典》卷七千六百三《十八阳・杭・杭州府五十二》)

很明显，“抹头子”就是“抹头”的“子”缀形式。

“抹子”当是“抹额”等词的口语形式。王力认为：“在中古时期，名词词尾‘子’字已经很发达了，并且它有构成新词的能力。”①到了唐宋时期，词缀“子”的使用频率很高，甚至超过了现代汉语。杨建国也谈到：“唐宋时期，‘子’尾词数量特多，很多今天都已不是‘子’尾词了。”②汉语中有不少表功能意义的复合词，人们在口语中为了称说简便，往往只侧重其功能，后加词缀“子”构成新词，如剪刀——剪子，木塞——塞

① 王力《汉语史稿》，中华书局 2004 年版，第 265 页。

② 杨建国《近代汉语引论》，黄山书社 1993 年版，第 135 页。

子,草垫——垫子,锅盖——盖子,等等。“抹子”的出现当属于这一类情况。

(二)“抹子”可以指表格、书信。

仔细考察元代以来的文献,“抹子”还有另外不同的意义。

(10)是日,九通所造狐貂衣裘,其数毕具,王相命省掾王文蔚并恽,用棋方抹子通模拟附,使见估值高下,孰省孰费。且曰“兹盖史臣年表遗法,固非吏辈所能知也,盖有所为”而云。(元王恽《秋涧集》卷八十一)

这里的“棋方抹子”应该是指如棋盘格子的一种表格形式,也即“史臣年表”的格式,所以“抹子”的意思或当是“表格”。

(11)又如去岁,上命写金字经,从礼部与翰林院官选择字样,一时奔竞,喧哄京师,各投门下,百计经营。侍郎高显卿、学士张师道,至下如应奉邓善之、奏差张士开数家,贿赂公行,各出抹子,分占名数。不以字样定去取,有计置即中程序,论价买名,如同商贾。有不由礼部发者,则就经局投门下,动至数千百人。礼部经局互相诋毁。(明杨士奇、黄淮等《历代名臣奏议》卷六十七《治道》载元成宗大德七年郑介夫奏议)

这里说“各出抹子”来“分占名数”,“抹子”的意思当是列有自己亲戚关系名单的私人书信,如同今天走后门递的“条子”。

“抹子”的另一意义是指亲笔书信,如上文第(1)例[①]。“抹子”作“书信”讲,更多使用“手抹”,元明文献时有所见。

---

① 林振岳《“唐律抹子”释义》(《辞书研究》2015年第4期)一文结合元代文献研究认为,“抹子”为元人文书专名,专指列目、清单,甚确。

(12) 教总兵官,将各营内新旧见在马匹数目报来,毋得隐瞒,就教小先锋将手抹来回话。(明王世贞《弇山堂别集》卷八十六)

(13) 闽中去天特远,于阁下公论颇自欠缺,是在区区为之也。部下其他军功,望具手抹而来,或别有所贡之需,当与同舟而往,微薄之礼,聊致左右,情亮是幸,诸余不能一一。(元李士瞻《经济文集》卷一)

(14) 脚价所费,不敢多爱,惟阁下从长区画而已。旦夕尚容,别遣官属,少致微礼,以谢不敏。其麾下将佐,凡有所嘱,详具手抹而来,当一一为意也。区区不宣。(同上卷二)

(15) 孙提举到彼,当从便早还,就具备细手抹来报可也。不一。(同上卷三)

"手抹"义同从汉代开始就已使用的"手书""手笔",都是指亲笔书信。

(16) 冯翊敬重令,又念十金法重,不忍相暴章,故密以手书相晓,欲君自图进退,可复伸眉于后。(《汉书》卷八十三《薛宣传》)

(17) 莫府初开,至如先生,特加殊礼,优而不名,申以手笔,设几杖之坐。(《后汉书》卷八十三《申屠蟠传》)

(18) 自陈创业,文檄军书及受禅诏策皆陵所制,为一代文宗。……文宣之时,国家有大手笔,必命陵草之。(《南史》卷六十二《徐陵传》)

"大手笔"指朝廷诏令文书等重要文章。

自唐代以来,人们把"涂抹"当作写字绘画的谦虚之辞,宋陈亮《与韩无咎尚书》:"今但与妻孥并力耕桑以图温饱,虽书册亦已一切弃去,况更能修饰语言,作少年涂抹事乎!"《明史》卷二五一列传第一百三十九《徐光启》:"天启时,任国子司业。监生陆万龄请建魏忠贤祠于太学旁,具簿醵金,强焊为倡。焊援笔涂抹,即夕挂冠棂星门径归。忠贤矫旨削其籍。”《二刻拍案惊奇》卷二:“谢天香道:‘不敢说能,粗学涂抹而已。’”有时也用“删抹”表书写义。如《雍熙乐府》卷五《点绛唇》:“一个丝桐上调弄出离恨谱,一个花笺上删抹出断肠词,一个笔下写幽情,一个人弦上传心事,两下里都一样害相思。”久而久之,在人们的意识里“抹”就是“写”了。“手抹”一词当是在“抹”有了“书写”的意义之后,仿“手书”、“手笔”形式而产生的一个新词,而例(1)中的“抹子”当是“手抹”的口语形式,指亲笔书信。

(三) 此外,“抹子”还有一个很少见的意义,指书中的标记。

(19) 右至正辛卯崇化余志安刻本。其律及疏议,整缮略无讹错,抹子亦完备靡漏,非寻常传钞者比也。(清顾广圻《思适斋集》卷八《〈唐律疏义〉后序》)

顾广圻谈到,《唐律疏义》先是山贯冶子注释,后经王元亮重编,山贯冶子的注退入卷末,导致疏义难读,其中提到“有标其字而佚其释者,有释在而遗标字者”,可知书中是有标记的,所以这里的“抹子”当是指在重要的文句处作的标记①。从宋代开始,人们读书喜欢在重要的地方用不同颜色的笔抹画、圈点。《四库全书总目》卷三十七《经部三十七·四书类存目》下说:“宋人读书,于切要处率以笔抹。故《朱子语类》论读书法云:‘先以某色笔抹出,再以某色笔抹出。’吕祖谦《古文关键》、楼昉《迂斋评注古文》亦皆用抹,其明例也。谢枋得《文章轨范》、方回《瀛奎律髓》、罗椅《放翁诗选》始稍稍具圈点,是盛于南宋末矣。”《晦庵先生朱文公文集》卷三十八:“留卫公得《诗说》,日阅数版,手加点抹,书来颇极称赏,仍尽能提其纲,亦甚不易。”元程端礼《程氏家塾读书分年日程纲领》更谈到“抹”的各种形式:“一论所举所行事实,及来书之目,及所以作此篇之故,每篇首末例程,黑侧抹。一所论援引他书,及考证,及举

---

① 林振岳《“唐律抹子”释义》(《辞书研究》2015 年第 4 期)认为:“《唐律抹子》之‘抹子’,非指书上有涂抹、标识之符号,而是指有关唐律之图表。”

制度，及举前代国名，青侧抹。一所论纲要，及再举纲要，及或问体问目，及提问之语，及断制之策，黄侧抹。一义理精微之论，黄中抹。一凡人姓名初见者，红中抹。”这里提到用不同颜色的笔对文字进行“侧抹”或“中抹”。可知，宋以来读书人读书随手“点抹”习以为常。又《洪武正韵》卷十四《入声·三曷》末韵：“抹，摩也，涂抹也。乱曰涂，长曰抹。”可见，“抹”较之“圈点”而言，是一种在文字上或文字旁边加划长线的做法，类似今天人们读书时在认为重要的句子下面划横线，或用彩笔给文字涂上颜色。上文“亦皆用抹”中“抹”是名词，这与动词“抹”后加词缀“子”以表示其名词意义是一样的。

（四）“抹子”有本领、才能义。

现在山东鲁西南方言及徐州方言中使用的“抹子”（“抹”音 mǒ）一词，除了指涂抹工具外，还有另外一种意思：本领、本事，一般用作褒义。对此意义，李申曾有考证[①]。词缀“子”在鲁西南方言中一般说作“的”，如杯子—杯的，叶子—叶的，果子—果的，等等。所以，“抹子”多说作“抹的”，也常常儿化作“抹儿”，例如说“这个人很有抹的（抹儿）”，意思是这个人很有能力；“你没有那个抹儿”，意思是你没有那个本事。“抹儿”的这一意义在元杂剧中写作“母儿”。

(20) 做子弟的有十个母儿：一家门，二生像，三吐谈，四串仗，五温和，六省傍，七博览，八歌唱，九枕席，十伴当。做子弟的须要九流三教皆通，八万四千傍门尽晓，才做得子弟。非同容易也呵。”（贾仲明《李素兰风月玉壶春》第二折）

“母儿”当是“抹儿”的音变形式，现在笔者家乡山东菏泽方言中也有此说法。“十个母儿”即十样本领。有的辞书解释为“条件”[②]，不妥。

---

① 参见李申《金瓶梅方言俗语汇释》（北京师范学院出版社 1992 年版）第 363 页。

② 王学奇、王静竹《宋金元明清曲辞通释》（语文出版社 2002 年版）：“母儿，犹‘模儿’，意指条件。”

王季思主编的《全元戏曲》因对“母儿”的理解不当致标点失误①。

元杂剧及《金瓶梅》中的“嘴抹(儿)”、“口抹”指“有口才，能说会道”。

(21)(柳隆卿云)自家柳隆卿，兄弟胡子传。我两个不会做什么营生买卖，全凭这张嘴抹过日子。(秦简夫《东堂老劝破家子弟》第一折)

(22)(二净闯上，云)帮闲钻懒为活计，脱空说谎作营生。小人名唤杜里饥，兄弟叫做世不饱。俺两个不会营生买卖，全凭嘴抹儿过其日月。(秦简夫《晋陶母剪发待宾》第三折)

(23)我敢搠碎你口中牙，不剌这是你家里说话？那恰便似一部鸣蛙，絮絮答答，叫叫吖吖。觑了他精神口抹，再言语还重打。(郑廷玉《包待制智勘后庭花》第三折)

(24)西门庆在房里向玉楼道：“你看贼小淫妇儿！他踹在泥里把人绊了一交，他还说人踹泥了他的鞋，恰是那一个儿，就没些嘴抹儿。恁一个小淫妇！昨日叫丫头们平白唱‘佳期重会’，我就猜是他干的营生。”(《金瓶梅》第二十一回)

上例(23)《全元曲》对“口抹”的注释是“口吻”，解释欠妥。这里应是指能说会道，强言分辩，犹如今天我们所说的耍嘴皮子。

概而言之，“抹子”的意义应包括以下几个义项：① 用以涂泥灰或腻子的工具。② 束额的头巾，也称“巾抹”“抹额”“抹头”。③ 随书信所附的列目清单。④ 图表，表格。⑤ 读书者或注释者在重要的文字上作的标记。⑥ 本领，才能。

进一步分析，我们会发现这些义项之间是密切相关的。“抹”最初的意思是涂抹、抹去。《广韵·末韵》：“抹，抹杀，摩也。”《集韵·末韵》：“抹，《字林》：‘抹杀，灭也。’”由这一意义可以直接引申指涂抹、标记。

---

① 王季思主编《全元戏曲》(人民文学出版社 1990 年版)第五卷第 462 页，在“母儿”后点为顿号。

由“涂抹”义引申指书写，所以有了“手抹”一词；书信有一定的格式，进而指书写中的格式、表格。“抹”由“涂抹”义还引申出“贴着、紧贴”的意义来，由此组成“抹额”“巾抹”等词。“嘴抹”“口抹”当是由“手抹”一词衍生而来，正如古人最初称国家的重要文书为“大手笔”，能为之者定为高才一样，写作手抹、文章是需要才气的。“嘴抹”“口抹”字面意义是“口头文章”，其隐含意义则是说话的本领、才能，因此“抹子（抹儿）”也就有了“本领、本事”的意义。

二、垜子

在我们的研究语料中出现了“垜子”一词：

(1) 有等无理官军，将收得马骡驴匹垜子不即送赴大营与人识认，却将垜子检括，把马骡驴匹驮载自己行李，每日又不饮水喂草，及至压损瘦乏，丢弃在路。凡有收得马骡驴匹垜子者，不许停藏，即便送赴大营，着人认识；如有隐匿者，拿住定依军法处斩。（《弇山堂别集》卷八十八）

“垜”是“垛”的异体，《玉篇·土部》：“垛，亦作垜。”垜子，即垛子。《大词典》“垜子”仅列一个义项：“墙上向外或向上突出的部分。如：门垜子；城垜子。”这个意义显然与例中的意义不相符。

在《正统临戎录》中有“驮垛”一词，与“垜子”意义相近：

(2) 袁彬放声哭说：“罢了！我家里母年老无人侍养，怎么好？”铭劝：“哥不必烦恼，你我如草木沙土一般，有甚么打紧？爷爷的金身在这里，只管收拾备马驮行李。”铭说：“没人牵这驮垛马。”……夜晚到于小村驻扎有。铭将驮垛卸下，搭了账房，寻取马草回还。

(3) 喜太监放声大哭：“罢了有！我家人伴当将我的驮垛行李尽行拐去了！”（同上）

"驮垛",《大词典》解释为:"捆扎成垛供驮运的货物或行李。"上面例(2)中"驮垛"与上文"收拾备马驮行李"相应,显然是指驮载的行李。但(3)中"驮垛"似乎既包括了驮载的马匹,又包括行李。

检索文献,该词最早见于南宋,文献中有少数用例与上述意义相同。例如:

(4) 杨州有贩鬻者,以马载物,夜窃行于途,白(曰)马垛子。二十人者但令随马垛子,即至杨州西门。予一行如盲,怅怅然行。呜呼!客路之危难如此。(文天祥《文山集》卷十三)

(5) 且说包兴暂时骑了伴当所乘之马,叫伴当牵着马垛子,随后慢慢来到县衙相见。……又见差役进来回道:"跟老爷的伴当,牵着行李垛子,现在衙外。"包兴立起身来辞了。差役将马牵至二堂之上。金令送至仪门,包兴拦住不许外送。到了二堂之上,包兴伴当接过马来。出了县衙,便乘上马。后面伴当拉着垛子。"(《三侠五义》五十九回)

(6) 何大娘恼了,说:"耶耶好奇呀!驼垛子的老驴上山,——你捱霎着,又济着喘嗄粗气哩。……"(蒲松龄《聊斋俚曲集·姑妇曲》)

例(4)、(5)中的"垛子"显然是指驮载着行李的马匹。(6)中"垛子"则指驮载的东西。但在上述意义上,文献中多用"驮子"一词,例如:

(7) 生擒一名便称万户,驮子一头便称番马。解围之音日闻而北骑不退,报捷之旗日上而境土不辟。(宋曹彦约《昌谷集》卷六)

(8) 又有驼骡驴驮子,或皮或竹为之,如方匾、竹笼,两搭背上,斛㪷则用布袋驼之。(宋孟元老《东京梦华录》卷三)

(9) 午后雇驮子价太昂,改雇双套车一辆价四十两送至樊城。(清华学澜《辛丑日记》)

(10) 第二早晨,叫喽兵收拾,装驮子下山。(《小五义》第

一百二十一回）

“驮子”北宋文献已见。“驮”本指牲口负物,《玉篇·马部》:“驮,马负貌。”引申指负载之畜或所负之物。在指驮载行李货物的牲口或牲口所载之物这一意义上,“垛子”当是“驮子”的记音词。但“垛子”具有上述意义也与“垛”自身的词义发展有关。“垛”本指墙或某些建筑物的突出部位。《说文·土部》:“垛,门堂孰也。”段玉裁注曰:“谓之垛者何也?朵者,木下垂。门堂伸出于门之前后,略取其意。后代有朵殿。今俗谓门两边伸出小墙曰垛头,其遗语也。”引申有“堆积”之义,音 duò。由于牲口驮载行李货物是把东西堆垛其上,所以“垛”可以引申指驮载的行李货物;进一步引申,可以指驮载行李的马匹等。可见“驮”和“垛”经过各自的词义引申,在音义上形成了交叉关系。

此外,“垛子”还有“驮子”所不具备的其他意义。因射矢之的其状如墙垛形,故“垛子”还可以引申指射箭的靶子:

(11) 驾诣射殿射弓,垛子前列招箭班二十余人,皆长脚幞头,紫绣抹额紫宽衫,黄义襕,雁翅排立。御箭去则齐声招舞,合而复开,箭中的矣。(宋孟元老《东京梦华录》卷七)

(12)(徐茂功云)住!住!你两个将军休闹,蔡公若要定夺这功劳,可也容易,我如今推出红心垛子,上面安一文金钱,离一百步远放下垛子,着他每人射三箭。(元张国宾《薛仁贵荣归故里》第一折)

(13) 其人奕与射俱在下下品,而善论其理,云:“学射,日高一日,则垛子日大一日;学棋,日高一日,则棋盘日小一日。……”(明顾大韶《炳烛斋随笔》)

(14) 似这般冷时,咱们远垛子放着射,赌一个羊。咱们六个人,三掤儿箭,勾射了。那边先射过来。(《老乞大谚解下》)

(15) 垛子助阵　　一武官出征将败,忽有神兵阵,反大胜。官叩头请神姓名,神曰:“我是垛子。”官曰:“小将何德,敢

劳垛子尊神见救。”答曰:“感汝平昔在教场,从不曾有一箭伤我。”(清游戏主人《笑林广记》卷一)

王学奇、王静竹《宋金元明清曲辞通释》收释了“垛(duǒ)子”:“练习射箭的目标,犹今云‘靶子’。一作“朵子”,简作‘垛’。”

通过相似性联想,“垛子”还可以引申指堆积成垛的其他东西。如:

(16) 刘姥姥道:“太太也说笑话了! 我们庄家人,天天只在土堆里坐着,那些草垛子、土埂子,就是我们的会客大厅。有时还要堆着大粪,就不知道什么叫做干净。人家还说‘没干没净,吃了没病’哪!”(《红楼真梦》第十三回)

(17) 船到河坡,老少英雄一看,心中稍安,只烧了七个苇垛子,房子是一点未动。(清末民初张杰鑫《三侠剑》第五回)

“垛”有二音,一音 duǒ,一音 duò。根据《大词典》的释义分类,综合以上分析,我们可以把上述“垛子”的音义分类概括如下:1. 垛(duǒ)子:① 墙上向外或向上突出的部分。② 射箭的靶子。2. 垛(duò)子:① 用牲口驮载的行李。② 驮载行李物品的马骡驴等。③ 堆积成垛的物品,一般用以指柴草。

三、伴当

元明时期“伴当”可以指随从的差役或仆人,属于新义。例如:

(1) 但有指挥、千户、百户及总兵官的伴当掳了妇女的,割将首级来。(《弇山堂别集》卷八十六)

(2) 本官留坐吃茶,将左右伴当喝退,说道:“我在四川对你说的话,近日上位果然疑我,必是不肯留的意思。如今多有头目随顺了,也只在这早晚要下手,你回去有的人都准备下接应。”(《逆臣录》卷一)

(3) 行该都督同知事李铎等审得,赵罗得年二十六岁,系

朝鲜国义州城内居住军人赵尚在女，嫁与本州岛军人葛富贵为妻。有夫跟随郭千户做伴当。(《吏文》卷三)

在我们的研究语料中“伴当”共出现196次，大部分是指随从的差役或仆人，指伙伴、同伴主要见于《原本老乞大》。可见到了明代，“伴当”所指对象已经发生转移。

《吏文》还有3处使用了“伴倘”，例如：

(4) 攒造军马文册间，于当月二十一日辰时，有本卫同知刘怀远，将引从事人员出营，前去洪平章处探病。不移时，有元引伴当黄聚带伤回营报说：‘有官人到于洪平章宅北草房(有)坐地间，不期洪平章伏藏伊婿京家奴并侄答兰帖木儿、头目金完者帖木儿、汪伯等二十余人，自房后突入，将官人抱住，各用乱刀砍伤命尽，及将根随伴倘何礼、黄忠等俱各杀死。聚等跳寨逃命来了。”(《吏文》卷二)

(5) 当有同谋首贼马平章，引领男婿并伴倘将赍伪榜擅惑人众，结聚群当，乘乱哄抢大营，督兵向前相杀。(同上)

(6) 当夜三更时分，到全罗地道面曹元岛，岩石上破碎本船。其时在船人等各自救命到岸。至初六日点知，在海渰死密直副使周英赞、通事姜师德、尹方吉、神马官金天赞、举人金潜、曹信、打军张吉、安仁守并各官伴倘养马人等二十四名，梢水陆名，马二十四匹，骡子二匹。(同上)

此外《训世评话》中也有2处使用“伴倘”。张美兰认为：“伴倘，疑为‘伴儅(㑽)、伴當(当)’之讹。……‘当’为衬词，无义。”①

按：《吏文》和《训世评话》中共出现5例这种情形，应该不会如此巧合。这两部书先是朝鲜人编写而成，后来又经过朝鲜人的整理，“伴倘”可能是音译的问题造成的。“伴当”最初的形式当是“伴党”，“党”的朋

---

① 张美兰《近代汉语论稿》，江西教育出版社2004年版，第37页。

党之义和“伴”正好构成联合关系。“伴党”在《百喻经》中已经使用,早期用例主要见于佛经,推测这个词语很可能来自汉译佛经。到元代其用例忽然大增,且只写作“伴當”或“伴儅”。我们也可以从语音上考察一下这几个词的关系:

當:都郎切,平唐,端。(《广韵》)
儅:都郎切,平唐,端。(《广韵》)
倘:坦朗切,上荡,透。(《集韵》)
黨:多朗切,上荡,端。(《广韵》)
　　坦朗切,上荡,透。(《集韵》)

首先,中古时期“當”与“儅”同音,与“黨(党)”的前一个音是比较接近的。特别是在构词中,最后一个音节声调往往弱化,“党”作为第二个音节,其读音便会趋向轻音化,这时跟“當”“儅”的读音区别就更小了。所以,“當”和“儅”应该是“党”的记音词。其次,“党”还有一个音与“倘”完全相同,古代“党”所表示的或者、偶然义后来就用“倘”来记录,所以用“倘”来记录“党”是完全可以的。综上,我们认为,“伴党”是“伴當”“伴儅”的初始形式,“伴倘”是音变形式,其实为一。

四、颜料

颜料,《大词典》:“用来着色的物质。种类很多,以无机化合物为主,如氧化铁、锌白等。”本研究语料中共见8例,如:

(1) 内府各监局递年派办物料,工部等衙门修造军器、乐器、船只等件,并一应买办采办生漆、银朱、皮张、竹木、柴炭等项,递年拖欠种屯子粒及鱼油、翎毛、青绿、铜铁等颜料,桑、穰、席麻、芦柴、岁进野味,及买办追赔袢袄、裤鞋,试验不中弓箭及弦,并漕运漂失粮米、军器等件,悉皆蠲免。(《即位诏》)

(2) 各处买办纻丝、纱罗、缎疋及一应物件,并续造缎匹、抄造纸札、铸造铜钱、烧造饶器、煽炼铜铁、采办梨木板,及各处烧造器皿、买办物料、颜料等件,悉皆停罢。(同上)

(3) 至本年十月内,为起盖公廨事,朦胧具奏,拨讫人夫

一千二百名了当。又行去工部取讨木植颜料等物，当即本部将前情具奏，亦行不与。（《逆臣录》卷一）

（4）一招洪武二十六年二月初十日，使喜山来家，看动静，讨分晓。喜山回言："我如今去无个缘故。"丙进言说："你如今把奏颜料进图本为由，回去不疑你。讨得分晓着回话，休走了消息。"（同上，卷五）

"颜料"的出现很突然，其一出现就是复合词的形式。它最早见于《元典章》、《通制条格》等元代文献，但用例很少，明清用例也不多见，现代以后用例才开始增加，逐渐成为现代汉语的常用词。

"颜"本指人的"眉目之间"（《说文解字·页部》），引申指面容、脸色，经常与"色"连用为"颜色"。从先秦至于唐宋文献，"颜色"大都指颜面之色，即脸色容貌，引申指姿色，这种意义一直沿用到明清文献中，此不赘述。由于"颜色"经常连用，久而久之"颜"逐渐沾染了"色"的意义。从唐代开始"颜色"可以指色彩：

（5）古钗堕井无颜色，百尺泥中今复得。（张籍《古钗叹》）

（6）莫染红丝线，徒夸好颜色。我有双泪珠，知君穿不得。（白居易《啄木曲》）

宋元明时期"颜色"指色彩的用例增多，例如：

（7）师因闽王封柑、橘各一颗，遣使送至，柬问："既是一般颜色，为甚名字不同？"（《五灯会元》卷第七）

（8）缕衫檀板无颜色，一曲当年动帝王。（《大宋宣和遗事·利集》）

（9）（净）好好！我正要。只是颜色不好。

（末）颜色恁地黑了。（《张协状元》）

（10）秋江有芙蓉，颜色好鲜洁。（金刘祁撰《归潜志》卷

十三)

(11) 凡调合服饰器用颜色者,绯红、用银朱紫花合。(元陶宗仪《南村辍耕录》卷十一)

(12) 今后敢有仍前偷效此等花样颜色织绣、染造,并私卖私买僭用的,拿来本身处杀,全家充军。(《吏文》卷四)

(13) 其点染颜色,妙夺造化,铺叙远近,宏深雅淡,人物山水较前人另出一格,其于诸家无不能。(明郎瑛《七修续稿》卷六)

但一直到元明时期"颜色"所表示的色彩义都没有取得绝对优势。有时"颜色"义同"颜料",如:

(14) 其伪造税物杂印、私熬颜色伪税物货,比之匿税情犯尤重,但犯,杖八十七下。(《元典章·刑部》卷十四)

(15) 使臣哈迷蒙古等前来江浙福建收买修造颜料。(《元典章·兵部》卷三)

(14)中"颜色"实际上指的就是颜料,意义同(15)中的"颜料"。但在一般情况下,"颜色"侧重指色彩,"颜料"指用来着色的物质,所指有根本区别。

五、完聚

"完聚"一词在本文研究语料中共使用22次,都是团圆、团聚之义。例如:

(1) 男子之妻多在高邮被掳,总兵官为甚不肯给亲完聚?(《弇山堂别集》卷八十六)

(2) 如正军数目较多时,务要俵在益都、济南、济宁、徐州、邳州,俵了之后,老小完聚,毕日却将马步精锐军挑拣随军征进,大头目老小逐时随机都发来淮安。(同上)

(3) 王罕得了袄子,大欢喜着说道:"你离了的百姓我与你收拾,漫散了的百姓,我与你完聚。我心下好生记着。"(《元朝秘史》卷二)

(4) 召人认领金氏等,收发该卫给亲完聚。(《吏文》卷三)

"完聚"最早见于《左传·隐公元年》:

(5) 大叔完聚,缮甲兵,具卒乘,将袭郑。夫人将启之。

这里"完聚"是词组,"完"指修葺城池,"聚"指聚集百姓。"服虔以聚为聚禾黍也",杜预注曰:"完城郭,聚人民。"①

从东汉至唐代的文献中,"完聚"基本上都是词组,与《左传》时代"完聚"的意思相同。例如:

(6) 若虞瓒无闲,同情共力,纠人完聚,稸保燕、蓟之饶,缮兵昭武,以临鹘雄之隙,舍诸天运,征乎人文,则古之休烈,何远之有!(《后汉书》卷七十三)

(7) 豫章袄寇,依凭山泽,缮甲完聚,多历岁时,结从连横,爰洎交、广。(《南史》卷九)

(8) 朕愍其倒悬之急,爰命辖轩之使,备陈至理,喻以休兵,曾不知改,莫遵朝命,窥窬亭障。首鼠窟穴,完聚更切,赋敛尤繁,丁壮尽于锋刃,羸老弊于板筑,久废耕桑,咸罹饥馑。(《唐大诏令集》卷一百三十)

从唐代开始,"完聚"的意义开始向"聚集"倾斜。例如:

(9) 遂言使者之来,事在不测,俾其完聚甲兵,变更将守,

① 见清阮元校刻《十三经注疏》。

潜疏其意构祸萌。(《全唐文》卷四十七,代宗《赐李岵自尽诏》)

(10) 兵兴十年,九州残弊,生人凋丧,植物耗竭,行者罹锋刃之艰,处者困求夺之累,岂不以连率之败类、使臣之无耻?独扬州一隅,人尚完聚,屡遇海岛震荡,再当河南离叛,亟供职役之繁,而室家相保,耕绩未罢,得非崔公之贤乎?(同上,卷三百六十八,贾至《送蒋十九丈奏事毕正拜殿中归淮南幕府序》)

(11) 而有下阙七字者困于兼并,完聚者苦于剽掠。(同上,卷五百十,陆长源《唐东阳令戴公去思颂》)

(9)中"完聚"的对象是"甲兵",即甲士、战士,"完"已经不表义。(10)中"完聚"前有先行词"人",显然是指人的聚集、团聚。(11)中"完聚者"指人,"完"的意义已经虚化了。

从南宋开始,"完聚"已经完全凝固成词,作团圆、团聚讲。例如:

(12) 通判见贾奕执迷不省,遂言曰:"尊兄但放心。我有姑夫曹辅,见做谏议大夫,若知必谏,官里不敢私行。恁的,交你两口儿完聚如何?"(《大宋宣和遗事·亨集》)

"完聚"凝固成词与"完"的词义变化有关。在长期使用过程中,"完"逐渐沾染了"聚"之义,这一意义的获得当至少在南唐时期,此期出现了"完结"一词:

(13) 师范适当依附于勤王,诚宜鼓扇恩信,完结民力,宽而有众,才可合顺。(南唐刘崇远《金华子杂编》卷上)

(13)"完结"意为"聚集",作为构词语素的"完"已经有了"聚"之义。上面例(9)、(10)、(11)中"完聚"之"完"我们也可以认为有"聚集"义。

此外,在"团聚"意义上,"完聚"也可逆序使用,作"聚完":

(14) 为此,除将送到妇女赵罗得给与使臣安庆系等领回外,咨请遇到收发聚完施行。须至咨者,右咨朝鲜国王。(《吏文》卷三)

概而言之,先秦时期"完聚"以词组的形式出现,唐代已经有词化的倾向,但真正凝固成词当在南宋,一般是指亲人长久分离之后再次团聚。主要用于元明时期,清沿用,现代偶尔使用,当代退出交际舞台。

六、掌管

"掌管"是现代汉语的常用词,"掌握、管理"之义。这个词在元明时期使用频率较高,已经成为常用词。本文研究语料中共出现 6 次,例如:

(1) 俺如今掌管着眼前的祸福俚,你西番每怕也那不怕?你若怕时节呵,将俺每礼拜着!(《高皇帝御制文集》卷第一《谕西番罕东毕里等诏》)

(2) 在前俱有守备都指挥专一提督,专一操练,禁防盗贼,其后一向缺官操守。司止有都佥事方明掌管印信,兼理马政。周佐协同管事,兼管操。(《吏文》卷三)

(3) 据卫镇抚呈:本卫识字军人张纲呈前事"近蒙本卫帖文备开,急缺司吏,暂仰本役掌管文卷。……"(同上,卷四)

(4) 掌护卫的官人,凡换班时,将这言语省会一遍。若不省会,则掌管的有罪。既省会了,有违了号令的,依前例要罪者。掌管护卫的官人不得我言语,休将所管的人擅自罚者。(《元朝秘史》卷十)

"管"最初指钥匙。《左传·僖公三十二年》:"郑人使我掌其北门之管。"杜预注:"管,钥也。""掌管"当是由动宾词组"掌管""掌管钥"凝固而成。

(5) 长沙王懿平崔慧景后,为尚书令,居端右。衡阳王畅为卫尉,掌管龠。(《南史》卷五十二,列传第四十二《梁宗室下》)

(6) 翌日,退自书府,就车于司马门外,闻之于抱关掌管者,道诸生爱慕阳公之德教,不忍其去,顿首西阙下,恳悃至愿乞留如故者百数十人。(《全唐文》卷五百七十三,柳宗元《与太学诸生喜诣阙留阳城司业书》)

"掌管"凝固为复合词当在南宋时期,这一时期出现少量用例。如:

(7) 妙喜曰:"古德住持不亲常住,一切悉付知事掌管。近代主者自恃才力有余,事无大小皆归方丈,而知事徒有其虚名耳。"(《禅林宝训》卷第三)

(8) 朋友言,某官失了税簿,先生曰:"此岂可失了!此是根本,无这个后,如何稽考?所以周官建官,便皆要那史。所谓史,便是掌管那簿底。"(《朱子语类》卷第一百一十一)

(9) 不上三年之内,死得一家干净,家财都是我掌管,那时翠莲快活几年。(《快嘴李翠莲记》)

但南宋时期"掌管"用例还不多见,至元明时期才广泛使用,清以后沿用。

七、略节

本文研究语料中共出现4例:

(1) 这等害人的人,若不罪他呵,天也不肯。今将所犯略节,条陈于后。(《大诰武臣·耿良肆贪害民第三》)

(2) 我这般略节省会将出来[①],有父母兄弟的,好生教道,

---

① 《珍稀》本"将"作"讲"。

言语里识这做官的。(《谕武臣恤军敕》)

(3) 随将上项同谋贼人八丹并内应叛乱贼人塔失帖木儿等俱各擒获,取讫各各略节招词。(《吏文》卷二)

(4) 今将略节缘由,开备榜文,仰各府、卫并所属州、县、营、堡、巡司等衙门,发仰屯堡、渡口、深山官庄等处常川张挂晓谕。(同上,卷四)

《大词典》"略节"仅列一个义项:"简要的书面报告。"从以上用例分析,似乎都不是这个意思。(1)中"略节"是名词,指简要情况;(2)(4)中"略节"有择要、大致之义;(3)中有"简要记录"义。

考察"略节"的使用情况可以发现,它最早见于《南村辍耕录》(《大词典》最早举《红楼梦》为例,稍晚),元明时期有少数用例,主要用作动词。例如:

(5) 此一事然虽若幻诞,端可为为将而嗜杀人者之戒,故略节大概如上。(元陶宗仪《南村辍耕录》卷十三)

(6) 仍令有司严加禁治,略节真书罪赏,排门粉壁,使民知惧,递相关防觉察。(《通制条格》卷第二十)

(7) 行者道:"我今日略节说说,你们听着:我也曾花果山伏虎降龙,我也曾上天堂大闹天宫。……"(《西游记》第八十一回)

清代"略节"主要用为名词:

(8) 少时,太监跪启:"赐物俱齐,请验等例。"乃呈上略节。(《红楼梦》第十九回)

(9) 虽不能挂号,他们也要暗暗记上门簿,记上年月日时,进寨为着何事,总要写个略节。(清石玉昆《三侠五义》第一百十一回)

(10) 安老爷道:"从来只闻'定计报仇',不曾见个'定计报恩’。然而这个人的性情，非用条妙计断断制他不住；制他不住，你我这报恩的心也无从尽起。等我写出一个略节来，大家商议。”(清文康《儿女英雄传》第十六回)

综合以上用例，我们可以归纳“略节”的义项如下：① 择要；大致。如上例(2)、(4)、(7)。② 简要记录，摘录。如上例(1)、(3)、(5)、(6)。③ 简要的书面报告或记录。如上例(8)、(9)、(10)。

元明清时期还有一个与“略节”并用的逆序词语“节略”，该词最早见于《隋书》，从唐代至清代都有用例。例如：

(11) 每至正月一日，必射戏饮酒，其余节略与华同。(《隋书》列传第四十六)

(12) 省部行下务从文省，止是节略元奏，为其已涉六年，见今贫乏无可送纳，非为更行勘会，须得委是贫乏，方可施行。(《苏轼集》卷五十七)

(13) 古人谥法甚宽，所谓“节以一惠”，言只有一善亦取之。节者，节略而取其一善也。(《朱子语类》卷二十九)

(14) 因节略数条，并录于左，以见代皆有人，人自不知耳。(明郎瑛《七修类稿》卷四十八)

(15) 虞博士道：“少卿，有一句话和你商议。前日中山王府里说，他家有个烈女，托我作一篇碑文，折了个杯缎裱礼银八十两在此。我转托了你，你把这银子拿去作看花买酒之资。”……因在袖里拿出一个节略来，递与杜少卿。(清吴敬梓《儒林外史》第三十六回)

《大词典》“节略”列有三个义项：1. 概要；摘要。2. 删节省略。3. 外交文书的一种。除第3个义项是清代以后才出现姑且不论外，其他两个义项都与“略节”的意义没有什么区别。通过对上面(11)至(15)例证的分析，我们发现，“节略”和“略节”二者在清代以前意义完全一致。

元明时期“节略”和“略节”用例都很少，甚至“节略”还不如“略节”

用例多(本文研究语料未见使用“节略”)。至清代二者都主要用作名词,“略节”从民国以后即不再使用,比“节略”更早一些退出历史舞台。

八、曾经

“曾经”作为时间副词,表示从前经历过或有过某种行为或情况,是现代汉语的常用词。其成词时间人们历来有争议。丁健《时间副词“曾经”的语法化历程》[①]一文认为:作为时间副词,“曾经”萌芽于唐代,基本形成于清代中叶,到清末民初时已完全成熟。

我们认为,“曾经”基本成词的年代还可以提前。在我们的研究语料中“曾经”出现了3例:

(1) 军人等获到马匹务要尽数报官,不许隐匿,但有隐匿不报者处斩,如是曾经奏过将骑坐者亦要报来。(《弇山堂别集》卷八十八)

(2) 查得本国乐器,洪武年间,太祖皇帝曾经颁赐。今称损旧,民间别无造卖,难准所行。(《吏文》卷一)

(3) 讯其所以,各官委实秀才,曾经撰表定拟前文。(《朝鲜李朝实录中的中国史料》上编卷一《太祖康献大王实录》)

丁健认为真正的副词“曾经”至少符合三方面的条件:“句法上只能分析为一个凝固的双音节副词而非跨层结构与副词两可;语义上只表示过去的某一特定时间而非兼表经历的行为;音节上的停顿已经完全转移到‘曾经’的后面。”“副词‘曾经’成熟的主要标志就是其限制功能的发展与定型”,其表现之一即是“限定对象的双音节或多音节模式……如果修饰的是单音节谓词,谓词后面往往带上助词‘过’或‘了’等”[②]。从我们上文所举例句看,例(1)“曾经”后的单音节

---

① 见《理论语言学研究》第2卷第1号,日本东京都八王子市,2008年6月。

② 见《理论语言学研究》第2卷第1号,日本东京都八王子市,2008年6月,第5—6页。

动词“奏”后即带“过”。(2)中“曾经”修饰的是双音节,且“太祖皇帝曾经颁赐”并没有表达成“曾经太祖皇帝颁赐”,很明显“经”已没有动词意味,毫无疑问“曾经”已经是副词。

往前追溯,可以确定“曾经”已经成词的例子南宋就已出现:

(4) 聿兴云:“兵家事先论曲直,师直为壮。江南州县,此已是大国曾经略定,交与大齐。后来江南擅自占据。及大兵到来,又令韩世忠掩不备。正是军人们放马,遽然到来,却是大齐说得都是。”(《三朝北盟会编》“绍兴甲寅通和录〔王绘〕”)

此例“曾经”后跟的是双音节动词,“曾经略定”即曾经攻克平定。且其前出现副词“已”,后面再用“曾经”当是对已经发生的事实的一种强调。元明时期副词“曾经”用例稍微增多:

(5) 依旧同活一节,看详:刘粉儿刁骗伊翁,终是曾经与翁当官面对奸事,已为义绝,难叙舅姑之礼,似难同居。(《元典章・刑部》卷七)

(6) 又偷盗系官头口、钱物,比常人加等断罪。又曾经出军配役来的,再做贼呵,敲。经断放,偷盗十贯以下的,再做贼呵,为首出军;为从,徒三年。(同上,卷十一)

(7) 本部议得:杨马儿于梁大地内跑出课银肆定,银盏儿壹个,拟合依例与地主梁大中分,却缘杨黑厮曾经看守,量与本人银三拾两,余数杨马儿与地主两停分张。(《通制条格》卷二十八《杂令・地内宿藏》)

(8) 礼部覆本,请拘万家亲戚内眷曾经出入宫闱者究问。(明陈洪谟《治世余闻》上篇卷一)(明尹直《謇斋琐缀录》卷八,文字内容与此相同)

(9) 迤逦而来,数月抵京,奉旨暂住大兴隆寺,朝廷未辨真伪,差一个曾经伏事的太监吴亮来识认,只见建文君一见便道:“吴亮,你来了么?”那吴太监假辨道:“谁是吴亮,我是太监

张真。"(明陆人龙《型世言》第八回)

(10) 那些人家只贪王员外是个无子富翁,那管曾经招过养婿,数日间就有几十家来相求。(《醒世恒言》第二十一卷)

以上用例中,"曾经"后面或是跟双音节动词,或是跟"单音节动词+过",均符合成熟副词"曾经"的标准。例(5)中"曾经"后面还跟有作动词状语的介宾结构。综上,我们认为南宋时期"曾经"已经初步具备成熟副词的特点,元明时期该词内部结构趋向稳定。但我们也发现,此期表示曾经之义主要还是单用"曾",从三言二拍及《金瓶梅》中的"曾经"绝大多数情况下为词组这一情形来看,明代的"曾经"还没有取得主导地位。

第三节　疑难词语考释

下面考释的7个词语《大词典》皆未收释。

一、马法

仅见1例:

(1) 臣回抚顺所,随有重羊等节次又招出建州卫札只里并左右二卫女直都指挥等二十员,及送还被虏男妇四名口前来。译审得重羊、札只里等说称:三卫大小夷人蒙朝廷复差大马法前来抚安,俱各听抚,不敢作歹。(《吏文》卷三)

"马法",《汉语大词典》,方龄贵《元语言词典》,顾学颉、王学奇《元曲释词》,王学奇、王静竹《宋金元明清曲辞通释》均未收释。

通过检索发现,该词仅在明清文献中出现少数用例。如:

(2) 见通使至,则皆感叹谓:"里边大马法这等哀怜学好

达子,若我等头目,死不如犬,那得这样!”(明顾养谦《抚辽奏议》卷五)

(3) 有广顺关夷人都督歹商亲自到市禀称:“北关夷人卜寨那林孛罗、烟州押不剌并西夷以儿邓男忙谷闵恰等一千六七百名,抢到本夷所管何鲁奴台者哈等三寨,人畜约有上千尽数抢去,禀上大马法,可怜见与我们做主。”讨路差部夷同通事往广宁投见太师、马法告状辩明“与我们讲和得生,止有我们一寨还要会兵来抢,无处存住”等情。(同上,卷十一)

(4) 俗尚齿,不序贵贱,呼年老者曰马法。马法者,汉言爷爷也。(清杨宾《柳边纪略》卷四)

明代以前,“鞑靼”“鞑子”“达达”或“达子”主要指蒙古族人,至明代则可泛指北方各少数民族。结合“大马法”出现的语境,前述各例反映出在明清时期辽东一带(如例中提到的抚顺所、广顺关)的“达子”“夷人”使用该词,而居于辽东一带的“达子”是当时的女真人。结合《吏文》崔世珍对“大马法”的注释“达子,谓其屯长曰大马法”,可知,明代前期“马法”是女真族对其屯长的称谓。

王钟翰《清史新考》一书设专节“释马法”进行探讨,作者首先根据《御制增订清文鉴》分析:“马法本有两义:一为人伦上的‘祖’或‘祖父’,亦即口语中的‘爷爷’之意;一为老少上的‘老翁’或‘长老’,即口语中的‘老爷子’或‘老爷爷’之意。”并进一步分析到:“马法(或玛法)是满语mafa的汉字音译。……马法除作为老少上的‘老翁’外,引申亦可译作‘酋长’、‘番头’或‘大人’之类。”作者还根据《明神宗实录》、《朝鲜李朝实录》、《清太祖武皇帝实录》等文献史料加以证明,指出:“明末汉人、蒙古人与朝鲜人均以马法为建州卫酋长或明三边总督之尊称,即清初满人亦不以他人称建州卫马法为讳。但至清中期乾隆年间,此种称呼似已不甚通行。……马法不过是清代职官之一种,品级高者同于拖沙喇哈番,低者又与护军校相等而已。”①

① 见王锺翰《清史新考》,辽宁大学出版社1990年版,第87—94页。

综合以上考论，结合例证分析，我们可以推断如下："马法"来源于女真语，至迟明代前期即已进入汉语。按照女真"尚齿"的习俗，该词最早当是对祖父或年高长者的称谓。因祖父或年高长者与酋长的身份往往会兼于一人之身，故也用以称呼酋长。后来进一步引申，用作明代三边总督的尊称。清中期以后该词使用渐少，"首领"意义上的"马法"逐渐萎缩，仅仅指清代的一种低等官爵。

二、给过

本研究语料共见3例：

(1) 除具奏外，理合移咨本国，烦将各人家小给发建州卫完住。仍希给过人名口数回报施行。(《吏文》卷二)

(2) 遇有朝鲜国使臣到来，就便给与，领回收发完聚。将给过缘由，回报本部，以备查照。(同上，卷三)

(3) 如有不明诈冒之人，就便捉拿送来按问，将奉何衙门明文、差过官舍人名、给过马匹数呈报前来，以凭查考。(同上，卷四)

以上各例中的"给过"并不是表示"已经给予"意义的动补结构，而是复合词，《大词典》等工具书未见收录。该词最早见于元明时期，明清文献多用。例如：

(4) 壬子，敕甘肃省给过川军牛种、农器，令屯田。(《元史》卷二十四)

(5) 洪武间，天下僧、道给过度牒者，令僧录司、道录司造册，颁行天下。(顾炎武《日知录之余》卷三)

(6) 其间验有贫难下户，就便量给升斗，暂救目前之急。给过人户，略记姓名数目，完报查考，不必造册扰害。(明王守仁《阳明先生集要·经济编》卷五)

(7) 若以名称尚殊，诈冒难免，亦行镇巡官以礼遣回。给

过军人马匹仍要两平，偿其价值，酌于彼情参以事例通行。(明夏言《南宫奏稿》卷四)

(8) 一凡夜遇贼至，伏路人先觉，即放手铳三个，起火三枝，一面奔告城下。中军高处瞭见，照给过号令举动，厂内人乘城备战。(明戚继光《纪效新书》卷十七)

(9) 大兵深入征讨，口粮所关甚巨，前给过八十日口粮，食用已五十日矣。(《圣祖仁皇帝御制亲征朔漠纪略》)

(10) 除给过官兵口粮外，又酌拨雅州府仓米五千石，挽运炉城。(《钦定平定金川方略》卷二)

“过”有传递、转交义。如唐王建《宫词》：“天子下帘亲考试，宫人手里过茶汤。”从以上用例分析，“给过”是同义并列结构，(1)、(2)、(3)可以解释为“交付”，(4)、(5)、(6)、(8)可以解释为“发给”，(7)、(9)、(10)可以解释为“支付”。所以“给过”可以解释为：交付；发给，支付。

三、给配

给配(“给”音jǐ)，《大词典》未收录。在研究语料中共有6例，皆见于《逆臣录》。例如：

(1) 是本惧怕本军招指前项情由不便，却与百户孙麟商议，唤到军人王保保到家，对说：“我每已先曾去结交蓝玉，如今幸得无人指出。昨日有李三官为事去了，只恐他招出我众人来，好生不好。你如今见无妻小，与你文书，只做给配为由，前去打听一遭。倘或有我每名字，不如先吊死了，免得累及一家老小性命。”有王保保听允，前来锦衣卫，以告给配妻小为由，打听消息，被本卫捉拿，奏发送问。(《逆臣录》卷二)

(2) 状招先年间，有男夏进，为给配事钦发根随陶都督征进云南，彼时带同义男夏佛寿一同前去。(同上)

(3) 有本官就留饮酒，因话间本官将伴当赶退，对德言说：“凉国公见靖宁侯胡党事发，生怕累了他。如今看动静要下手做一场，问我有甚么心腹的人，同几个来商议。我看做到公侯的地位尚且这般忧虑，当初你的儿子只为给配妇人差错，发去云南充军。料想我每更是熬不出去，到不如随顺他最好。"（同上，卷三）

(4) 一招魏让，同一般女户余德海一家住坐。有余德海，原同何都督家人同做买卖，后何都督为奸党事败，家小俱各给配。（同上）

(5) 遣下贵女虫儿，蒙本卫差百户周能于锦衣卫领出回卫，给配与前所军人。贵又不合心生奸计，意在将女那移配于本所。（同上）

从以上用例分析，"给配"往往与犯罪有关，可以指婚配，是对犯罪家属的一种处置方式。该词主要在明代使用，结合明代笔记中的其他用例，我们对这个词了解得更清楚：

(6) 齐泰，应天府溧水人，洪武丁卯乡贡进士。……既而被执，泰不屈，遂见杀。其从兄弟敬宗等皆死。叔时永、阳彦等皆充军。有子甫六岁，给配，后赦还，今子孙犹有存者。（明姜清《姜氏秘史》卷一）

(7) 继之……男征子四岁，随母给配，后永乐六年，抄送镇抚司，十月十六日在屯田所亡。妻饶氏，即姚氏，年四十二，配象奴阿宗。女进奴，年十三，给指挥袁江为奴；次京奴，一岁，永乐初亡。弟俞朔等悉戍边。（同上，卷四）

(8) 善，字克一，湖广安陆州人。……长子节发戍贺千户所，幼子继儿苏州随母给配，保儿、顶儿送工部习匠。（同上，卷五）

(9) 文皇命收观妻翁氏并二女，给配象奴。（明焦竑《玉堂丛语》卷四）

(10) 汉时籍没臣民，以其妻女没为官婢，所谓鬼薪、白粲之类，在诸司官府充造作之役，非没为官女也。及唐时，籍没大臣,以其妻女没入掖廷,谓之填宫,色才出众者,往往得侍人主,此最无道之甚者。本朝绝无此法,惟叛逆之家男子给配功臣为奴尔。正大仁厚之体,自三代以来所仅见者,不可不知也。(明于慎行《谷山笔麈》卷十)

(11) 夫罪人不孥,罚弗及嗣。连坐起于秦法,孥戮本于伪书。今之为善者妻子未必蒙荣,有过者里胥必陷其罪。况律以人伦为重,而有给配妇女之条,听之于不义,则又何取夫节义哉? 此风化之所由也。(《明史》卷一四七)

结合用例分析,"给配"当是明朝发配犯人家属的一种方式,一般是把女子配给奴仆或下等军人为妻,男子则配给官宦之家做奴。

四、梢水

(1)洪武元年正月二十四日,本保里长卢子中,租赁莽张百户艚船一只,雇募宝一等充梢水,装运官盐赴京。(《吏文》卷二)

(2) 当夜三更时分,到全罗地道面曹元岛,岩石上破碎本船。其时在船人等各自救命到岸。至初六日点知,在海渰死密直副使周英赞、通事姜师德、尹方吉、神马官金天赞、举人金潜曹信、打军张吉安仁守并各官伴倘养马人等二十四名,梢水陆名,马二十四匹,骡子二匹。(同上)

《大词典》未收录"梢水"。《吏文》崔世珍注"梢水":"梢手,格军。"

按:"梢水",也作"稍水",指撑船的人、水手。也称梢(稍)子、稍工、艄(稍、梢)公①。"梢"、"稍"、"艄"都是山母效摄字,读音相近,故可通用。"梢"本指树木或其它植物的末端,引申指船的尾部。船夫一般在船尾掌舵划船,由此进一步引申指船家、艄公。从文献用例看,用以指艄公、船家最早使用的是"梢工(梢功)"一词,唐《入唐求法巡礼行记》中

① 参见王学奇、王静竹《宋金元明清曲辞通释》"稍公"条,第967—968页。

已经出现。“梢”“梢子”见诸南宋文献，而“艄公”“稍子”等词出现较晚，约在元明时期。“梢(稍)水”最早见于元代，主要用于元明时期。例如：

(3) 如委是遇风被劫事故，方许销落元给验凭字号，若妄称遭风被劫事故，私般物货，欺谩官司，送所属勘问是实，舶商、船主、纲首、事头、火长，各决壹伯柒下，同船梢水人等各决柒拾柒下，船物尽行没官。(《通制条格》卷第十八)

(4)(外)道五更一女来投水，急令梢水忙捞取。休得伤悲，夫妻再得谐连理。(元柯丹邱《荆钗记》第四十八出)

(5) 小姐带了心腹人，同上了船，稍水将船撑开，就投金山寺去。(《西游记》第八回)

另外，《吏文》中也多次使用“梢公”。例如：

(6) 洪武伍年四月初二日，太仓开洋行使。至当月二十日，失离船宗。因值飓风，有梢公林转五等故将粮船使开，飘至高丽王京地面山岛湾泊。当有梢公陈均祥、张顺保，军人林得九、余成五、林进，登岸取讨柴水在逃。随令百户汪名将引小旗计成，军人陈宝七、金真一根寻，被本处军马三十余骑带四角笠子，将计成等捉拿前去。当有梢公林转五将船开使。(《吏文》卷二)

从用例分析，“梢公”和“梢水”似乎没有区别，都指驾船之人。《吏文》崔世珍注释“梢水”为“格军”，或许因为梢水水性较好，可以兼做船上保卫救护工作。

五、完住

共见3例：

(1) 除具奏外，理合移咨本国，烦将各人家小给发建州卫

完住。仍希给过人名口数回报施行。(《吏文》卷二)

(2) 为此除外今将走回男子员锁贵给与本国差来赴京谢恩护送使臣朴星孙领回外,烦请遇到收发,给亲完住施行。(同上,卷三)

(3) 除行辽东镇守总兵、巡抚、副参等官分布军马严加防范及行辽东都司候各卫夷人出送人口就发完住,并宥赴京服罪之人径自起送外,缘系会抚夷人已宁,及节次钦奉敕招安事毕,回京事理。(同上)

完住,《大词典》未收录。《吏文》崔世珍注:"完聚而住居也。"其释义是准确的。元明时期表示团聚之义的"完聚"和表示居住之义的"住居""住坐"都很常见,"完住"当是这两个词的结合。"完住"可以解释为:团聚同住。该词较少使用,仅见于明清文献:

(4) 朕为王虑,亟将已沙哥等送至辽东都司,朝廷令阿比车收领完住,庶可见以解仇。(明黄洪宪撰《朝鲜国纪》)

(5) 兵部议,拟要将开平等处比先被贼惊散官军家小人口在京寄住者,尽数发回原卫完住。缘今正系霜雪严冱堕指裂肤时月,前项人口访得中多老幼人数,啼饥号寒,扶老携幼,不能前去,良可矜悯。(明叶盛《叶文庄公奏议》之《西垣奏草》卷八)

(6) 乞敕各官议,许其妻子完住,量给本处官仓俸米,以赡其家。(明余继登《典故纪闻》卷十二)

清代"完住"甚至可以出现在人名中:

(7)(伊巴罕)后以年老乞休,寻卒。子苏完住改袭三等轻车都尉。(《钦定八旗通志》卷一百五十九)

但清代以后,"完住"一词就基本不见使用了。

六、追陪

(1) 有等柔懦驿官，畏其声势虑其谗谤，只曲意奉承，莫敢谁何。以致马匹驴牛日见耗损，铺陈什物日益破坏。未免负累贫军揭借钱物，典当田产，追陪置办。(《吏文》卷四)

追陪，《大词典》只列一个义项："追随；伴随。"[①]但上例中的"追陪"显然不是此义。这里"追陪"之"陪"正字当为"赔"，"追赔"意为追还赔偿。"陪"作"赔"讲在唐代的法制文书中不乏用例[②]。此意义上的"追陪"最早见于《元典章》、《通制条格》：

(2) 至元二十二年正月八日中书省咨：据御史台呈：照得：省、部诸衙门出使人员，往往于各处官司因事取受钱物。事发被问，推称并不知会，系是随从并过钱人隐藏。或故纵在逃，虚称某处去讫。如此设词，不肯承伏。拟合先行着落正委人员，追陪元要钱物，候勾所指人等得获，至日再行归对。(《元典章·刑部》卷八)

(3) 大德六年三月，中书省枢密院呈仓库巡防盗贼等事，刑部议得：仓库被盗，如有贼人出入，踪迹明白，正贼未获者，着落当该围宿军官军人追陪；无明白踪迹者，于仓库官、司仓、司库人等名下追陪。候获正贼，却行追还陪纳之人。(《通制条格》卷十九)

"追陪"当是"追陪赃"的省略，《元典章·刑部》只有1例用"追陪"，其他10处都是"追陪赃"。

---

① 王学奇、王静竹《宋金元明清曲辞通释》"追陪"也仅列此一个义项。

② 参见王启涛《中古及近代法制文书语言研究》，巴蜀书社2003年版，第244—248页。

"追赔"在《元典章》、《通制条格》中虽有用例但不可靠①,谭耀炬认为:"赔"字的使用应该定在明宣宗宣德年(1426)至明世宗嘉靖(1566)年间为宜②。我们发现,《皇明诏令》中出现了"追赔"(亦作"赔追"):

(4) 自宣德十年正月初十日以前,递年拖欠农桑诸色课程、户口盐钞,及岁造拖欠并追赔缎疋、纱罗、紬绢等项,倒死马、驼、驴、牛、羊,亏欠孳生等畜,及未纳入各项赃罚、冒关官钞、偷盗官粮等项,及中盐罚纳钞贯、赔追未完缎疋等项,尽行蠲免。(《即位诏》)

(5) 内府各监局递年派办物料,工部等衙门修造军器、乐器、船只等件,并一应买办采办生漆、银朱、皮张、竹木、柴炭等项,递年拖欠种屯子粒及鱼油、翎毛、青绿、铜铁等颜料,桑、穰、席麻、芦柴、岁进野味,及买办追赔袢袄、裤鞋,试验不中弓箭及弦,并漕运漂失粮米、军器等件,悉皆蠲免。(同上)

(6) 各处军民,有为追赔孳畜、税粮等项,被官司逼迫,不得已将男女、妻妾典卖与人者,诏书到日,官司即为赎还。如男女已成婚配者,不在此例。(同上)

《即位诏》是明英宗于宣德十年(1435)所颁,可见"赔"字的产生至少当在此前。但上述用例(1)中的"追陪"出自成化八年至十年(1472—1474)的一则文书,可见此时"赔"字还很少使用。"追陪"一词仅见于元明文献,"追赔"出现后则到清代、近代尚有用例,至当代已经退出语言交际舞台。

七、刺旗

明代前期文献中出现"刺旗"一词:

① 据陈垣《校勘学释例》卷三,"赔"是沈刻本所改,原本作"陪"。

② 见谭耀炬《"赔"字究竟始用于何时》,《中国语文》2002 年第 3 期。

> 恁去说与云南大理等处守御卫所，有发到的有罪断发军人编入伍，着他种田。把关去处盘获有罪断发，但是曾刺字不刺字的、刺旗不刺旗的逃囚军人，拿住发与原卫所，将为首逃的废了示众。(《弇山堂别集》卷八十七)

该词《大词典》未收录。自殷商以至清代，作为对奴隶或犯人的处罚方式，从墨刑到黥刑，再到刺字，一直延续了3000多年。不过从唐五代及宋朝开始，“刺字以为兵”，不限于犯人。“宋承五代之弊，军人招募之时刺字”。于是，“在当时的社会上出现了两种不同的被迫刺字的特殊群体，一是罪犯，一是军人”。而且宋代还把刺配的犯人充入军籍①。南宋牛弁《曲洧旧闻》记载：“艺祖②平定天下，悉招聚四方无赖不逞之人，刺字以为兵。”这种刺字为兵的制度人们也称为“黥兵制”，是指“在兵士脸手刺字以区别于平民并明确其指挥建制的一种兵役制度，始于唐末五代，盛于北宋，终于南宋被元灭亡之际，前后延续300余年”③。

宋代刺字的军人与刺配的罪犯相类，而且有些既是军人，又是罪犯，其职业身份受到歧视，由于刺字使其容易被控制，促使军人职业化，于是出现了元明时期世袭的军户制。明代的基层军事组织是卫所制度，从上至下形成了“皇帝—五军都督府—卫—千户所—百户所—总旗—小旗”的隶属关系④。上面例句中刺字、刺旗的逃囚军人，当是充入军籍的囚犯。那么“刺旗”究竟是怎样的一种形式和内容？就刺字而言，“军人是否刺字以及在哪个部位刺字，宋代不同的军种间是有很大差别的。……禁军、厢军是职业军人，在面部刺字。……刺字的部位除

---

① 魏峰《从刺字看宋代军制》，《史学月刊》2005年第9期。

② 艺祖，宋朝人对宋太祖赵匡胤的称呼。

③ 夏凌《唐宋间之黥兵制及其评价》，《国防与军队建设史研究》2004年第5期。

④ 赵映林《明代的军事制度》，《文史杂志》1987年第1期。

了面部外,还应有两鬓和额角"[①]。除此之外,刺字的部位还有手臂、手背等[②]。所刺的内容包括隶属的部队、军队编号,甚至等级。结合上述内容,我们推测"刺旗"当指在因犯罪被编入伍的军人手、脸等部位刺上所隶属旗卫的名称。

---

① 魏峰《从刺字看宋代军制》,《史学月刊》2005年第9期。

② 夏凌《唐宋间之黥兵制及其评价》,《国防与军队建设史研究》2004年第5期。

第四章　明代前期汉语词汇的聚合和组合关系研究

第一节　概述：聚合与组合关系

组合关系和聚合关系，是语言结构的两个重要规则，它们贯穿于整个语言系统，是相互联系、有机统一、不可分割的两部分。语言的组合规则着眼于结构单位的横向联系，聚合规则着眼于结构单位的纵向替换；组合关系说明了语言结构的规则，聚合关系则说明了替换规则。

聚合关系，与“组合关系”相对，也称“类聚关系”，最初称联想关系，1936 年在哥本哈根举行的第四届国际语言学家大会上，丹麦语言学家叶尔姆斯列夫提出将其改称为聚合关系，从此为大家所采用。它指的是，在同一个位置上可以互相替换出现的各个语言单位处在互相可以联想起来的关系中，因而聚合成为一个类，这种关系称为聚合关系。倪波、顾柏林认为，所谓聚合关系，“指的是具有某个共同点的语言单位之间所具有的相互关系。而且有共同点的语言单位以共同的特征为基础，相互联系，又相互区别，构成所谓聚合体”①。

组合关系，指一个语言元素与另一语言元素同时排列在言语链条上，构成语言要素在现场的组合，它体现为一个语言单位和前一个语言单位或后一个语言单位，或和前后两个语言单位之间的关系，也体现在互相关联的语言单位组合而成的整体之中。

---

① 倪波、顾柏林《俄语语义学》，上海教育出版社 1995 年版，第 137 页。

聚合和组合关系理论被广泛应用于语法、词汇研究。陆俭明指出："词和词按一定句法规则构成句法结构，这体现了词的组合关系……将同一组合关系里处于相同语法地位的词归为一类，这体现了词的聚合关系。"①

近代汉语词汇的组合和聚合关系尤其引人注目。就同义聚合而言，"随着近代汉语新词的大量产生，近代汉语同义词也空前增加。近代产生的新词绝大多数是复音词，近代同义词的发展也是这样。"②

一、同义和反义聚合

在明代前期语料中，我们发现大量的同义和反义聚合。尤其是同义聚合，不仅数量多，而且成员多，有的竟达9个之多，如表示"以前、从前"意义的同义词在我们的语料中就有如下一些：比先、从前、当先、以先、先前、早前、在前、以前、昨前。下面就本文研究语料中出现的同义和反义聚合举例分析如下。

（一）同义聚合

有些同义词的组成虽语素相同，但词序不同；有些同义词有一个相同语素；有的两个语素都不同。

1. 动词

追赶—跟赶　　发落—发放　　倒塌—坍塌
指攀—指扳　　应允—应许　　央浼—央求
打差—当差　　支待—接待　　焚化—烧化
抄札/抄扎—抄没
走漏—走泄—走透　　察见—看见—视见
陪偿—追陪—买陪　　擒拿—捉拿/拿捉
操练—操习—操演　　叫—唤—喊
住坐—居住/住居—住过

① 陆俭明《现代汉语语法研究教程》，北京大学出版社2003年版，第33—34页。

② 向熹《简明汉语史》，高等教育出版社1993年版，第699页。

抛弃—抛撇—撇弃—丢弃

索取—索要/要索—需索—勒要—勒措

说—说称—说道—道—言—言说—曰—云[①]

2. 名词

叔祖—叔公　　母舅—舅舅　　妹妹—妹子

通事—译子　　窝主—窝家　　正犯—正贼

回回—回子　　房屋—房子　　混堂—堂子

以先—以前

头口—头畜—头匹　　物事—物件—东西

地面—田地—地方　　集场—集镇—集上

3. 形容词

迟慢—迟缓—徐徐—慢慢—延迟

疾快—快—疾忙—急忙

4. 副词

合—该

不迭—迭不得

时时—时常—常

逐渐—渐渐—逐旋—积渐

暗地里—背地里—背处—私下

5. 量词

遭—次—遍—回

6. 介词：

为因—因为

（二）反义聚合

在前—在后　　昨前—明后　　昨日—明日　　望前—望后

正人—小人　　大口—小口　　上年—下年

儿孩（儿）—女孩（儿）　　这般—那般

---

① 汪维辉《汉语“说类词”的历时演变与共时分布》（《中国语文》2003 年第 4 期）有详细论述。

南手里(南面)—北手里(北面)

有些词形式上像反义词,其实不是。如:外公—外母,“外公”指外祖父,“外母”指岳母。

在以上列举的聚合中,有书面语,有口语词,也有方言词。袁宾等把同义词分成以下几种类型:古今同义词,方言同义词,语体同义词,委婉禁忌同义词,称谓同义词,外来词同义词①。

大部分同义和反义词是随着新词的不断产生在历时中形成的,如住坐—居住/住居—住过、逐渐—渐渐—逐旋—积渐。有的是由于书面语和口语的不同造成的,如房屋—房子、追赶—跟赶等。

张美兰对《逆臣录》中的同义词分析后认为,“……这些同义词一方面反映了汉语词汇的丰富多彩,另一方面也反映了同义复合词大量形成的初期,同义语素的联合具有一定程度上的任意性,只是后来在多种因素的作用下才固定成某种组合形式,其中一部分词被淘汰掉了。同义复用的过程中表意相同的语素受各种因素的制约,由自由结合到相对固定,最终使双音词的形式固定下来”②。但我们也应该看到,在整个语言发展历史中,甚至是某一阶段的发展进程中,这种聚合关系始终处于一种动态的发展变化之中,其中词义演变的作用不可忽视。词义的发展演变,会引起词义系统的调整和词的聚合关系的变化,有些词原来不是同义或反义关系,近代逐渐发展为同义或反义关系;有的在近代汉语中属于同一个同义或反义聚合,演变到后来不再具有这种关系。如“儿”和“女”,早期“儿”一般指婴儿,引申泛指儿女,不用作性别的区分,从唐代开始用作动物的性别区分,到了元明时期则可以用作人的性别区分,与“女”相对,是反义聚合关系,而清代以后又再次脱离了这一聚合体。

---

① 袁宾、徐时仪、史佩信、陈年高《二十世纪的近代汉语研究》,书海出版社2001年版,第678—679页。

② 见张美兰《简论〈逆臣录〉在明代词汇研究中的价值》,原载《汉语史学报》2002年第2辑。又见张美兰《近代汉语论稿》,江西教育出版社2004年版,第104—105页。

二、明代前期词汇的组合关系

明代前期白话语料中有些词语的组合能力很强,如"浼",可以组成求浼、央浼、托浼/浼托、浼引等词语,与"浼"结合的词语一般与央求意义相关;"打"的组合能力仍处于旺势,它可以与名词、动词、形容词性成分结合,如:打桩、打双陆、打减、打点、打细等。同"打"一样,"弄"也成为意义泛化的动词。另外,"给"的组合能力也很强,其意义主体正在发生一个不小的转变。

第二节　聚合关系个案研究

明代前期汉语中同义聚合数量丰富,这里我们主要把同义词作为讨论对象。

一、看见　视见　察见

这三个复合词以"见"为共同语素组合而成。在《大词典》中,"看见"释义为:看到;"察见"仅列一个义项:察看分辨;"视见"未收录。

在我们的研究语料中,"看见"出现10次,"视见"1次,"察见"1次。例如:

(1) 一招当年二月初六日,石岩看见凉国公差家人李清去凤阳取马六十匹来用。(《逆臣录》卷二)

(2) 至本月初四日,赴京于竹桥堂子安下,至十六日至锦衣卫,对陶指挥处禀说前事。被内官察见,提问罪犯。(同上,卷三)

(3) 后有力士叫到苏州府常熟县待诏壹名到卫,火者福童接引到后厅,不曾梳头。说话间,被内官看见,就行拿获。(同上)

(4) 到于营东二百五十里地阿失呵山寨,视见洪赛因引

领裴千户等男妇约有一百余口,聚集就彼安营驻扎。(《吏文》卷二)

从以上用例分析,看见、视见、察见三个词意义基本相同,都有看到之义。下面考察它们的形成过程。

(一) 看见,唐代开始连用,南宋用例已经很多,成为常用词。例如:

(5) 漏催水咽玉蟾蜍,卫娘发薄不胜梳。看见秋眉换新绿,二十男儿那刺促。(李贺《浩歌》)

(6) 师从毡上那伽起,袒膊当胸打一拳。骇散疑团獦狚落,举头看见日初圆。(《五灯会元》卷一)

(二) 视见,本是连动结构,至南宋时期逐渐凝固成同义复词,近代还偶有使用。例如:

(7) 鱼肠即今蟠钢剑也,又谓之松文。取诸鱼燔熟,褫去胁,视见其肠,正如今之蟠钢剑文也。(沈括《梦溪笔谈》卷十九)

(8) 先以一手,徐徐按摩所疾之处,良久毕,乃瞑目内视,视见五脏,咽液三过,叩齿三通,正心微祝曰:……(《云笈七签》卷五十七)

(9) 自联军入京以来,王公大臣以至士庶媚外之情形,有真出乎意外者,当京师初破之际,箪食壶浆,焚香顶礼,为保产业卫妻子计,诚出无奈,迨事已大定,媚兹六国之风,日盛月炽,余视见大员某某者,与使馆之舆台贱役剃师等相交甚密,视若兄弟,通财营商,互相借重,往往于剧场酒肆稠人广座中,见必高呼以相招,紧握手高至肩,抖擞七八九十下,或西音,或东音,呼好好不已……(《新小说》第一年第一号《燕京劫华记·非国民》)

（三）察见，在早期文献中多表示察看分辨之义，表示一般意义上的看见、看到大概是在宋代。例如：

（10）文帝复问之，使者对曰："王实不病；汉系治使者数辈，吴王恐，以故遂称病。夫察见渊中鱼不祥，唯上弃前过，与之更始。"（《资治通鉴》卷第十六）

（11）医者用药，也只用平平稳稳底药，亦不能为害，亦不能治病。是他初不曾识得病，故且如此酌中。世上事都如此。扁鹊视疾，察见肺肝，岂是看见里面如何？也只是看得证候极精，才见外面，便知五脏六腑事。（《朱子语类辑略》卷五）

（12）杨公又作一铭，铭云：察见渊鱼，实惟不祥。靡聪靡明，顺帝之光。全神返照，内外两忘。（《喻世明言》第十九卷）

从上面用例分析，"察见"只是表示一般的看见、看到，特别是上面例(11)，"察见"和下文"看见"互文，更可见二者意义相同。今山东鲁西南方言中仍用"察见"表示看见义。如："我的书不见了，你察见吗？"

以上三词都是近代汉语中开始出现的，其中"看见"使用最早，大约在唐代，至南宋时期就已经成为常用词；"视见""察见"大约在宋代开始凝固成词，但一直使用频率很低，无法与"看见"相抗衡，很快就退出了语言交际舞台。这种竞争结果与词义追求精确性有密切关系。从表义内容看，人们所要表达的仅仅是广泛意义上的看见、看到，没有远近、粗细之分，这一意义上古汉语中单用"见"来表示。在汉语复音化的过程中，"见"和其同义词"看""视""察"等组成同义复词。其中，"看见"最切合人们所要表达的意义；"察见"则容易让人理解为审察而见，而不是一般意义上的看见；"视见"也含有审视之义。另外，"视"是一个文言性较强的词，在近代汉语追求口语化的进程中，"视见"这种组合显然不会成为人们的首选。

二、叫　唤　呼　喊①

(一) 叫　唤　呼

在我们的研究语料中,“叫”“唤”“呼”三词在以下三个义项上都形成同义关系:

1. 召唤、招呼。例如:

(1) 蓟州卫千户宗聚,他唤军人王群儿妻周氏回家奸宿,后其夫差使回来听得,将他妇人殴打。(《大诰武臣·因奸杀人第二十一》)

(2) 外面守御的军官,务要把军整点得齐整,如常要不缺少了,叫唤呵,便都在眼前。(同上,《私役军人第二十七》)

(3) 太师仪仗户周文通招云:“洪武十六年五月初五日,太师坐前厅,‘叫火者、家人、小厮都来听我发放:……’”(《李善长狱词》)

(4) 有蓝玉言说:“若事成时,我这里有军马,等我拣了日子,我便着人来叫你,你便领着军马根我走,我着你望前,你便望前,着你望后,你便望后。”(《逆臣录》卷一)

(5) 有侯指挥令人前来呼唤友孙等,对说:……(同上)

(6) 吃毕,当晚唤父王行并阿定至前厅东耳房内,赐父坐,闲话间有凉国公对父言说:“老秀才,有句话与你议论,我欲成大事好么?”(同上)

(7) 有侄茆鼎到家,潜对贵言说:“……叔叔在家里不要出去,如今四川有些根你的旧人送囚在这里,不如都叫来家里安下,听候使唤。”是贵不合依从,随即唤到四川后卫差来旗军罗贵华等二十九名到家,对说前因,各人听允,就留在家安下。(同上)

---

① 关于中古时期呼、唤、叫三词的使用替换情况,汪维辉有深入研究,详见《东汉——隋常用词演变研究》,南京大学出版社2000年版,第173—188页。

(8) 是铬等回答:"蒙大人呼召,怎敢不来!"(《逆臣录》卷一)

(9) 诃额仑对说:"也速该死了,我的儿子将来怕长不大么道? 大的每的胙肉分了,为甚么不与? 眼看着的茶饭不与了,起营时不呼唤的光景做了也。"(《元朝秘史》卷二)

(10) 差人呼唤哈赤牧子等人,不行归顺,辄将行去王旨文字扯毁,将先到岸船一十一只军人尽行杀死,及将牧使李下生杀害。(《吏文》卷一)

(11) 又有不知名伴当一名对子温说:"金宰相唤你来。"(同上,卷二)

(12) 卑职使令郑帖木儿请唤金万户说话,本官不来。(同上)

(13) 铭传说:"爷爷着我来叫太监说话有。"(《正统临戎录》)

(14) 杨善曰:"叫上位行了罢。"奉圣旨说:"他都在地上跪着,进马怎么行得?"(同上)

(15) 我见了他,就叫他二人名字。(同上)

从用例分析,在"召请,招呼"这个意义上,叫、唤、呼三者使用时似乎没有区别。既没有使用对象的差异,一般是上级或尊者对下级及卑者的招唤,也偶尔用于下对上,如上例(14)中的"叫","唤"本身就有招请之义,可以与"请"组成"请唤"一词,上例(12);似乎也没有方言的差别,从用例看不出它们有南北方言的差异。

2. 喊叫、叫唤。例如:

(16) 没人情的害军,我都说了多少言语都叫不醒。(《谕武臣恤军敕》)

(17) 守王城之卒、外城上军士,被甲、执仗,铙鼓叫呼,声震城野,使人坐食惶惧不安。(《靖难兵兴令旨》)

(18) 合撒儿与泰亦赤兀惕每相射斗间,泰亦赤兀惕大声

叫着说："将你哥哥帖木真来，其余的人我不要。"（《元朝秘史》卷二）

(19) 行间，帖木真与那走的百姓内唤他妻孛儿帖的名字。（同上，卷三）

(20) 丈夫被军要杀，所以唤帖木真来救。（同上，卷四）

以上各例中的叫、唤、呼表示喊叫、叫唤之义。

3. 叫做，称呼。例如：

(21) 王世充将唤作单雄信，骑了马望着唐太宗刺将来。（《戒谕管军官敕》）

(22) 呼为千户所，其余九百余名，尽皆放去及逃亡者。（《宣谕武臣敕》）

(23) 初王罕与成吉思父契交，所以呼为父。（《元朝秘史》卷六）

(24) 诃额仑说："必是好根脚人的儿子。"唤做失乞刊忽都忽的名字，叫做第六个儿子。（同上，卷四）

从使用频率看，"叫"共见 59 次（其中《逆臣录》47 次），"唤"共使用 263 次（其中《逆臣录》240 次），"呼"共见 14 次（《逆臣录》3 次）[①]。可见在明代前期"唤"的使用频率远远超过"叫"和"呼"。但占比重最大的是《逆臣录》，由于其主要内容为介绍犯人籍贯身份、记录犯人供词，言语多重复之处，也许会让人怀疑这似乎不是语言现实的反映。我们就其他的语料也做了分类统计。详见下表 3：

① 这里统计的"呼"的用例是就以上三个义项而言，不包括叹词"呜呼"、拟声词"呼呼""呼噜"、动词"呼吸"等意义上的"呼"。下同。

表 3　明代前期语料中“叫”“唤”“呼”三者使用情况对比表

语料范围＼出现次数及比例	叫	唤	呼	“叫”和“唤”的使用比例
朱元璋等诏令用语	3	9	2	1∶3
《逆臣录》	48	263	3	1∶5.5
《元朝秘史》	9	32	7	1∶3.6
《吏文》	5	15	2	1∶3
本文所有研究语料	84	323	14	1∶4

从统计结果看，“叫”“呼”远不如“唤”使用频率高。此期“呼”的使用频率已经很低，我们姑且不论。仅就“叫”与“唤”而言，1∶4 的比例大致能够反映明代前期二者的使用多寡情况。而这个结果与现代汉语中二者的使用频率差别是相当大的。我们抽取此前、此后的部分语料，对二者的总体使用情况作对比分析，更能清楚地看出此消彼长的变化过程。见下表 4：

表 4　南宋以后“叫”“唤”“呼”三者使用情况对比表

语料范围＼出现次数及比例	叫	唤	呼	“叫”与“唤”使用比例	“叫”与“呼”使用比例
《朱子语类》	27	260	57	1∶10	1∶2
《元典章·刑部》	7	38	10	1∶5	1∶1.4
明代前期语料①	84	323	14	1∶4	6∶1
三言	1 755	683	219	3∶1	8∶1
二拍	1 459	246	125	6∶1	12∶1
《金瓶梅》	999	105	40	10∶1	25∶1
《醒世姻缘传》	3 142	188	61	17∶1	52∶1

① 仅限于本文研究语料。

续表

语料范围＼出现次数及比例	叫	唤	呼	“叫”与“唤”使用比例	“叫”与“呼”使用比例
《红楼梦》(前八十回)	1 204	163	38	7∶1	32∶1
钱锺书《围城》	227	17	24	13∶1	9∶1
《王朔自选集》①	512	18	92	28∶1	6∶1

由以上统计数字可以看出以下变化：1.“叫”和“唤”。南宋时期“叫”的出现频率远远低于“唤”，元代至明代前期“叫”的使用频率逐渐增加，但仍没有超过“唤”。从明代中后期开始，“叫”的使用比例开始超过“唤”（“三言”中“叫”的使用比例已经超过“唤”），此后这种比例不断拉大②。“唤”在当代的使用更是大大减少。随着“唤”出现频率的降低，其组合能力也在下降。在我们的研究语料中，可以看到“唤”还具备一定的组合能力，可以组成请唤、唤作、宣唤、叫唤、使唤、呼唤、召唤、招唤等词语。随着其用例的减少，其组合能力迅速衰退，在现代汉语中，它主要用在呼唤、召唤等词语中，较少单独使用。2.“叫”和“呼”。宋元时期“呼”的使用频率超过“叫”，从明代前期开始“叫”开始反超“呼”，此后这种差距不断拉大，至清初达到高峰。但进入现代，“呼”的使用比例又开始提高，并且超过了“唤”的用例。从王朔作品中的“叫”与“呼”的使用情况看，基本又回复到明前期的情形，都是6∶1。近些年随着电信业的发达，寻呼机、传呼机出现，手机成为人们的日常必备工具，“有事就呼我”一类的话语成为惯用语，使得“呼”使用比例又有所提高。

① 《王朔自选集》，云南人民出版社，2004 年。包括《空中小姐》、《浮出海面》、《一半是海水，一半是火焰》、《过把瘾就死》、《我是你爸爸》、《动物凶猛》、《你不是一个俗人》、《许爷》、《顽主》、《痴人》共 10 篇作品，计 53 万余字。

② 《红楼梦》(前八十回)中“叫”与“唤”的比例有所降低，当是由于其语言较为典雅，口语性不如《金瓶梅》和《醒世姻缘传》强的缘故。

（二）喊

此期在喊叫、叫唤的意义上，“喊”与“叫”“唤”是同义词，在表示召唤、招呼意义上则还不是同义关系。本文研究语料中共见3例，都是表示喊叫义：

(25) 尉迟敬德走马大喊，把单雄信杀下马，将唐太宗救出，后来封为鄂国公。(《戒谕管军官敕》)

(26) 高丽兵二十万来战，仁贵不披甲，只穿白衣服，手里拿着一条抢，腰里挂两张弓，跳上马发起喊来杀将去，人都当他不得。(同上)

(27) 今夜务要十分仔细谨慎，堤备防贼来劫营。不许放炮，不许人闹，不许呐喊，不许惊营，静静等着他。(《弇山堂别集》卷八十八)

“喊”表示喊叫义大致始于南宋(唐五代时期用“譀”字记录此义)，元明时期用例还不多见。如“喊”在《朱子语类》(约201万字)中出现2例，《元典章·刑部》(约28万字)中有1例，本文研究语料(约45万字)3例，《金瓶梅》(约42万字)3例，都是表示喊叫义。清以后“喊”逐渐用得多起来，《醒世姻缘传》(约77万字)共见25例，《红楼梦》(前八十回)(约59万字)共见34例，《王朔自选集》(约53万字)中已达123次，远远超过了“唤”(18次)的次数，也超过了“呼”(92次)。

清代以后“喊”可以表示召唤、招呼之义，与“叫”“唤”“呼”又形成新的同义关系。

三、物事　物件　东西

三者作为同义词，都可用以指东西、物品。其中，“物事”使用最少，仅见3例；“物件”使用最多，23例；“东西”14例，多指财物，也泛指各种具体或抽象的事物。例如：

(1) 他又差人往浙西城子里官卖物事，及至开我令旨，不

许军民头目来听密行号令，但有按察司里告状的，割了舌头全家处死。（《弇山堂别集》卷八十六）

(2) 敢有不行催督点视过冬物件，致令军人失所，若有来告者，罪及管军之人。（《宣谕武臣敕》）

(3) 敕福建布政司、都司、按察司、市舶提举司官：下番回还，番货中有贵细物件，不必开封，连柜篓称斤两，各官眼同封号，再用厚木柜盛放，布漆铁叶包裹牢固，各官护封十分周密，从陆路差人管解押运赴京来。其苏木、胡椒粗重物件之类，细称见数，依前命海道运来。（《谕福建各官敕》）

(4) 这千百户每直这等无仁心，他关了许大俸钱，倒又去科敛害军，科这穷军每的钞回家去买酒买肉吃呵，便如将他身上的血来咂吃一般。吃了这等东西有甚么长进？（《大诰武臣·科敛害军第九》）

(5) 那小军每，每月关的粮及关得些儿赏赐，全家儿都望着他。做官的不能抚恤他，倒又去克落了他的东西。（《大诰武臣·克落粮盐第十六》）

(6) 每日差一个行人出去，有司打送动辄数百贯钞。这等人，白身在草窠里出来，又无功劳，他却便得了许多东西。（《大诰武臣·卖放胡党第十七》）

(7) 奉圣旨："哈铭来，叫内官内使打点家去的东西。将我的铺盖靴子与哈铭拿去家里，与子孙作古。"（《正统临戎录》）

在东西、物品这个意义上，"物件"和"物事"大约出现在南宋时期。其中"物件"南宋时期使用较少，元明时期用例大增，清以后沿用。"物事"最初指事情，南宋时期引申指物品，《朱子语类》用例已较多，可能来自吴语[①]，元明时期大量使用，清沿用，近现代用例大大减少，现代汉语

---

① 王学奇、王静竹《宋金元明清曲辞通释》第1153页：物事，吴语，犹北人称"东西"或"物品"。

普通话中不再使用,仅保留于方言中。“东西”指事物、物品相对来说稍迟,似乎最早见于元明时期,但一开始就用例较多,并可以泛指各种具体或抽象的事物。

从三个词的总体使用情况看,元明时期出现频率都很高,呈相持不下的局面。但明代中期以后“东西”使用频率越来越高,使用范围越来越广泛。在“三言”中“东西”的出现频率(235 次)已经远远超过“物事”(81 次)和“物件”(23 次)。清代“物事”的使用继续减少,在《红楼梦》中它仅出现 2 次,远远低于“东西”(392 次),甚至也低于“物件”(7 次)。近现代“物事”逐渐被淘汰。“物件”虽然在现代汉语中还在使用,但使用频率已相当低,如在《王朔自选集》中,“东西”共出现 152 次,“物件”“物事”则完全没有出现。这也许预示不久的将来“物件”将逐渐退出交际舞台。

四、逐渐 渐渐 逐旋 积渐

这四个词都有逐渐之义,在本文研究语料中各见 1 例:

(1) 未到下种之时,且先整理城池。周围十里,初时未免城底壕浅,逐渐葺理。(《宣谕武臣敕》)

(2) 后来晋家将梁家地面渐渐夺了,梁家的将也多有异心起来,独有王彦章守着忠义。(《戒谕管军官敕》)

(3) 是俊等骑马前到本官直房内,见凉国公对说:“马都督你休要误了这事,你上紧分付带刀的官员,着他伺候。”是俊应说:“不是小可的事,逐旋与他摆布便了。”(《逆臣录》卷一)

(4) 制谕管军官人每知道,前辈老官人每到处里厮杀,但寻见一两个好汉,留在根前十分用心抚恤着,似那般积渐聚得多少,或一百二百三五百,将这等人便似自家兄弟儿子一般看待,因此上,这等军士但遇着厮杀,便在官人前面。(《谕武臣恤军敕》)

“逐渐”一词,唐宋时期开始使用,但用例很少,我们仅仅在《唐会要》、《太平广记》、《朱子语类》各发现 1 例，元代未见使用，明代有少量用例，清代用例尚很少，近现代以后用例大增，现代汉语中成为常用词。

"渐渐"大约东汉时期成为表逐渐意义的副词，六朝时期开始多用，唐宋时期已是常用词，此后沿用不衰，在现代汉语中大有超过"逐渐"的发展势头。在《王朔自选集》中"渐渐"使用 27 次，而"逐渐"仅 2 例。

"逐旋"唐代始见，是同义复词（"旋"唐宋时期有逐渐义）。宋代有不少用例，元代多在《元典章》、《通制条格》等公文中使用，明清用例非常少，至现代作品中只是偶尔使用，现代汉语普通话中完全消失不用。

"积渐"①一词先秦即已出现，但至唐代才开始用作副词，例如白居易《戏和贾常州醉中二绝句》："闻道毗陵诗酒兴，近来积渐学姑苏。"《根本说一切有部毗奈耶破僧事》卷第二十："老猫身渐肥，群鼠积渐少。"这一用法在宋元明时期的文献中都有少量用例，近代还在使用，和"逐旋"一样在现代汉语中消失。

此外值得一提的是"慢慢"一词。在现代汉语口语中表示逐渐、渐渐之义一般用"慢慢"，而不用"逐渐"，甚至"渐渐"的使用也越来越少。"慢慢"在南宋至元代尚不表示渐渐，《朱子语类》中出现 9 例，都表示缓慢；《元典章·刑部》中未见到使用。"慢慢"的这种用法当肇始于明代前期，在本文研究语料中共出现 2 例，都不是指行动上的缓慢，而是表示缓一缓、等到以后②，这个意义和"逐渐"已经比较接近。

(5) 酒散，太师对李六十说："上位气数大，便借得军也无军器，且慢慢理会。"(《李善长狱词》)

(6) 是诚回说："且熬将去，慢慢地理会。"(《逆臣录》卷一)

至《红楼梦》中"慢慢"共使用 39 例，其中有 5、6 例有逐渐义；《王朔自选集》中 35 例"慢慢"中约有 13 例是表示逐渐义。可见，明清以后随

---

① 《大词典》只列一个义项：逐渐形成。

② 在这个意义上，《大词典》最早举《二十年目睹之怪现状》为例，过晚。

着“逐旋”“积渐”的衰退，“慢慢”逐渐进入了表示逐渐、渐渐意义的词汇系统。

五、迟慢　迟缓　徐徐　慢慢　延迟

“迟慢”“迟缓”“徐徐”都可以表示缓慢之义，例如：

(1) 批至，速差军船前去，毋得迟慢。(《弇山堂别集》卷八十六)

(2) 吃饮间，是进言说：“这场工程必是迟慢，久后累了身子。”(《逆臣录》卷五)

(3) 道经各站，到于公馆，逼要马驴，占宿上房，需索酒食，稍有迟慢，辄加捶楚。(《吏文》卷四)

(4) 就编伍之时，有明白倔强、不伏及深藏机密、暗地抱怨，似这等人，休与军管，休留在淮安，就乘兵威在彼，徐徐起发前来，务要力行。其安丰攻取竹寇，不可迟缓，急宜速去到彼，必擒此徒。(《弇山堂别集》卷八十六)

在上述词语中，“迟慢”在本研究语料中使用最多，共见6例。该词最早见于唐代，唐宋时期用例很少，元明时期用例较多，是该词的使用高峰期。清代用例已经大为减少，现当代只是偶尔使用。“迟缓”最早用于东汉，至六朝时期用例还不多，此后发展平稳，唐宋以后直至现代汉语中都较为常用，只是现在使用范围又逐渐狭窄，一般是指动作上的迟缓。

“缓慢”在本语料中未出现，它始见于唐代文献，元明清时期很少使用，近现代以后使用较多，成为常用词。从使用发展过程看，“缓慢”和“迟慢”形成一对竞争关系，元明时期“缓慢”处于竞争劣势，近现代以后却以极大的优势逐渐排挤了“迟慢”。

“徐徐”在古汉语中一直很常见，现代汉语沿用，但随着“慢慢”的普遍使用，“徐徐”逐渐丧失了口语基础，现代汉语中它几乎不见于对话中，其沿用下来的原因大约是书面语追求典雅的需要。

“慢慢”虽然在本研究语料中仅见 2 例，且都不表示动作的缓慢(详见上文所述)，但通过对此期其他文献用例的检索可知，元明时期它已经成为常用词，且此后一直沿用不衰。现代汉语中它的使用频率是最高的，如在《王朔自选集》中，“慢慢”共见 35 例，“缓慢”4 例，“迟缓”2 例，“徐徐”1 例。

“延迟”侧重指拖延时间，仅见 1 例：

(5) 本县人力不敷，以致延迟月久。(《吏文》卷三)

“延迟”唐五代时期开始使用，元明清沿用，一直到现代汉语中，但使用范围已经非常狭窄。

六、料治　料理

(一) 料治

“料治”在本研究语料中有整治、教训之义，共见 2 例：

(1) 三保听得冯马儿说称要去首告。三保与父说知。父回说：“等我明日料治那厮。”以此将家人冯马儿右脚全剁，左脚剁下三指，及将曾保保右腿打烂。(《逆臣录》卷一)

(2) 有詹尚书对修等言说：“我家马儿好生无理，他要首我谋逆的事，我与你每商量怎么料治他。”(同上)

“料治”的这一意义在现代汉语中用“料理”表示，如：“这孩子很不听话，缺乏料理。”治、理同义，“料治”和“料理”亦同义。《大词典》未收录“料治”。该词在其他文献中也可见到少数用例：

(3) 敕宋某省所进奉阿胶一合，重五十两，绯罗夹复裹事，具悉。胶品之贵，阿井为珍，卿适兹守土，勤于作贡，顺时熬液，凝剂甘新，恪禀彝规。参旅方物，区产云美，料治所须。推处厥诚，嘉叹何已。故兹诏示，想宜知悉。(宋宋祁《景文

集》卷三十二)

(4) 今勾吴平定之后,翠华拜诏之岁,明天子方将化定八纮,準格万祀,必大索贤豪,料治机括,明诏将下,秋贡日遇,勉哉!二生可出仕也。(宋张咏《乖崖集》卷七)

(5) 枳殼丸出海岱居士方磨积散聚剂,料治积聚,身黄无力,神晕困倦,则发潮热嗜卧。(明朱橚《普济方》卷一百六十九)

(6) 用补中益气,合六味丸料治之而愈。(明薛己《薛氏医案》卷一)

上例(3)、(5)、(6)中"料治"有治疗之义;(4)有治理义。不过在前面提到的这些意义上,文献中使用更多的是"料理"。

(二) 料理

"料理"在本研究语料中出现1例,是"安排(茶饭)"之义:

(7) 成吉思应许了,说:"你收集了,做千户管着。"又说:"汪古儿、孛罗兀惕,你二人分左右散茶饭均匀,教我心安。如今你二人骑马着,于多人处散茶饭者。做时,你二人于大酒局分左右,与脱仑等俱向北坐着就料理茶饭。"(《元朝秘史》卷十)

这个用例很容易让我们联想到现代的日本料理、韩国料理。《大词典》"料理"的其中一个义项是:"日语汉字词。烹调。亦借指肴馔。"所举例证为郭沫若《脱离蒋介石以后》十一:"她听说我早饭、午饭都没有吃,便赶快又叫了些日本料理来。"那么"料理"是否为日语汉字词呢?

追本溯源,我们可以在魏晋以来的文献中发现很多"料理"的用例。"料理"最早见于魏晋时期,其"基本意义为照顾、安排,料理房屋可释作'修理',料理人可释作'照顾',料理事情可释作安排、处理"[1]。此外,

---

① 见江蓝生《魏晋南北朝小说词语汇释》,语文出版社1988年版,第130页。

料理的对象还可以是蔬菜食物,《齐民要术》中有5例“料理”的对象是“菹”,即腌菜。例如:

(8) 其叶作菹者,料理如常法。(卷三)

(9) 若椀子奠,去蕺节,料理,接奠各在一边,令满。(卷九)

(10) 及热与盐酢,细缕切橘皮,和之,料理,半奠之。(同上)

(11) 及热与盐酢,上加胡芹子,与之料理,令直,满奠之。(同上)

(12) 又细缕切,暂经沸汤,与橘皮和,及暖与则黄坏。料理,满奠。(同上)

以上的“料理”是指搅拌、整理等制作手段。唐以后的“料理”多与饮食有关。例如:

(13) 遂即杀之,将肉就釜煮。余人贪料理葱蒜饼食,令产妇抱儿看煮肉。(《太平广记》卷一百三十二)

(14) 伏雌端可烹,岂惟酒盈樽。老子堪料理,枯肠为之醺。(宋吴则礼《北湖集》卷一)

(15) 当知得食而生,是粥之功;饿伤疫染而死,非粥之过。倘归过于粥,而不为料理,则可生者亦死,是与于不仁甚也。(明徐三重《采芹录》卷一)

(16) 孺人也绝早起来,料理酒席,催促女儿梳妆,少不得一对参拜行礼。(《二刻拍案惊奇》卷三)

(17) 过了几日,料理了一席酒,请二位舅爷来致谢。(《儒林外史》第五回)

(13)、(14)、(15)中的“料理”有烹煮之义,其中(14)“老子堪料理”意为老夫能胜任烹调之事。(16)、(17)中“料理”虽然可以理解为准备、置办，但隐含了烹饪饭食的内容。

我们发现，古汉语的“料理”还经常出现在与医药有关的文献尤其是医方中。例如：

(18) 取猫狸一物，料理作羹如食法，空心进之。（晋葛洪《肘后备急方》）

(19) 合和御药……料理拣择不精者，徒一年。未进御者，各减一等。……《疏议》曰：料理，谓应熬削洗渍之类；拣择谓去恶留善，皆须精细之类，有不精者，徒一年。（唐长孙无忌《唐律疏议》卷九）

(20) 猪肚一具，净料理而食。（唐孙思邈《千金翼方》卷二十二）

(21) 除饱吞已外，料理如生肝，以姜齑下饭，如常法食之。日食一具肝，不过二三具，即永差。（唐王焘撰《外台秘要方》卷二十五）

(22) 用大豆五升，取肥好者，一依作酱法料理。取黄捣末。以绢筛之，以猪肪脂销炼如法。（明朱橚撰《普济方》卷二百二十四）

(23) 凡合和御药误不依对症，本方及封题错误，经手医人杖一百。料理拣择误不精者，杖六十。（《大清律例》卷十七）

上面(19)可以帮助我们进一步了解“料理”的意义，“料理”指“熬削洗渍”，即对草药等物的洗涤、削减、熬煎等加工程序，这些程序跟饮食中对蔬菜的处理是完全相同的。

“料理”不仅用于饮食、医药，还用于茶饮，因茶的烹制也如做饭一般需要一道道的工序。这些被料理的对象有各自的功能，如食物可以疗饥，汤药可以疗疾，茶可以消食醒神，因而这些被料理的对象反过来可施之于人。例如：

(24) 诗酒尚堪驱使在,未须料理白头人。(杜甫《江畔独步寻花七绝句》)

(25) 眼昏久被书料理,肺渴多因酒损伤。(白居易《对镜偶吟赠张道士抱元》)

(26) 睡魔正仰茶料理,急遣溪童碾玉尘。(宋黄庭坚《山谷集》外集卷六)

(27) 睡思茶料理,愁怀酒破除。(宋曾几《茶山集》卷四)

(28) 睡魔欲遣茶料理,政恐蔬肠不易禁。(宋赵蕃《章泉稿》卷四)

(29) 午困政需茶料理,春愁全仗酒消除。(清陆廷灿《续茶经》卷下之五)

(30) 香篝茗碗才料理,苦被蝉声趱日西。(清宋荦《西陂类稿》卷十)

上例(28)—(30)中的"料理"与茶相关,"茶"有提神之功效,故而在困怠瞌睡的情况下需要用茶来"调治"。被料理的对象茶、饭、药等施之于人时一般会产生积极的效果,而换成别的东西则可能会产生消极的后果,如上面的(24)、(25),酒或诗书对人的"料理"则可能损伤身体。

综合以上内容可以看出,中古和近代汉语中的"料理"包含了从对蔬菜、草药、茶等的洗涤选择到烹饪的一系列过程,进而由被料理的对象反过来施之于人,都用作动词。

唐以后的文献中出现了与"料理"同义的"料治"一词(见上面例19),"料治"最初当亦可以指烹调饮食,《唐律疏议》用了"料理"一词,没有用"料治",而《律音义·职制第三》曰:"料治,音聊,下直之切。《尔雅》郭璞云:'啖食治择之名。'唐避高宗讳之字为'理'。"《律音义》是北宋初孙奭等奉诏为《唐律疏议》所作的音义。从中我们可以获取这样一个信息:"料理"在《唐律疏义》中原作"料治",指"啖食治择",即对食物的治理选择（“料”有选择义[①]），也即今天我们所谓的烹调，后避唐高宗李治之“治”而改作“料理”。可见，在唐高宗之前，表示烹调食物人们也使用“料治”。“料治”在文献中用例较少，且皆见于唐以后文献，应该与避名讳有关。

张慧荣认为：“日语的‘料理’一词，推断是由到中国学习医学的遣唐使带到日本，作为中华餐饮文化、中医文化和佛教文化的载体来到扶桑而落地生根。”[②]这个推论有一定道理，但未免颠倒了主次关系。在中国，药食同源的观念由来已久，“料理”应该首先是用于日常饮食的制作，因中医主要用煎汤服药之法治病，和饮食密不可分，进而应用于医学。隋唐时期，日本对“料理”的引进也应该是全方位的，或饮食，或药膳，或茶道，其流行和推广也应该是在上述不同的领域同时进行，这样我们今天才能看到日本丰富的“料理”文化。

总之，魏晋以降的文献中，我们都可以见到与饮食有关的“料理”，并逐渐发展为涉及饮食、医药、茶饮等领域的文化现象。可见，日语中表示烹调、肴馔意义的“料理”是汉语的借词，借用之后在本土得到较大发展，涵义更加丰富，不仅指烹调的过程，也指烹调的对象——肴馔。从日语有“料理”而无“料治”来看，这种借用当发生在唐高宗之后。日本丰富的料理内容，如饮食料理、药膳料理、茶料理等，无不打上中华饮食文化的烙印。不仅是日本，韩国也从汉语中吸收了该词，至今保留汉语的音义[③]。

虽然“料理”一词在汉语中从未消失过，明清文献仍不乏用例，但它与饮食的关系日渐疏离，现在活跃在口语和方言中的“料理”主要表示对事情的处理和对人的教育。20世纪前后，汉语又从日语中把与饮食意义相关的“料理”反借回来。建国之后的二十多年里，该词再度沉寂。

---

① 《鬼谷子》卷上：“捭之者，料其情也。”陶弘景注：“料谓简择……情有真伪，故须简择。”

② 张慧荣《寻找汉字母国失落的历史记忆——从“料理作羹”、“茶料理”到日本料理》，《农业考古》2007年第3期。

③ “料理”在韩语中为요리，基本保留了汉语读音。

改革开放后，随着中日、中韩经济文化的交流，“日本料理”“韩国料理”又再次输入，家喻户晓，反而使人们忘记了“料理”是一个“出口转内销”的国产词。

七、住坐　居住/住居　住过

在本文研究语料中，“住坐”“居住（住居）”“住过”都可以表示居住。

（一）住坐　居住（住居）

“住坐”使用最多，在这一时期是常用词，共见 43 例。例如：

（1）他又敢犯事发，又且姑容他的性命，则全家发去边远住坐。（《大诰武臣·梅义交结安置人第四》）

（2）封绩招云：“绩系常州府武进县人，幼系神童。大军破常州时被百户掳作小厮，拾柴使唤。及长，有千户见绩聪明，招为女婿。后与妻家不和，被告发，迁往海南住坐。”（《李善长狱词》）

（3）璇与母王氏并弟马玑计家六口，一向在襄阳府住坐。（《逆臣录》卷一）

（4）洪武二十六年正月内，是佛保与同妻张氏过江关领盘缠，于都督黄辂家赁房住坐。（同上，卷四）

（5）洪武三十五年漫散到来本国海道等处住坐，欲归原卫复业，不得回还。（《吏文》卷二）

（6）杨春庆亦不曾亡故，见于东州住坐。尹尚失、金完你等亦在牛峰等所居住。（同上）

“住坐”盖“行住坐卧”的省称，其表示居住义北宋已见用例，主要用于元明时期，清代以后的文献中不再使用。但它至今仍保留在四川等地方言中。

“居住”和“住居”仅在《吏文》中使用，“居住”出现 12 次，“住居”7 次，二者只是词序不同，都用作动词。例如：

(7) 其童仓、凡察等听令仍在镜城地面居住，不必搬移。(《吏文》卷二)

(8) 今照朵颜三卫、建州海西女直、朝鲜国陪臣，频年进贡，往往于在京在外住居军民并通事人等相识认亲，中间多有将应禁物件私自贸易。(同上，卷四)

"居住"至少唐代即已使用，唐宋时期常用，元明用例甚多。在本文研究语料中，从总体使用情况看，"住坐"的使用频率超过"居住(住居)"，其比例为 43∶19，这应该是当时语言实际的反映。我们检索元明时期的一些语料，对二词的使用情况进行了统计对比，见下表 5。

表 5　元明时期"居住/住居"和"住坐"使用情况对比表

出现次数及比例 / 语料范围	"居住/住居①"出现次数	"住坐"出现次数	"居住/住居"与"住坐"使用比例
《元典章・刑部》	0	20	0∶20
《原本老乞大》	0	1	0∶1
《碑》《鲁斋遗书》《新校元刊杂剧》《宣和遗事》	9(0)	0	9∶0
明代前期语料	12(7)	50	19∶50
《吏文》	12(7)	14	19∶14
《训世评话》	0	6	0∶6
三言	66(8)	0	74∶0
二拍	28(4)	0	32∶0
《金瓶梅》	17	0	17∶0

可见，元代"居住/住居"和"住坐"的使用出现了两种截然不同的情况：一是元代公文及朝鲜教科书，它们不使用"居住/住居"，而是用"住

① 统计数字中已去除"住居"的名词用法。

坐”，文人创作则正相反，这或许可以从一个侧面反映出元代上层统治者和下层民众对词语的不同选择心理。明代前期是两个词的竞争高峰期，“住坐”在明代中期以后就基本不再使用①。“居住”产生早，“住坐”产生晚且字面意义不够单纯，容易产生歧义，为何元代及明代前期多选择使用后者？这是一个颇令人不解的问题。我们认为，这可能是避讳心理导致的人们对词语的选择。宋代“居住”有了一个特别的含义，指官吏降职并调往边远地区。宋赵升《朝野类要·降免》：“被责者凡云送甚州居住，则轻于安置也。”可能是“居住”的这个意义让人们产生避讳心理，所以在表达同类意义时选择了此期新产生的词语“住坐”，元代文献尤其是公文中我们几乎看不到“居住”的用例。但词语内部的竞争和调整逐渐显示出威力，“住坐”因其表义缺乏精确性很快被淘汰。《吏文》中“居住(住居)”和“住坐”的比例为 19∶14，说明在明代中前期“居住”在较为正式的公文中已经居于竞争优势。

(二) 住过

“住过”也可以表示居住，但它还含有过活、生活之义。共见 9 例。例如：如：

(9) 洪武二十四年间，全家赴京承袭，于表伯父王诚家住过。(《逆臣录》卷一)

(10) 状招自从房弟詹徽任京官之后，是老詹不合时常前去本家往来行走住过。(同上)

(11) 彼时带季立前来，后因季立妻室病故，是季立欲要回乡，外父恐怕季立说出比先与父交结胡党情由，以此再娶到府军后卫小旗卢闹儿女为妻，一向在于外父家同居住过。(同上，卷一)

(12) 成化三年三月，失记的日子，有产捌等又来辽东地方，抢去沙儿寨屯住东宁卫左所千户金鼎弟金伦妻金氏[即林

① 在“居住”和“住坐”的使用上，《训世评话》出现反常情况，从一个侧面反映出朝鲜时代的汉语教科书同元代的语言更接近。

氏],并伊本所余丁金长命女金氏,到家一同住过。(《吏文》卷三)

"住过"即"居住过活",是并列关系的复合词。《大词典》未收录该词。"住过"最早唐代已经使用,但用例很少,元明时期有少数用例,此后不见使用。如:

(13) 至七月,到登州文登县赤山院,住过一冬。至今年二月,离登州,三月到青州,权住龙兴寺。(《入唐求法巡礼行记》卷三)

(14) 当下,高氏说与丈夫:"你今已娶来了,你可与他别住,不许你放他在家里。"乔俊听得,言:"容易,我自赁房屋一间与他住过。"(洪楩辑《雨窗集·错认尸》)

(15) 许宣作谢了李员外,依旧搬到他家。不觉住过两月有余。(《警世通言》第二十八卷)

也是在元明时期,"过"的意义开始虚化,可以用在动词后表示动作的完毕,于是出现动补结构的词组"住过",和上文提到的复合词"住过"所指不同。例如:

(16) 王庆看时,认得这个乃是我母姨表兄院长范全。他从小随父亲在房州经纪得利,因此就充做本州岛两院押牢节级。今春三月中,到东京公干,也在我家住过几日。(《水浒传》第一百零三回)

清以后"住过"都是以动补结构的形式出现,一直沿用至现代汉语中。

八、索取　索要/要索　需索　勒要　勒措

这一组词都有讨取、索要之义。其中"索要"用例最多,共见13例

(其中“要索”1例);“索取”4例;“需索”7例;“勒要”8例;“勒措”最少,1例。例如:

(1) 王信军既在各处听调,密令各处守御指挥索取各处军人老小完聚,亦令守御沂州指挥随时。(《弇山堂别集》卷八十六)

(2) 设若白夷有人出来说话求免时,问他索取后项物件:金齿损了的官军,将出一万五千马来才陪偿这些人;景东节次损了出哨官军,将出五百象来陪偿,更出屯牛三万头、青腿象奴三百个,方才罢征。(《弇山堂别集》卷八十七)

(3) 又如江西都指挥戴宗,着他领军收捕军贼周三官等,比及军临贼所,他故意驻札不进,却令韩知县前去索要。(《戒谕武臣敕》)

(4) 近得安南国王奏称,彼国朝贡之路,经过凭祥县及龙州地方,递年所差陪臣到彼,往往为土官李广宁、赵南杰、赵洪等故作留难,多方索要财物等项,以致月久不得起行。(《吏文》卷三)

(5) 及查得本部先因外国女真、野人、哈密、回回等项使客朝贡往来,原差伴送官舍人等不守,唆令使臣生事。多要脚力羊酒等物供给,需索百端。稍不遂意,唆令夷人将驿站官吏人等拖打,甚至抢夺往来人财物,强横骚扰。(《吏文》卷四)

(6) 起程之时,将带棍杖攒指,经过驿分,虚张声势,需索鸡酒,以肥口腹。(同上)

(7) 一招春在军前征进时,本处军民招安已定,该钦依取我回京。春不合设计,纠同朱指挥商议,将本处蛮人勒要投降金银马匹,因此逼令蛮人叛逆,却着人去奏上位,必然又着我每在这里征守,以此不曾回京。(《逆臣录》卷一)

(8) 近来河南、陕西等处驿路差使出去得内官内使等,及六部等衙门官吏人等,十分无礼。经过府州县站驿,每加数十倍索要马驴车辆及应用之物。百姓应办不全,辄非理榜打,勒

要布绢等物买卖。又违礼强索要供给，以致人民受害。(《吏文》卷四)

(9) 其庞权等又不知他家有几何，只莽勒措要钱物，因此将监禁两月，把生理都误了。(《谕武臣恤军敕》)

在以上几个同义词中，“索取”和“索要”意义最为接近，都有讨取、索要之义，至现代汉语中都是常用词。“索取”出现较早，大约六朝时期开始使用，唐以后沿用，使用情况比较稳定；“索要”最早见于《元典章》等元代文献，元明已有不少用例，清以后沿用。“需索”“勒要”“勒措”三者意义比较接近，都有勒索之义，这三者较之“索取”“索要”态度更强硬蛮横，有明显的贬义。“需索”主要用于元明时期，近代还有用例。“勒要”“勒措”仅在元明时期使用，文献用例较少。这三个词现代汉语中都不再使用，而是代之以清代以后才开始常用的“勒索”一词。

文献中还有一个出现多次、表示讨取意义的“取讨”：

(10) 有蓝玉差家人祝官保：“你去淮西取讨鞍子来。”(《逆臣录》卷一)

(11) 当有梢公陈均祥、张顺保，军人林得九、余成五、林进，登岸取讨柴水在逃。(《吏文》卷二)

(12) 次日，在金山，我父子二人与原看守达子取讨马乳一皮袋，寻看爷爷朝见。(《正统临戎录》)

从用例分析，“取讨”只是表示一般的讨取而非索取。有时“取讨”不是表示对别人的索取，而仅有取、拿之义。例如：

(13) 状招洪武二十五年正月内，为起取秀才，至京试策一道，取中，钦依于詹尚书家教书。本年十一月内，蒙本官放回，取讨寒衣，定限二月终至京。(《逆臣录》卷一)

(14) 在京各营操备官军人等，近蒙圣恩，分作两班放回，取讨衣鞋。(《吏文》卷四)

“取讨”元代始见，主要用于元明清时期，近代以后很少使用，现代汉语中消失，其逆序形式“讨取”则至今使用。

九、大口　小口

(1) 赈济大口，月支米三斗；小口，一斗五升。(《吏文》卷四)

“大口”指户口中的成年人，“小口”指未成年人。据《通制条格》卷第十三《工粮则例》：“至元二十四年七月，尚书省奏：……正身月支米三斗、盐半斤，家属大口月支米贰斗伍升，家属小口并驱大口月支米一斗伍升，驱口小口月支米七升伍合。”又《大小口例》：“至元二十五年三月，尚书户部承奉尚书省札付：各衙门应支口粮人等，男子妇人拾伍岁已上为大口，十肆岁以下至伍岁为小口，伍岁以下不须放支。”

东汉时期已经用大、小口代指成年、未成年，如《后汉书》卷六《孝顺孝冲孝质帝纪》：“丁巳，皇后谒高庙、光武庙，诏禀甘陵贫人，大小口各有差。”但大口、小口在汉以后文献中很少见到用例，其后至元代才又见使用，明清偶尔使用，现代完全不用。

“口”主要用于统计人口，元明时期特指妇女、儿童，与“丁”相对。《吏文·吏文辑览》卷三下注：“名口‖男谓之名，女谓之口。”《清史稿·食货志一》：“凡民，男曰丁，女曰口，男年十六为成丁，未成丁亦曰口。”

古代表示成年一般使用“丁”，《隋书·食货志》：“男女三岁已下为黄，十岁已下为小，十七已下为中，十八已上为丁。”但“丁”多是指达到服役年龄的男子，由此组成户丁、人丁、壮丁、成丁、家丁、余丁、亲丁、舍丁、旗丁等词语。成丁的年龄规定每个朝代各有不同，如《北史》中载“二十一成丁”，《新唐书》则言“二十三以上成丁”，元代男子年十五以上、清代十六岁为成丁。

宋元明时期表示“成年”还用“出幼”一词，意为脱离少年时期。例如：

(2) 此子既出了，合当补父身役，宁可于畸零内作数，故将未出幼十二岁的出官应役？……设若有仁心的，随母改嫁的季三保年纪出幼，理合补父身役；十二岁幼儿合寄于义父处，庶不失所。若将十二岁的应役，幼且不出，饮食不能调理，不久必失所。(《谕武臣恤军敕》)

“出幼”主要见于元明文献，清代沿用，现代汉语未见使用。

十、地面　地方　田地

元明时期这三个词都可以指地区、地方。但在这个意义上，本文语料不使用“田地”[①]，而是用“地面”和“地方”。例如：

(1) 那时唐高祖攻打河南地面，敬德随太宗行战地，恰好遇着王世充的军马忽然到来。(《戒谕管军官敕》)

(2) 他不知所管的地方军民都安无事便是他的功劳，他都不这等寻思，只是胡做，把自家坏了。(《戒谕武臣敕》)

(3) 这蛮人地面里，凡在逃军人，但下路的，不曾有一个出得来，都被蛮人深山里杀了，不杀的将木墩子墩了，教与他种田。(《弇山堂别集》卷八十七)

(4) 比及四杰到时，桑昆先在忽刺安忽惕地面与乃蛮对阵。桑昆的马腿中箭，几乎被他拿住间，四杰到来救了，妻子百姓也都救回来与了。(《元朝秘史》卷五)

(5) 其余那土番西蜀的那些地方，可就将军马收了，那里了大将都把大江里下来，省气力。……到那有骒马的地面呵，连群教头目每赶将些来临濠我看，就临濠牧养。(《弇山堂别集》卷八十六)

(6) 其童仓、凡察等听令仍在镜城地面居住，不必搬移。(《吏文》卷二)

(7) 其水西霭翠地方，必会十万之上军数踏尽了，然后方

① 本文研究语料中“田地”指路程、道路。

是平定。(《弇山堂别集》卷八十七)

(8) 凡察、满住与忽剌温乃胯同谋,欲于朝鲜国边界不拣那个地方作贼,定约部落各处传箭请兵。(《吏文》卷二)

(9) 后有小船壹只前来,到彼问写说,今知是朝鲜地方。(《吏文》卷三)

其中"地面"使用207例,全部是指地区、地方。"地方"共见125例,除指地区、地方外,还用以指与中央相对的某一区域。如:

(10) 自古国家设立军马的意思,只为要看守地方,保安百姓,征剿那做歹勾当不顺的人。虽是天下十分太平,不曾撇了军马不整理。如今恁军官每是自己立功劳出来的,有是祖父立功劳承袭出来的,都承受朝廷付托,或掌看方面,或管着边塞,或镇守地方,都要十分与国尽心尽力。(《谕天下武臣敕》)

(11) 即日徐州参政陆聚差人赍到公文,说称王保保遣水陆贼党欲犯,地方告兵策应,为此教克期来说与你知道。(《弇山堂别集》卷八十六)

(12) 伏望圣明怜悯地方,特敕该部计议,合无将云南都司所辖卫所除金齿、腾冲二边卫官军不动外,其余二十二卫所见操官军,于内量调四千员名,分作两班,令其轮流前去临安,协同本处官军舍人余在彼操守,半年一换。(《吏文》卷三)

此外"地方"也可指处所、地点,还可以指当地、本地。例如:

(13) 铭回说:"我每无甚么做,早煮肉吃就睡了。我每五七人在一毡帐睡,那里有地方烧火有?"(《正统临戎录》)

(14) 但有盗卖私宰之人,不分汉、达、官、舍、军、民人等,就便拿送法司究问。仍于犯人名下追牛只入官,给民领养。地方里老邻佑火甲人等,知而不首,与同罪。(《吏文》卷四)

(13)中“地方”指处所;(14)中“地方”指本地。

“田地”共见20例。其中有11例指地方(全部见于《原本老乞大》),5例是指耕种的田地,3处指路程,1处泛指土地。如:

(15) 咱这高丽言语,只是高丽田地里行的。过的义州,汉儿田地里来,都是汉儿言语。(《原本老乞大》)

(16) 民间一应有事故人户抛荒田地,即从实取勘开报,除豁税粮,另行召人承佃。(《即位诏》)

(17) 本官又说:“生受你偌远田地来到。”就置筵席。(《逆臣录》卷一)

(18) 住间,一日清早苍黄将明的时分,诃额仑母亲家里使唤的老妇人说:“母亲,母亲,疾快起来,田地颤动的声听得有,莫不是曾扰害咱每怕了的泰亦赤兀惕兄弟每又来了?母亲疾快起来。”(《元朝秘史》卷三)

我们考察南宋至元明清时期的几种文献,在“地区、地方”这个意义上,地面、地方、田地三个词的使用情况见下表6。

表6 南宋至清前期“地面”“地方”“田地”三词使用消长情况表

出现次数及比例 / 语料范围	地面(该意义次数/总次数)	地方①(该意义次数/总次数)	田地(该意义次数/总次数)
《朱子语类》	0	0	0
《元典章·刑部》	41/41	0/0	21/30
《原本老乞大》	2/2	0/0	11/12
明代前期语料②	207/207	103/125	11/20

① “地方”的含义较多,有时很难区分,我们这里只选择表示地区(也包括某一区域)意义的用例,即以能被“地区”替代为准。

② 仅限于本文研究语料。

续表

出现次数及比例 / 语料范围	地面(该意义次数/总次数)	地方(该意义次数/总次数)	田地(该意义次数/总次数)
《金瓶梅》	1/1	3/26	0/4
《醒世姻缘传》	3/3	31/113	0/23
《红楼梦》(前八十回)	1/2	2/66	0/19

从中可以看出,先是在元代“地面”和“田地”[①]成为同义词,元明之际“地方”[②]也加入这个系统,同时“田地”很快就脱离了这个系统,主要表示“程度、地步”“耕地”等意义。清代“地面”用例大大减少,清以后也基本脱离了这个系统,主要用于指地表面。这样“地方”独自占领了这个义域,直到后来“地区”进入,二者又形成了新一轮的竞争关系。从语体色彩角度看,“地面”和“田地”口语色彩较浓,“地方”开始是书面语,后来才逐渐扩散到口语中。

由于“地面”和“地方”作为同义词的时间相对较长,在其他义项上也形成同义关系,张博把这种情况看作聚合同化[③]。和“地方”一样,

① “田地”指地区、地方主要见于元代文献,《元典章》、《通制条格》、《南村辍耕录》、《原本老乞大》中使用较多,明代文献中已经基本不表此义。

② “地方”本为词组,指地呈方形,也常指土地方圆(多少)。大概北宋时期开始凝固成词,但宋至元代文献用例非常少,明代文献才大量使用。在可靠的元代文献中,我们仅在《新校元刊杂剧三十种》中发现 1 例,说明直到元代它还基本不用。“三言”、《全元曲》的宾白中有不少用例,这可以从一个角度说明它们主要是明代语言的反映。

③ 张博认为:“相因生义”说(蒋绍愚,1981;1989)、“词义渗透”说(孙雍长,1985)、“同步引申”说(许嘉璐)、“相应引申”说(张博,1995)等等……都是由于聚合关系影响和制约而发生的词义衍生,可统称为“聚合同化”。聚合同化是指两个(或多个)词在某个义位上具有同义(或类义、反义)关系,词义运动的结果会导致它们在另外的义位上也形成同义(或类义、反义)关系。见张博《组合同化:词义衍生的一种途径》,张博主编《汉语语言学文萃(词汇卷)》,北京语言大学出版社 2004 年版,第 2 页。

“地面”也可以指当地、本地，如曹禺《日出》第一幕：“告他们！告谁呀？他们都跟地面上的人有来往，怎么告？”这一意义当是从“地方”一词沾染获得的。

通过以上研究我们发现，与现代汉语相比，明代前期语义聚合中词语的数量及使用频率有很大不同。从上面分析的几组词语来看，演变到现代汉语中，有的聚合因某些词语的消失而不复存在，如看见—视见—察见，只有“看见”沿用了下来；住坐—居住—住过，只有“居住”沿用下来。有些聚合虽然还存在，但在使用频率上有了此消彼长的变化，如叫—唤—呼—喊，明代前期“唤”的使用频率最高，现代汉语中则是“叫”的使用频率最高，“喊”由元明时期的偶尔使用到现代汉语中反超“唤”和“呼”。

第三节 组合关系个案研究

一、从“打”的组合关系看“打”的词性

关于“打”及“打”类词，前人时贤有十分丰富的研究成果。比较有影响的如胡明扬《说“打”》[①]、符淮青《“打”义分析》[②]、俞敏《“打”雅》[③]、曹先擢《“打”字的语义分析》[④]，徐时仪《“打”字的语义分析续补》[⑤]等等。下面主要从历史发展的角度，针对本文研究语料中的“打”类词语，结合“词缀”的概念来给“打～”作一分析。

“打”本来为动词，指敲击、撞击。胡明扬在《说“打”》中谈到：“‘打’

① 见《语言论集》第二辑，中国人民大学出版社 1984 年版。
② 见《词典与词典编纂的学问》，上海辞书出版社 1985 年版。
③ 见《语言教学与研究》1991 年第 1 期。
④ 见《辞书研究》1996 年第 6 期。
⑤ 见《辞书研究》2001 年第 3 期。

的使用从东汉至初唐含义比较单纯，基本上只是'捶击'的意思。唐以后，特别是在近代汉语的白话著作中，'打'字的用法得到多方面的发展。"[1]宋代"打"的意义已经十分丰富。欧阳修《归田录》卷二云："今世俗言语之讹，而举世君子小人皆同其缪者，惟打字尔。其义本谓考击，故人相殴、以物相击，皆谓之打，而工造金银器亦谓之打可矣，盖有槌击之义也。至于造舟车者曰打船、打车，网鱼曰打鱼，汲水曰打水，役夫饷饭曰打饭，兵士给衣粮曰打衣粮，从者执伞曰打伞，以糊黏纸曰打黏，以丈尺量地曰打量，举手试眼之昏明曰打试。至于名儒硕学，语皆如此，触事皆谓之打，而遍检字书，了无此字。"南宋刘昌诗《芦浦笔记》亦记载："……然世间言打字尚多：左藏有打套局，诸库支酒谓之打发，诸军请粮谓之打请，印文书谓之打印，结算谓之打算，贸易谓之打博，装饰谓之打扮，请酒醋谓之打醋、打酒，盐场装发谓之打袋，席地而睡谓之打铺，包裹谓之打角，收拾谓之打迭，又曰打进，垒筑之间有打号，行路有打火、打包、打轿。负钱于身为打腰，饮席有打马、打令、打杂剧、打诨。僧道有打化，设斋有打供。荷胡床为打交椅，舞傩为打驱傩。又宋歌曲词：'打坏木楼床，谁能坐相思。'又有打睡、打喷嚏、打话、打闹、打斗、打和、打合、打过、打勾、打了，至于打糊、打麦、打饼、打线、打百索、打条、打帘、打荐、打席、打篱笆。街市戏谑有打砌、打调之类，因并记之。"可见，宋代是"打"发展的高峰期，也是其意义泛化的时期。

至明代前期，"打"的使用范围仍十分宽泛，具有丰富的词汇意义。就本文研究语料中出现的"打～"类词语，我们根据其后的成分分为以下两类进行考察：

（一）打十名词性成分

例如：打差，打草，打柴，打话，打细，打鱼，打鹰，打桩，打钟，打船，打铁，打枪头、叉头，打双陆，打关节，打窝铺，打军。

（1）各处打鹰及打捕鸟兽，采取虫鱼、花木、果木、石山之

① 见《语言论集》第二辑，中国人民大学出版社 1984 年版。

类，诏书到日悉皆停罢。(《即位诏》)

(2) 若尔等所管之人有将人口头畜私作人情营求打关节者，拿住即斩，连尔俱有重罪。(《弇山堂别集》卷八十八)

(3) 至初六日点知，在海淹死密直副使周英赞，通事姜师德、尹方吉，神马官金天赞，举人金潜、曹信，打军张吉、安仁守并各官伴倘养马人等二十四名，梢水陆名，马二十四匹，骡子二匹。(《吏文》卷二)

"打+名词性成分"结构中"打"的动词意义很明显，它表示与后面的宾语相关的支配行为，如打差即当差；打柴即砍柴；打话即对话、交谈；打细即做细作；打鱼即捕鱼；打鹰即猎获鹰；打桩即固定木桩；打钟即敲钟；"打船""打铁""打枪头、叉头"中的"打"都是打造之义；打双陆即玩双陆游戏；打关节即打通关节，指勾通官吏，暗中行贿请托；打窝铺即收拾铺好临时床铺；打军[①]指参军，又指参军之人。

有时"打"和其后的名词成分之间可以插入别的成分，如"打不得墙""打着船""打些差使""打些银碗"等，这更可看出"打"的动词性质：

(4) 海上打不得墙的所在，便见有见识的人守这边海，怎么敢怠慢不关防？(《谕武臣恤军敕》)

(5) 近来我的令旨为开按察司衙门，他三日不接我言，教在江上打着船，便似教化的一般。(《弇山堂别集》卷八十六)

(6) 当有陶指挥言说："你每来投我打些差使，又是我本卫人。我如今收拾些好人马，要做些事俚，你众人且伺候，听消息来接应。"(《逆臣录》卷五)

(二) 打+动词或形容词性成分

例如：打点，打搅，打捞，打送，打探，打听，打劫，打捞，打造，打猎，打减，打捕，打围。除打送、打减、打围外，其他词语至今沿用。

---

① 《吏文》卷二下注："打军‖谓为军伍之人也。"

(7) 除了几升做脚钱,那害人的仓官又解面上打减了几升……(《大诰武臣·科敛害军第九》)

(8) 状招有兄与沈阳侯俱系来降达达,因此与本官交往密熟,时常带同本官家人前去打围。(《逆臣录》卷三)

(9) 各处打鹰及打捕鸟兽,采取虫鱼、花木、果木、石山之类,诏书到日悉皆停罢。(《即位诏》)

"打减"意为削减,"打围"即打猎,打捕即捕猎。

个别情况下"打"后可以跟形容词,如"打紧"[①]:

(10) 二官人说:"这事不打紧,你回去与他说,要无名字容易。"(《逆臣录》卷三)

"打紧"意思是要紧、重要。

上述"打"类词中,第(一)类"打"有明显的动词意义,与其后的名词性成分组成动宾结构。第(二)类中的"打"分两种情况:有的"打"具有明显的动词意义,如打劫、打造、打猎、打捕;有的动词意义不明显,如打点、打搅、打送、打探、打听。很多人把这些动词意义不明显的"打"视为前缀,如蒋冀骋把它视为动词词头[②]。周文把"打～"按"打"的语素意义分为三类:实义语素、泛化语素、虚化语素(构词前缀)[③],按照其分类标准,也是把这类"打"看作虚化语素(构词前缀)。

那么该如何认定第(二)类中置于动词性成分之前且动词意义不明显的"打"的性质呢?

我们首先可以先从词缀的不同称名、内容来认识人们对词缀的定

---

① 这里讨论的"打紧"与冯春田《近古汉语里"紧"、"打紧"、"紧着(自)"之类虚词的语法分析》一文中谈到的副词"打紧"不同。见《古汉语研究》1996年第1期。

② 蒋冀骋《近代汉语词汇研究》,湖南教育出版社1991年版,第37页。

③ 周文《〈金相平话五种〉词汇研究》,浙江大学2006年博士论文。

性。词缀，一般称词缀，词头、词尾；有的叫辅助成分或附加成分，又分为前加成分、后加成分[①]；有的二者都取用，称为"附加成分（词头、词尾）"[②]。由词根加词缀构成的词人们叫派生词。由此我们可以看出在复合词中词缀居于附属地位。吕叔湘提出"类前缀""类后缀"的概念，认为："有不少语素差不多可以算是前缀或后缀，然而还是差点儿，只可以称类前缀和类后缀"，"说它们作为前缀或后缀还差点儿，还得加个'类'字，是因为它们在语义上还没有完全虚化，有时候还以词根的面貌出现"[③]。我们认为，如果承认其有时是"以词根的面貌出现"，那就不能称之为词缀，否则就无法说清这样的词是用何种方式构成的，它和别的构词方式就没有了区分度。其二，词缀一般具有语法功能。刘叔新认为："只体现概念意义的词素是所谓词根（root），而既有改变概念意义的作用、又有语法作用的词素是所谓词缀（affix）"[④]。常见的词缀一般具有标志词性的功能，如第一、花儿、老虎、靴子、绿化、自觉性、革命者等。

就"打"类词而言，上述第（二）类"打＋动词性成分"构成的复合词中，虽然"打"的意义被其后的动词所掩盖，表现出的动词意义不明显，但我们也很难说"打"就是动词前缀。首先它没有改变词的词性，不起语法作用；其次它没有改变后面动词语素的意义，而是帮助它更好地表达意义。如"打点"，它有清点之义，也有准备、整理之义，还有行贿以请托他人疏通、照顾之义。例如：

（11）蒙千户王真分付："你百户每，各自回去<u>打点</u>军士，准备接应。"（《逆臣录》卷三）

（12）该蒙差前往漂风败船停泊去处，眼同本县守令李贵宝、坐船总旗锁庆等备细<u>打点</u>得，见有布二万一千六百三十四

---

① 见周祖谟《汉语词汇讲话》，外语教学与研究出版社 2006 年版，第 6 页。

② 见何九盈、蒋绍愚《古汉语词汇讲话》，北京出版社 1980 年版，第 31 页。

③ 吕叔湘《汉语语法分析问题》，商务印书馆 1979 年版，第 48 页。

④ 刘叔新《汉语描写词汇学》，商务印书馆 1990 年版，第 71 页。

匹，水迹浥澜布九千九十一匹，包钞布一百八十四匹，包花布一百二十五匹，花绒八千二百五十斤，钞一十二万二千锭等，物件数目与张胜状告相同。（《吏文》卷三）

(13) 近访得嘱托之人中间有等奸诈无知人徒，见彼方外之人易为哄诱，往往指以各处使用打点为名，诓骗财物入己，方才引领赴司。（同上）

(14) 奉圣旨："哈铭来，叫内官内使打点家去的东西。将我的铺盖靴子与哈铭拿去家里，与子孙作古。"（《正统临戎录》）

"打点"在(11)(14)中意为准备，(12)中意为清点，(13)中意为行贿以请托他人疏通。这些意义单用一个"点"是表达不清的。

再如"打发"，其意义也是不固定的，可以表示发放、送给、派遣、使离开、度过等丰富含义，而这些意义也并不是单独由"发"来完成的，单靠"发"一个词无法完成这些词义的引申和变化，反而是因为"打"词义的灵活性而使得"打发"具备了单靠"发"一个词很难引申出来的多种意义。也就是说，"打"在"打点""打发"等词中所起的作用绝不是一个补缀，而是担当着和"点""发"同样重要的职责。

"打"是在成为一个意义泛化的动词之后，才与包括动词在内的其他词语组合，其动词性质并未消失。在上述组合中，它是以词根而非词缀的形式出现的。

汉语史上每个历史时期都会出现意义泛化的动词，如先秦时期的"为"①，中古及近代的"着/著"，现代汉语中的"搞""弄"，等等。如近代汉语中"弄"组合能力比较强，可以组合成弄巧（卖弄技巧）、弄兵（指使枪弄棒之类）、弄狎（狎戏）、弄拨（弹奏）、弄险（冒失）、弄戏（游戏）等词语，我们并没有因此把"弄"视为词缀。那么同样的道理，我们也不应把"打"看作词缀。

---

① "为"作动词可以表示"治理""设置""施行""做、担任""研究""算作、当作"等意义，还可以作判断动词，用法十分丰富。

综上，我们认为，“打”放在其他词语之前是一个意义泛化的动词，它几乎像一个万能动词，可以随组合词语的意义进行搭配。“打”用在名词之前与之构成动宾关系，表示相关的动作行为；“打”用在动词前，当是复指其后动词，对动作行为起强调作用，这种组合是汉语复音化的需要。由于“打”的意义是泛化的，具有很大的灵活性，因而显示出强大的生命力。元明时期“打”处于组合能力的高峰期，顾学颉、王学奇《元曲释词》中列举“打”类词语 38 个，王学奇、王静竹《宋金元明清曲辞通释》则收录了 82 个以“打”开头的词语。直到今天“打”仍有一定的组合能力，如普通话中使用的打的（即乘坐出租车）、打伞、打灯（开灯）、打水[①]、打官腔、打招呼、打掩护、打报告、打电话，方言中的打信（寄信）、打酱油（醋）、打面（把小麦磨成面粉）、打家具（做家具）等。在功能上，这种“打”就像今天我们使用的“搞”“弄”“做”一样，是语言在发展过程中追求经济性的表现，同时体现了语言对精确性与模糊性统一的要求。

二、“弄”及其组合关系

（一）明代前期“弄”的组合关系

在研究语料中，“弄”一词共出现 22 例，其组合形式主要有以下几种：

1. 动词＋弄

例如：捉弄　般弄　欺弄　戏弄　拨弄

这一结构中，在前的动词对后面的“弄”起修饰限制作用，表示动作的方式、状态等。

（1）你每老子在乡里不曾用那小道儿捉弄人。他与人只是诚义，所以人都信服他。（《刘仲璟遇恩录》）

（2）你说王休生衅，听小人拨弄，明日弄坏了。（《朝鲜李

① 口语中的“打水”往往是指到固定的开水供应点用暖水瓶提取开水，在过去的农村是指用水桶等工具提取井水。

朝实录中的中国史料》上编卷一《太祖康献大王实录》）

2. 弄十动词或形容词补语

例如：弄坏　弄死　弄尽

这个结构中，“弄”是主要动词，其后的动词或形容词说明动作的结果。

（3）他在那里如此害人，也不思量要长久，则是贪财泼做，卒至今日把职事弄坏了。有这等无知的愚夫！（《大诰武臣·守门阻当第十》）

（4）见徐司马并聂都督等官，就传凉国公钧旨，着我来与你每说：“你每将军马都弄死了，功劳又无着，问你每要罪过。”（《逆臣录》卷一）

3. 弄十名词或代词宾语

例如：弄性命　弄了媳妇　弄权　弄我

这个结构中，“弄”对后面的名词或代词宾语起支配作用。

（5）有乃儿不花言说：“俺比先在草地里时遇着大人，今日好的日子呵，杀牛宰马，尽着俺受用，那等快活那里有。如今在这里，上位好生疑俺达达人，都将四散调开去了。看起他的动静，也只是弄性命俚，未知俺日夜怎么的。如今只等领军出征，一带儿反将出去，到得静办。”（《逆臣录》卷一）

（6）那强盗却听得这媳妇儿有好模样，便要取他，到那家里围住了房子，要弄了媳妇。（《训世评话》）

（7）赐酒饮间，有蓝玉说：“小厮，你姑娘是我家妳子，有话与你说。我亲家靖宁侯为胡党事废了，如今上位意思也要弄我，我早晚下手。你每都是我家人，数带信与你父亲，作急回来，一同做事。后教你父子都做个大官人，享富贵。”（《逆臣录》卷四）

总之，明代前期“弄”的用法已经多样化，“弄”的构词能力处于上升时期，可以跟动词、名词、形容词甚至代词搭配组合。

（二）“弄”的语义特征

《说文解字·廾部》：“弄，玩也。从廾持玉。”“弄”的本义是用手把玩玉，引申指相关的动作行为，且往往含有贬义。从上文所举例证分析，在明代前期“弄”的词义是泛化的，既可以表示具体的动作行为，如上例(4)、(6)；也可以表示抽象的行为，如(2)、(3)。它往往表示玩弄、取、对……下手等意义，与其本义所指手的动作有很大的相关性，从这一角度看“弄”的词义范围是基本确定的。

同样作为泛义动词，“打”和“弄”的语义有所不同。田明秋研究认为：“打”的语义是“多而确定的”，而“弄”的语义是“多而不确定的”。“打”的泛义应该是广义的泛，即词义广泛，但根据上下文可以确定；“弄”的泛义是狭义的泛，即词义广泛但是在自由结构中许多时候根据上下文仍然无法确定其具体涵义，具有典型的泛义特征①。我们认为，之所以会出现这样的情况，主要原因在于“打”类词和“弄”类词的语义重心不同。当后面跟动词时，“打”并非语义重心，往往被人们视为前缀，它所表示的意义往往就是其后动词的意义，其意义是比较确定的，如打搅、打捞、打探、打听、打劫、打捞、打造、打猎；而“弄”后面一般跟动词或形容词性补语，表示动作行为的结果，“弄”是语义重心，如弄坏、弄死、弄尽、弄走。人们之所以认为“打”的语义“多而确定”，除了上述原因外，还在于“打”的凝固结构比较多，如打听、打发、打的、打球、打伞等，因而语义也比较固定；反之，“弄”的固定结构则很少。当与名词组合为动宾结构时，除了凝固结构，“打”与“弄”的意义往往都是不确定的，要结合语境或其后的词语确定词义，如“打饭”，可以理解为买饭，也可以理解为盛饭；“弄饭”可以理解为做饭，也可以理解为盛饭。

---

① 田明秋《也说泛义动词——以“打”和“弄”为例》，《郑州大学学报（哲学社会科学版）》2010 年第 3 期。

三、“给”及其组合关系

(一)“给”的组合特点

本文研究语料中“给”组成的词语很多，如供给、优给(从优资助)、俸给(俸禄;薪金)、关给、支给(供给，支付)、出给(发给，给予，付给)、给与、给散(发放)、给授(给予，交付)、给付(交付)、给配、给赐(赐予)。“给”在这些组合中多是表示给予、供给义。其组合形式及特点表现为：

1.“给”一般与动词结合，组成“动词＋给”或“给＋动词”的并列结构。例如：

给与　给散　给授　给发(发给)　给付　给配　给赐　廪给　给还　给过

(1) 若有缺少，只问他要，凡给散衣食，不得宿卫的言语，休给散者。若给散者时，必自他始。(《元朝秘史》卷十一)

(2) 今后差使人员到驿，只许依例廪给。敢有似前生事，索要鸡酒财物、奸宿妇女、非法凌虐者，许本驿官吏指实具申巡按及索在按察使，就便具奏拿问。(《吏文》卷四)

2.“给”可以与动词或副词结合，组成状谓或动补结构。

状谓结构:优给　量给(酌量给予)

动补结构:赐给　关给　支给　供给　颁给(颁发赐予)　出给　追给(追回原物，交与其主)

例如：

(3) 征剿回还，陈钺会同总兵等官欧信等审得哈答哈等一十名俱系为好之人，并撒哈良等三名，每夷量给布疋赏劳，差人伴送出关去讫。(《吏文》卷三)

(4) 洪武十七年正月内，有兄将珣凭媒说合与锦衣卫中左所优给故官尹冕家为婿，一向在彼住过。(《逆臣录》卷五)

(5) 今给告示，于人烟辏集去处张挂，晓谕多人，不分官员军民人等，但有粮米籴卖，即便具状赴职告投，转行该仓，照数收受，出给通关付缴。仍行永平府，依价支给官银。(《吏文》卷四)

3. “给”与名词组成并列结构。例如：俸给

(6) 有兄孙宝，任宁海卫百户，征进病故，家小在骁骑右卫带支俸给。(《逆臣录》卷二)

(二) 授与动词“给”的出现时间问题

近几年学者多论及授与动词“给”的出现时间问题。太田辰夫认为：“给”是北京话乃至北方话特有的词，同样被称作官话的南京话中没有这个词。作为动词用作“给予”的意义，作为介词(前置词)用作 to 或 ford 的意思，是清代北京话资料中才开始见到的，在此以前的作品中绝对未见①。傅惠钧《〈金瓶梅词话〉中的授与动词“给”》②、张美兰《〈训世评话〉中的授与动词“给”》③，认为它最早产生于明代，日本学者志村良治提出“在元代或许已经大量存在”的观点④。赵世举认为它“萌芽于先秦，成长于汉魏六朝，成熟于隋唐代”⑤。如果说这么多学者对授与动词“给”已经使用了一千多年这一现象视而不见，似乎有悖常理。在授与动词“给”出现时间的问题上产生如此大的分歧，其原因何在？下面试加以分析。

---

① 太田辰夫《汉语史通考》，江蓝生、白维国译，重庆出版社 1991 年版，第 174 页。

② 傅惠钧《〈金瓶梅词话〉中的授与动词“给”》，《中国语文》2001 年第 3 期。

③ 张美兰《〈训世评话〉中的授与动词“给”》，《中国语文》2002 年第 3 期。

④ 志村良治《中国中世语法史研究》，江蓝生、白维国译，中华书局 1995 年版。

⑤ 赵世举《授与动词“给”产生发展简论》，《语言研究》2003 年第 4 期。

1. 授与动词“给”定位不准

首先“授与动词”这个提法本身就有歧义。《大词典》解释“授与”：给予。而“给予”的解释是：“使对方有所得。”在“给予”中“给”音 jǐ。然而大家视为授与动词的显然是“给(gěi)”而不是“给(jǐ)”。另外，《大词典》“给”(gěi)的第一个义项就是“使对方得到或遭受到”，与“给(jǐ)予”的解释正相一致。《大词典》注音与释义的矛盾让我们不知何去何从，这也给人们的理解造成了很大的空间。

表示授与意义，古代多用“与”表示。“与”的意义正如郑玄注《周礼·春官·大卜》引郑司农所云：“与谓予人物也。”表示授与意义的“给”涵义很广泛，授与的可以是具体的实物，也可以是抽象的东西，在它的出现及发展问题上我们赞同学者赵世举的观点。志村良治、傅惠均等学者讨论的是狭义上的施受动作关系中的授与动词“给”，即施受动作双方直接参予的含有“亲手交给”意义的授与。

2. 授与动词“给”的来源问题

志村良治认为，“给”的前身是“馈”，它是在近代从“馈”发展而来，由山东方言转生的。张惠英《说“给”和“乞”》一文认为，“给”是承接了从敦煌变文以来的“乞”(吃、喫)的用法①。赵世举认为“它是由‘给’的本义——‘接续’发展而来的”②。

我们认为，对于“给”授与意义的来源问题人们的理解似乎过于曲折。《说文·糸部》：“给，相足也。”古代常用意义是丰足、充裕，供给、供应。其中供给之义最常见，供给就是把物与人，以这个意义为基础很自然地就引申出给、给与之义。它在中古时期只有一个切语：居立切(《广韵》)，郭锡良给它拟的音是[kǐəp]③。结合舌面音 j、q、x 的出现时间，“给”读音的分化应该是晚近的事情，《大词典》“给”注音的不同并不能显示出“供给”和“授与”意义的差别，如“给还”，有发还之义，也有还给义。即使在现今的某些方言中表示授与意义的“给”仍发 jǐ 音。

① 张惠英《说“给”和“乞”》，《中国语文》1989 年第 5 期。

② 赵世举《授与动词“给”产生发展简论》，《语言研究》2003 年第 4 期。

③ 郭锡良《汉字古音手册》，北京大学出版社 1986 年版。

3. “给”的句法、搭配功能问题的补充说明

赵世举列出现代汉语授与动词“给”的五种典型搭配模式，指出隋唐时期的“给”除第五种形式尚未见到外，其他四种都有了。未见到的第五种形式是“An＋给＋Io＋V＋Do”（An 代表施事成分，Io 和 Do 分别代表与“给”相关的直接成分和间接成分，V 代表动词），从我们的研究语料看，至少在明代前期即已出现了这一形式，有时 V 是不及物动词，Do 不出现，甚至 Io 也可以省略。例如：

(7) 除钦遵外，今给半印勘合户帖付本户收执者。（《崇祯嘉兴县志》）

(8) 男子之妻多在高邮被掳，总兵官为甚不肯给亲完聚？（《弇山堂别集》卷八十六）

(9) 一件给聚事。永乐四年正月二十五日早，该建州卫指挥猛哥帖木儿于奉天门奏。有亲属完者等一十一名并家小，见在朝鲜国王处，如蒙准给完聚便益。当即本部官钦奉圣旨：“恁礼部行文书与朝鲜国王知道，着给与他完聚。钦此。”（《吏文》卷二）

(10) 都省除将段子五百匹责付所差断事官吴立并黄俦等收领前去外，仰钦依施行。具给赏过名数开呈。（同上）

(11) 参照牟斤重等既系被贼抢虏，今已走回，俱合给亲随住。（《吏文》卷三）

(12) 据此参照，金哈冬伊系俘获被虏人口，例该给亲完聚，缘系朝鲜国人氏，无凭给领。（同上）

明代前期“给”表示授与意义已经较常见，它不仅单用，有时还出现在一些固定组合中。例如：

(13) 洪武二十六年二月二十八日，本部署部事仪部主事盖霖等官，将辽东都司实收过高丽节次解到马数，于奉天门奏闻，钦奉圣旨：“你礼部照依马数，将纻丝绵布差官运

去，给还他价。钦此。”除钦遵外，今将该给马价段匹绵布开坐，差指挥同知王鼐等管运前去，合行移咨，请照验。(《吏文》卷二)

(14) 除具奏外，理合移咨本国，烦将各人家小给发建州卫完住。仍希给过人名口数回报施行。(同上)

(15) 永乐二十一年六月二十九日晚，该内官海寿传奏，给还朝鲜国永乐十九年来的马一万匹与今次去取马一万匹。该用马价布绢，合着户部查辽东都司见在收贮的支用。若有不敷，差官去南京该库关领，运去登州卫过海，赴辽东都司交收给还。(同上)

(16) 今本部见行差官前去本司公干，合再案呈。拟合通行除外，合行箚付，本职役前去辽东都司，着落当该官吏照依原今事理，将朝鲜国该给马价布绢先尽本处官库递年收贮见在数内打点，听候差人赍文到日，尽数给还。(同上)

(17) 臣祖怜悯失所，授猛哥帖木儿镜城等处万户职事，造给公廨。以至使唤人口鞍马衣粮，并皆给与抚恤。(《吏文》卷三)

(18) 所在官吏将老弱男妇个个分付饶食人户接济衣粮，连给谷种，使之耕农。(同上)

(19) 今将锁庆等肆拾伍员名，给与衣粮、盘缠、脚力，先行送赴辽东都司，交割转解。(同上)

(20) 欲行礼部议拟，将建州等卫头目差来指挥马你哈等三员量给赏赐，以示怀柔之意。(同上)

(21) 除外，今给榜文前去，仰常川张挂，遵守禁约施行。(同上，卷四)

(22) 仍于犯人名下追牛只入官，给民领养。(同上)

(23) 今给传帖，仰广宁卫转至迤东开原、抚顺驿，每处抄写一纸，晓谕无籍之徒。(同上)

(24) 田土房被人占据，俱各给还。若有卖绝者，所司量与追给，莫令失所。(同上)

其中(13)、(15)、(16)中的"给还"是还给义。(14)"给发"即发给。"给过",发给;支付。(20)"量给",酌量给予。(24)"追给",追回原物,交与其主。

从我们的研究语料分析,"给"表示授与类意义和供给类意义的使用比例为 128∶60,而在《朱子语类》中其比例还仅仅是 9∶57。可见,明代前期"给"的意义主体正在发生一个不小的转变,"给"表示的供给类意义正逐渐减少,"授与"意义已经成为其主要义项。

第五章　明代前期与后期词汇的差异

在汉语词汇史构建中，最基础的工作是做好断代词汇研究，其中各个时段之间的词汇差异一直是人们关注的重心。而语言是渐变的，随着研究的深入和细化，断代词汇内部的差异性问题也凸显出来，目前这一问题尚未受到足够关注。就明代词汇而言，我们通过研究发现，明代前、后期词汇有一定差异。

语言分析的基础是语料。在语料的选择上，明代前期白话语料共计约 45 万余字，考虑到前期语料以北方官话为主，并杂有南北方言成分，同时考虑时间长度以及语料容量的对等性，后期语料我们选择了崇祯本《金瓶梅》1—60 回，共 42 万余字。关于崇祯本《金瓶梅》的语言特点，众说纷纭，有的学者认为是冀鲁官话[①]，有的认为是“南北混合的官话”[②]，有的认为“带有南方方言色彩，且更倾向于吴方言”[③]，等等。我们认为它的语言总体上以北方官话为主，所以与前期语料有一定的可比性。此外，选择崇祯本的另一理由是，由于它经过文人润色，相对词话本而言语言上更趋书面化，而前期语料中有不少是诏令敕语、狱案和文书，也经过了一定的润色加工，因而较为匹配。

---

① 张鸿魁《〈金瓶梅〉的语言特色》，《徐州教育学院学报》2003 年第 2 期。

② 张惠应《〈金瓶梅〉用的是山东话吗?》，《中国语文》1985 年第 3 期。

③ 刘雯《〈金瓶梅〉词话本和崇祯本语言比较研究》，2011 年南京大学硕士论文。

第一节　明代前、后期词汇的继承关系

在语言诸要素中，词汇虽然发展变化最快，但一直是在继承中发展。明代后期与明代前期词汇之间的关系十分密切，以继承为主。下面从三个方面进行分析。

一、明后期沿用元代至明前期的口语词

明代后期不仅沿用了唐宋以来的大量口语词，也沿用了元代至明前期习用的口语词。如好生、勾当、根前、说与、备说、早是（幸而，如果）、门首、火甲、通报，表示约数往往用“五七”或数字连用，表示劝阻使用休、不要，等等。例如：

(1) 平凉侯请太师饮酒，平凉侯说：“我每都是胡丞相作反的人，若上位寻起来，性命都罢了。”太师说：“早是也不来寻我。”平凉侯说：“若不寻著我每，且躲一躲，不要出头罢了。”（《李善长狱词》）

(2) 娘子早是对我说，不然进入他家，如飞蛾投火一般，坑你上不上，下不下，那时悔之晚矣。（《金瓶梅》第十七回）

以上两例中的“早是”都是幸而、幸好之义。

(3) 在后是胜等每日领引军人卢尔德等前去蓝玉门首伏兵，听候谋逆。（《逆臣录》卷一）

(4) 西门庆等送桂姐轿子到门首，李桂卿迎门接入堂中。（《金瓶梅》第十一回）

以上两例中的“门首”指门口、门前。

明代前后期表示约数，除了“一二”“二三”“三四”“五六”“六七”“七

八"等数词连用外，还用"五七"表示约数：

(5) 及自有一等不诽谤甘心受贬做军，三二年、五七年、十数年纔可怜他召回复职，到任都无两月，其害军尤甚前日，更加奸骗军妇。(《大诰武臣序》)

(6) 后过五七日，有达子传说："去的太监，口子上拿了。"(《正统临戎录》)

(7) 不然我也不晓的，只因日前一个小徒，到沧州横海郡柴大官人那里去化些钱粮，整整住了五七日，才得过来。(《金瓶梅》第二回)

(8) 妇人良久暖了一注子酒来，到房里，一只手拿着注子，一只手便去武松肩上只一捏，说道："叔叔只穿这些衣裳，不寒冷么？"武松已有五七分不自在，也不理他。(同上)

另外，"七八"除表示约数外，前后期都用来表示"差不多，大概"义：

(9) 那官人回说："老人遇着灾难，七八待死，被先生救活的阴德天一般，怎敢容得报答？"(《训世评话》)

(10) 郓哥道："还早些个。你自去卖一遭来，那厮七八也将来也。你只在左近处伺候，不可远去了。"(《金瓶梅》第五回)

二、明后期沿用明前期的新词语

明前期产生的很多新词语在后期得以沿用。如清早晨、妇人家、棉(绵)花、问发、乐妇、下程、找等。

(11) 男子妇人必要有分别，妇人家专一在里面，不可出外来，若露头露脸出外来呵，必然招惹淫乱的事。(《大诰武臣·男女混淆第二十三》)

(12) 西门庆听言,圆睁二目,喝道:“你妇人家,不晓道理!奴才安心要杀我,你倒还教饶他罢!”(《金瓶梅》第二十六回)

以上两例中“妇人家”都指已婚妇女。

(13) 一承差遣,志意扬扬,经过驿站,不量事情急缓,不揣名分高下,辄便虚张声势,狐假虎威,公然占宿驿舍上房,勒要上等铺陈马匹,需索下程鸡酒等物,稍有违慢,辱骂驿官,殴打夫役。(《吏文》卷四)

(14) 来保拿着西门庆拜帖来到船上见,就送了一分下程,酒面、鸡鹅、下饭、盐酱之类。(《金瓶梅》第三十六回)

以上两例中“下程”指送给行人的川资或礼物。

明代前期出现了表示“寻找”意义的“找”,《金瓶梅》中用例有所增加,但多指金钱上的退有余、补不足:

(15) 至哈剌哈下营,有凉国公办酒,叫华吃饮间,赶开伴当,密与华说:“我要谋件大事,如今天下军马多是我掌着,上位疑我,只怕久后不便。要寻找个知心的人商议做一场,你心里如何?”(《逆臣录》卷五)

(16) 说话间,只见玳安来回话道:“王姑子不在庵里,到王尚书府中去了。小的又到王尚书府中找寻他,半日才得出来。与他说了,便来了。”(《金瓶梅》第五十三回)

(17) 伯爵趁谢希大未来,乘先问西门庆道:“哥,明日找与李智、黄四多少银子?”(《金瓶梅》第四十五回)

(18) 伯爵赶送出去,如此这般告诉:“我已替二公说了,准在明日还找五百两银子。”(同上,第四十六回)

(15)、(16)中“找”为寻找义,(17)、(18)中“找”指退钱。

三、明后期沿用明前期的常用词

明代前期与后期使用的常用词，以及一些常用词的常用义基本一致。

如表示寻找之义，前后期主要用“寻”，而很少用“找”：

(19) 军有病时，勤使去寻医人看。(《御制军人护身敕》)

(20) 只为要来寻他哥子，不意中打死了这个猛虎，被知县迎请将来。(《金瓶梅》第一回)

“遇见”“撞见”前后期并用：

(21) 洪武二十六年三月初二日，与同小旗郭保儿前去六合县买茶，到于街上，不期遇见兴武卫六合管屯王千户、谭百户、刘百户、张百户、郭百户、沈总旗、王总旗在彼说话。(《逆臣录》卷二)

(22) 状招先年因与汪都督熟识，至洪武二十六年正月十五日，因朝退回至会同馆前，撞见汪都督，分付焦义你明日来下处说话。(同上)

(23) 伯爵道：“便是白不得闲，今日在花家会茶，遇见桂姐，因此同西门爹送回来。快看酒来，俺们乐饮三杯。”(《金瓶梅》第十一回)

(24) 打马正走到东街口上，撞见冯妈妈从南来，走得甚慌。(同上，第十八回)

“仔细”前后期都可以表示“细心”“小心”义，且都以表示“小心、当心”为常：

(25) 印信是个关防军职衙门的，更是紧要，必须十分掌得仔细，如何可将寄放在别人家里？(《大诰武臣・寄留印信

第三十一》)

(26) 你仔细看,没些个粉饰,好清水段子。(《原本老乞大》)

(27) 临行,武松又分付道:"哥哥,我的言语休要忘了,在家仔细门户。"(《金瓶梅》第二回)

(28) 这西门庆仔细端详那妇人,比初见时越发标致。(同上,第四回)

第二节　明代前、后期词汇差异表现

深入研究发现,明代前、后期词汇存在明显的差异,明代前期词汇呈现出的面貌特点、常用词的使用、语义场的组成、语素的位置、词形等方面均与后期有所不同。下面从四个方面进行分析。

一、词汇整体面貌不同,后期异质语言成分大为减少

明代前期受元代语言影响较大,保留了很多异质语言成分,与后期词汇面貌有明显差异。明代初期皇帝的敕语和公文中仍使用元代公文习用的口语词,如表因果或目的的关系词"上头",祈使语气词"者",假设语气词"呵",句末动词"有",代词"这般着""么道",后置词"行""里";元代常用的口语词,像住坐、倒死(即倒毙)、说称、房亲、根勾等在明前期也很常见。而上述词语在明后期语料中均未见使用,后期汉语词汇整体上呈现出更为纯粹的汉语面貌。这一问题在第一章第一节曾经论及,此不赘述。

二、常用词的差异

就常用词的使用看,明代前后期有些是一致的,如明前期"寻"已经基本取代"觅"。张美兰通过研究《训世评话》(1473 年)认为,"觅"已经

退出历史舞台，“寻”成为核心词①。我们通过语料检索和分析也证明了这一点，明代前期“寻”与“觅”的使用比例为45∶1，这与后期的46∶1的比例基本一致。此外，“备细”正逐渐被“仔细”和“详细”替代，前期的比例为1∶1.6，后期“备细”的使用越来越少，下降为近1∶6；表示寻找之义，明代前后期都以“寻”为核心词，“找”的使用频次虽有增加，但远远不及“寻”；表示“索要、求取”义，核心词仍是“讨”，而不是“要”。但从明前期到后期，常用词的使用也存在明显的差异，下面试以几组词为例加以分析。

表7　明代前、后期常用词使用频次对比表

常用词例	明代前期 （明代前期白话语料）	明代后期 （崇祯本《金瓶梅》 1—60回）
（“站立”义）立∶站	23∶11	116∶63
住坐∶居住（住居）	49∶13（7）	0∶17（1）
弃∶丢	39∶6	17∶92
遇∶撞∶逢	127∶13∶5	59∶63∶28
走透∶走漏∶泄漏（漏泄）∶泄露	3∶2∶9（7）∶1	0∶1∶2（0）∶0
备细∶仔细	26∶25	7∶19
便当∶方便	25∶11	1∶27
每∶们	1459∶19	244∶356
不要∶别要	92∶0	92∶19
（“团聚”义）完聚∶团圆	22∶0	0∶3

（一）从“立”到“站”

表示站立义，古代汉语主要用“立”，表站立义的“站”宋代开始出现，《广韵·陷韵》：“站，俗言独立。”宋元时期被借用为表“驿站”的

① 张美兰《从〈训世评话〉文白对照看明初汉语常用动词的兴替变化》，《南京师范大学文学院学报》2012年第4期。

"站",是从蒙古语ǰam借来的音译词[①]。但元代文献中也偶尔使用站立义的"站":

(1)【贴】多久不多久,我的足也站疼了,姐姐,男儿二字怎底解?(施惠《月亭记》卷二)

明代初期文献尚未见到"站"表站立义的用例,至15世纪中叶站立义的"站"又开始出现在口语性较强的文献中,《正统临戎录》中出现2例,《训世评话》9例。例如:

(2)后行至野狐岭口边有,伯颜帖木儿、俺克太平章同杨善、忠勇伯站在东南边。(《正统临戎录》)

虽然在明代前后期表示站立义都主要用"立",但后期"站"使用频率有所增加,从前期的11例到后期的63例,且后期"站""立"已经结合为一个词"站立"(共见24例),前期则尚未结合在一起。

(3)这婆娘打发月娘进内,还在仪门首站立了一回,见无人,一溜烟往山子底下去了。(《金瓶梅》第二十三回)

到了清初《醒世姻缘传》中,"站"已经战胜"立",成为站立语义场的核心词。

(二)从"住坐"到"居住(住居)"

元代很少使用"居住",而是用"住坐"。明代前期是两个词的竞争高峰期,"住坐"明显占优势。

(4)他又敢犯事发,又且姑容他的性命,则全家发去边远住坐。(《大诰武臣·梅义交结安置人第四》)

---

① 方龄贵《元明戏曲中的蒙古语》,汉语大词典出版社1991年版,第16页。

(5) 后与妻家不和，被告发，迁往海南住坐。(《李善长狱词》)

《吏文》中“居住(住居)”和“住坐”的比例为19：14，说明在明代中前期，“居住”在较为正式的公文中已经居于竞争优势。明代中期以后“住坐”基本不再使用，“居住”以绝对优势占领这个义域。

(三) 从“着(著)”“教”“交”到“让”“叫”

明前期表示使令意义主要用“着(著)”、“教”或“交”：

(6) 鉏麑是晋国人。灵公暴虐无道，赵宣子每每把正直的言语谏他，灵公心里好生不喜，教鉏麑暗地里刺杀赵宣子。(《戒谕管军官敕》)

(7) 二十五日钦奉圣旨：“我考宋制，除尔做合门使，夜来翰林院考了，这衙门正似如今仪礼司一般。不着你管仪礼司事，只要跟着驾。但是我在处，尔便有，着传旨意发放事呵。我如今着你叔侄两个都回家去走一遭，把你老子祭一祭，祖公都祭一祭便来。”(《刘仲璟遇恩录》)

(8) 又想这子弟每，远来习学呵，在这里，或住半年，或住一年，或住年半。要回去，交他回去。(《吏文》卷二)

明代前期“让”主要表示“让给”“责备”义，“叫”基本是“喊叫”“招呼”的意思，二者都很少表示使令意义，后期“让”和“叫”表示使令意义的用例才开始增多：

(9) 那日见知县回出武松状子，讨得这个消息，便来回报西门庆知道。因此西门庆让他在酒楼上饮酒，把五两银子送他。(《金瓶梅》第九回)

(10) 妇人叫西门庆上下多使些钱，务要结果了他，休要放他出来。(《金瓶梅》第十回)

学者研究发现，在《金瓶梅》中“叫”的使用频次仅次于“教”，而《型世言》中“叫”的使用数量已经超过了“教”，“在明代中后叶的口语中表‘使令’义的‘叫’对‘教’展开了强劲攻势，取而代之的时间不会晚于清初”①。

（四）“逢、遇”和“撞”的此消彼长

张美兰认为，“明代，‘逢’逐渐失去优势地位。”②明初“撞见”义的“撞”处于发展之中，有替代“逢、遇”的趋势，而“遇”渐渐成为表“遭遇”义的常用词③。我们的研究也证实了这一点，相对“遇”而言，“撞”和“逢”的使用频率在不断提高。尤其是“撞”，明代前期“撞”出现13次，后期则为63次，其使用频率有很大提升，而且后期经常与“遇”连用为“撞遇”，明代前期语料则未见使用。例如：

（11）有日进城，在瓮城南门里，日色渐落，忽撞遇看坟的张安，推着车辆酒米食盒，正出南门。看见韩道国，便叫：“韩大叔，你来家了。”（《金瓶梅》第八十一回）

（五）从“弃”到“丢”

在表示“丢弃”义上，明代前期“弃”的使用频率比“丢”要高，为39∶6，明后期则变为17∶92，可见“丢”已经取代“弃”成为常用词。

（六）从“备细”到“仔细”

表示“仔细”义，明前后期都使用“备细”和“仔细”，但前期二者使用比例为26∶25，差别不大；后期则为7∶19，“仔细”明显占了优势。

（七）从“每”到“们”

吕叔湘认为，“北宋时通用懑，亦用门，南宋始有们。其后南方通语

① 张海媚《“教”的读音演变及其与“叫”的历时替换》，《西南交通大学学报》（社会科学版）2012年第2期。

② 张美兰《“遇见”义动词“碰”、“撞”的历时发展及地域分布》，《陕西师范大学学报》（哲学社会科学版）2014年第2期。

③ 张美兰《从〈训世评话〉文白对照看明初汉语常用动词的兴替变化》，《南京师范大学文学院学报》2012年第4期。

沿用不变。金人始用每，元人因之。明以后们字复申其势力于北方，取每而代之。”[①]受元代影响，明代前期表示复数的词缀仍以“每”为主。在我们的研究语料中，“每”与“们”的使用比例为 1459∶19，其中《训世评话》“们”就占了 14 例，可见明代前期“们”的使用非常少。到了明代后期，其比例则变为 244∶356，“们”的使用明显占了优势。

(八) 从“完聚”到“团圆”

表示“团聚”义，前期只用“完聚”，有 2 例“团圆”都是指月圆。例如：

(12) 客人忽悟，仰视皎月，团圆恰似明镜。(《训世评话》)

后期不再使用“完聚”，而是用“团圆”取而代之，“团圆”成为常用词：

(13) 却说孟玉楼、潘金莲、李娇儿簇拥着月娘都在大厅软壁后听觑，听见唱“喜得功名遂”，唱到“天之配合一对儿，如鸾似凤”，直至“永团圆，世世夫妻”。(《金瓶梅》第二十回)

常用词的变化还表现在旧词的逐渐消失和新词的出现上。如明代前期表示宣称、声称、说道等意义的“说称”一词，表“走漏”意义的“走透”，到了明代后期就不再使用了；表示劝阻前后期都使用“不要”，但后期开始使用“别要”；表示不应当之义前期用“不合”，后期主要用“不该”；“伴当”用例大为减少，代之而起的是“伙计”一词；表示“高兴”义，前期和后期都使用欢喜或喜欢，但后期开始出现“高兴”一词，见于《金瓶梅》第七十八回：

① 吕叔湘《释您，俺，咱，喒，附论们字》，《吕叔湘全集·汉语语法论文集》，辽宁教育出版社 2002 年版，第 25 页。

(14) 还未到起更时分，西门庆陪人坐的，就在席上齁齁的打起睡来。伯爵便行令猜枚鬼混他，说道："哥，你今日没高兴，怎的只打睡？"

不过此例中的"高兴"还是一个偏正结构的词组。在明后期其他文献中"高兴"已经成词了：

(15) 问着你那里来，(你把)闲行(来)答应，既闲行，没甚事，(为甚摸到)三四更，(不信道)撞寡门吃寡茶，(有)这般高兴。(《挂枝儿》)

(16) 吴尔辉正看得高兴，吃了一惊，道："你是甚人？素不相认。"(《型世言》第二十六回)

另外，随着外来文化的影响，一些新的外来词在明后期文献中开始出现，如来自梵语的"忏""慈悲""地狱""茉莉"等。

三、语义场的差异

明代前后期的语义场也有一定差异，这可以从同义和反义聚合中窥见一斑。如在"叫—唤"这组同义聚合中，从明代中后期开始"叫"的使用比例逐渐超过"唤"，此后这种比例不断拉大。再如"物事—物件—东西"，从三个词的总体使用情况看，元明时期出现频率都很高，呈相持不下的局面，明代中期以后"东西"使用频率越来越高，使用范围越来越广泛，在"三言"中"东西"的出现频率已经远远超过"物事"和"物件"。"住坐—居住"，元代基本不使用"居住"而是用"住坐"，明代前期是两个词的竞争高峰期，"住坐"略占优势，而在明代中期以后"住坐"就基本不再使用，"居住"成为常用词。下面举例作详细分析。

(一) 休、不要、别要

表示禁止、劝阻意义，明代前期和后期都使用"休"和"不要"，其中"休"的出现频率更高。杨荣祥认为：在元明时期的北方话中，"休"已逐渐取代"莫","别"用作表禁止的副词始于元代,到明代的《金瓶梅》中,它的使用频率还远远低于"休"①。

明前期语料未发现"别"表示禁止的用例,明代后期"别"和"要"开始结合使用表示禁止,而且"别"偶尔也可以单独使用:

(17) 西门庆道:"卓丢儿别要说起,我也娶在家做了第三房。近来得了个细疾,却又没了。"(《金瓶梅》第三回)

(18) (应伯爵)吩咐玳安:"且别教他往后边去,先叫他楼上来见我。"(《金瓶梅》第四十二回)

(二) 呼、叫、唤

三词在表示"召唤、招呼""喊叫、叫唤""叫做,称呼"等义项上构成同义关系。南宋时期"叫"的出现频率远远低于"唤",元代至明代前期"叫"的使用频率逐渐增加,但仍没有超过"唤",二者使用比例约为5∶2。从明代中后期开始,"叫"的使用比例开始超过"唤",此后这种比例不断拉大。在《金瓶梅》中,"叫"和"唤"的比例已经达到10∶1。而前后期"呼"的使用频率都比较低,后期又有所降低。

(三) 物事、物件、东西

明代前期,这三个词都可以指事物、物品,其出现频率为3∶23∶14,"物件"的使用次数最多,其次是"东西"。明代中期以后,"东西"的使用频率继续增加,在《金瓶梅》中"东西"(75例)的使用频率已经远远超过"物件"(18例)和"物事"(4例)。徐时仪认为:"元代'东西'成为南北的通用词,明清时'东西'的使用频率渐超过'物事'。"②这个时间可以提前到明初。

(四) 走透、走漏、泄漏(漏泄、泄露)

表示"泄露"之义,明代前期主要使用走(了)、走透、走漏、泄漏(漏

---

① 杨荣祥《近代汉语否定副词及相关语法现象论略》,《语言研究》1999年第1期。

② 徐时仪《"东西"成词及词义演变考》,《汉语学报》2010年第2期。

泄、泄露)4 个同义词:

(19) 宣宁侯说:"我如今这里人多,且不敢与你说,恐怕走了消息,你不便当。见他时,自分付。"(《逆臣录》卷二)

明代后期"走(了)""走透"都未见使用,主要使用"透""泄漏""走漏"等词。

(五) 口、嘴

表示人的"嘴",明代前期只用"口",后期"口"和"嘴"并用。

(20) 似这等愚下之徒,我这般年纪大了,说得口干了,气不相接,也说他不醒。(《大诰武臣序》)

(21) 那潘金莲嘴快,插口道:"好老气的孩儿!谁这里替你磕头哩?俺们磕着你,你站着。羊角葱靠南墙——越发老辣!若不是大姐姐带携你,俺们今日与你磕头?"(《金瓶梅》第二十一回)

吕传峰认为,"'嘴''口'真正竞争始于元末明初","元末明初至清中叶是'嘴'发展的关键时期,它已与'口'展开了全方位的竞争,并呈现出频率高、数量多、用法活、构词能力强的势头。"①

(六) 饥、饿

汪维辉认为:"在北方话中,'饿'成为'饥'的等义词并开始取代'饥'是元代以后发生的,至迟到 18 世纪中叶替换已经完成。"②表示腹中不饱、饥饿之义,明代前期主要用"饥","饥"与"饿"的使用比例为 7∶1。在明代初期,对于"饥"和"饿"的区分还是很清楚的,如下例:

① 吕传峰《"嘴"的词义演变及其与"口"的历时替换》,《语言研究》2006 年第 1 期。

② 汪维辉《汉语词汇史新探》,上海人民出版社 2007 年版,第 40 页。

(22) 那穷了无盘缠的,又怕法度,不敢去强夺人的吃,则得忍饥做工,把一百军都饿死了。(《大诰武臣·千户彭友文等饿死军人第五》)

到15世纪的《训世评话》中才开始出现"饿"表示饥饿的用例:

(23) 又一日,出去耕田,肚里饿,要吃饭,回来,看家里饭汤早做下,诸般摆布的干净。

至明代后期,在表示肚饥意义上,"饥"和"饿"的使用比例有了很大变化,约1∶3,"饿"的用例远远超过了"饥"。

(七) 好人—歹人、奸人、恶人

在前期语料中,与"好人"对应的反义词有"歹人""奸人""恶人",《金瓶梅》中"恶人"的用例增多,而"歹人""奸人"都未见使用。在前后期语料中都未见使用"坏人","坏"主要用作动词,还没有引申出品行上的"不好""恶"之义。

四、构词语素渐趋定序,词形趋于规范化

从明前期到后期,同素逆序词减少,构词语素渐趋定序,词形趋于规范化。

(一) 同素逆序词使用情况的变化

近代汉语中很多复音词在形成初期两个语素之间可以互换位置而意义不变,这样的同素逆序词在明代前期仍有很多,但从明代后期开始很多逆序词逐渐走向定序。对比明代前期与后期的逆序词,主要有以下四种情况:

1. 前期和后期两种形式都使用,后期正体的使用占优势。例如:

住居/居住:其使用比例前期为1∶2,后期1∶17

欢喜/喜欢(形容词,"高兴"义):前期2∶1,后期接近1∶3

2. 前期两种形式都使用，后期只使用后一种正体。例如：

物货/货物　路道/道路　定约/约定　容纵/纵容

3. 期使用非正体，后期使用正体。例如：

女使/使女　守把/把守

4. 前期不使用正体，后期开始出现正体，且二者并用。例如：

菜蔬/蔬菜　承应/应承

当然还有很多在现代汉语中使用的规范词形在明代未见使用，如前后期都使用“习学”“告报”“告禀”“照依”“藏躲”“历日”“窄狭”，而没有使用“学习”“报告”等词形。

（二）词形的变化

明代前期语料中，很多常用词的词形不统一，后期则逐渐趋于规范统一。举例分析如下：

1. “根前”到“跟前”。明前期“根前”与“跟前”的使用比例为 3∶1，以用“根前”为常；后期比例则为 1∶36，“根前”已经很少使用。

2. “段子”到“缎子”。明前期语料中“段子”与“缎子”的使用比例高达 18∶1，而到了明后期，出现逆转，使用比例为 1∶8，“缎子”的规范地位已经基本确立。

3. “子细”逐渐不再使用。明前期“仔细”“子细”二者并用，后期“子细”未见用例，“仔细”成为规范用词。

4. “什么”的使用比例有较大提升。虽然前后期“甚么”的使用都占优势，但前期甚么/什么的比例为 12∶1，后期则升至 3∶1。

其他如“拷打”替代了“栲打”，“挪”替代“那”，“赔”替代“陪”，“桌椅”替代“卓倚”，等等。可见，到了明代后期，很多现代汉语使用的规范词形已经基本确立。

综合以上分析可以看出，明代前期和后期词汇的确存在明显差异，造成这种差异的原因很多，其中政治因素不可忽视。明代前期汉语受元代语言影响而保留了一些异质语言成分，这是造成明代语言面貌出现前后期差异的重要原因之一。在明初“禁胡服胡语胡姓名”政策的干预下，汉语开始出现去蒙元化的发展趋向。随着明代社会经济的发展，特别是明代中叶以后商品经济发达，市民阶层壮大，俗文学创作兴盛，对汉语的发展产生了较大影响。另外，明代对汉语的规范所起作用也不可忽视，从洪武年间的《洪武正韵》，到万历年间的《字汇》、《俗书刊误》，崇祯末年的《正字通》等，都对汉语的规范发挥了积极作用。不可否认，无论是词形还是意义上，明代后期词汇与现代普通话都已经比较接近了。

第六章　关于明代前期汉语词汇研究的初步结论和思考

我们立足于明代前期目前研究者使用较少的诏令、文书、文集中口语性较强的语料，通过共时分析和历时考察，在点面结合的基础上，对明代前期词汇尤其是其中的新词新义进行了深入研究。在大量个案研究的基础上，我们就明代前期词汇及新词新义的特点、新兴复合词的构词方法、新兴词的来源及发展趋向、新兴词消亡原因等这些前人很少研究或尚未研究过的问题，进行了较为细致深入的分析探讨。通过辨别分析，找出新词新义 700 多个，并逐一对其使用情况进行了考察，大致确定其出现最早时代，做成词表附于文后。限于篇幅，文中仅选其中 106 个新兴词语进行了使用情况考察，然后重点对 8 个新兴词和 7 个疑难词进行较为深入的探讨和考释。此外，还从聚合关系角度对此期的同义和反义词语进行了研究，通过对 10 组词语的分析，对明代前期的语义场作了一个侧面透视；对“打”“弄”“给”三个词的组合关系进行了分析。通过以上研究，得出以下结论，并引发一些思考。

一、初步结论

元明时期是语言发展的活跃期，词汇表现出鲜明的时代特色。

（一）就明代前期汉语词汇的特点，我们概括为以下七个方面：1. 深受元代语言影响，保留异质语言因素；2. 口语和方言词语大量进入书面语，扩散融入通语；3. 新兴词大量出现，以双音词为主；4. “打”和词缀“儿”“子”的构词能力仍具上升态势，前缀“兀”、后缀“生”衰落；5. 量词丰富，并出现少量复合量词；6. 词语竞争激烈，新词新义淘汰率高；7. 词形不规范、不固定。

（二）新词新义大量出现，并且发展迅速。有些新词新义来去匆匆，如昙花一现；有些则具有强大的生命力，一直沿用到现代汉语中，成为常用词常用义；有些词语在明代前期还是口语和方言，后来进入了通语。我们总结新词新义的特点如下：1. 出现突然且用例多；2. 很多新词新义存在时间短暂，具有时代性；3. 新兴词以双音实词为主，虚词很少；4. 词序要求不严格，新出现的词语往往可以逆序使用；5. 有些新兴词语结构上还不够紧密，处于向合成词过渡的状态；6. 新兴词语迅速多义化。

（三）从词性角度分析，以本文研究语料中的新兴词 638 个为分析对象，发现以动词和名词为主，其中动词 292 个，占 45.8%；名词 263 个，占 41.2%。其他依次是：形容词 32 个，占 5%；副词 23，占 3.6%；量词 14 个，占 2.2%；代词 7 个，占 1.1%；连词 3 个，占 0.47%；数词 2 个，占 0.31%；介词、助词各 1 个，各占 0.16%。

从构词角度看，新兴复音词绝大部分是语法构词，少数是语音构词和修辞构词，个别是逆序构词。

（四）从新兴词语的沿用情况看，638 个新兴词中至少有 141 个约 22%的词语在现代汉语中已不再使用。以明代前期新近产生的词语为主体，我们对 106 个新词语（包括新义）进行了相对细致的考察，发现这一比例更高。统计发现，其中有 39 个在现代汉语普通话中沿用下来，约占总数的 37%，且其中有 31 个（约占 29%）至今常用；其余 67 个（约占 63%）在普通话中已不再使用，但其中有 15 个（约占 14%）保留在方言中。由此可以窥知，在汉语词汇的发展进程中，对新词新义的淘汰率还是比较高的。新兴词语的消亡原因有内部因素也有外部原因。语言内部原因主要有三个方面：1. 词语之间的竞争；2. 语言表达精密化的要求；3. 语言经济性原则。语言外部原因，包括社会发展、文化或心理、政治、文体等因素。

（五）从明代前期汉语词的组合和聚合关系看，此期出现大量的同义和反义聚合，古与今、文言和白话同时显现在一个共时平面上，既表现出人们思维的丰富和缜密，也表现出语言的多姿多彩。同时，这种聚合关系始终处于一种动态的发展变化之中，其中词义演变的作用不可忽视。词义的发展演变，会引起词义系统的调整和词的聚合关系的变化。有些词原来不是同义或反义关系，近代逐渐发展到同处于一个语义场中;有些词语在近代汉语中属于同一个语义场,演变到后来逐渐不再具有这种关系。

(六) 新词新义研究对词典编纂具有重要意义。

通过对明代前期语料的分析,我们发现不少具有时代特征的新词新义,可以增补词典的条目、弥补词典书证的不足或将词典的例证大大提前。我们主要针对《汉语大词典》这一影响较大的工具书,从"失收""释义不全不确"和"例证过晚"三个方面列举例证进行了讨论说明。

二、关于明代词汇研究的思考

(一) 新词新义研究的困境

文献语言与实际语言的距离问题是导致新词新义研究出现困境的最重要原因。由于几千年来文言文一直占正统地位,反映口语的文献链条缺失,致使很多词语词义发展脉络不清。有的词语在唐代就已经有个别用例,但整个宋代却找不到 1 条用例,直到元明时期才出现较多用例,如"绫子""罗段""作反"等,这些词我们称作被激活的古代词语。从语言实际看,这些词语未必不存在于宋代的口语中,只是文献没有反映出来而已。搞语言研究工作,学者们一般采取十分审慎的态度,讲究"例不十,法不立"。词汇的研究也应如此。但我们有时不得不承认这样一种现实:去除文献作伪等因素,如果某一时代确定的可靠文献中出现了该词,那即使是孤例,也同样能说明语言问题,我们也应承认它的存在[①]。如"嫂子""姐夫""打捞"都最早见于宋话本,且仅 1 例[②],如果说它们不可靠,那么就无法解释元杂剧中突然出现了大量用例的现象。新兴词中有相当一部分最早见于唐宋文献且用例很少,但至元明时期

---

① 汪维辉在《东汉——隋常用词演变研究》(南京大学出版社 2000 年版)中专门谈到"关于早期的个别孤例问题",认为:"对待早期孤例宜持谨慎态度,在没有确凿证据的情况下,最好不要轻易怀疑例子的真实性……文献中没有见到用例未必就意味着口语中不存在这个词,而文献中偶尔一见的例子也许恰恰是透露了口语的真实消息。"见第 409 页。

② "嫂子"见于《宋四公大闹禁魂张》,"姐夫"见于《错斩崔宁》,"打捞"见于《碾玉观音》。

忽然用例大增，这其中的原因值得探究。除了社会影响、使用习惯等因素，文献反映语言的滞后性不容忽视，文献没有反映出来的语言现象未必在实际口语中不存在。如何从现有的文献中寻找语言规律，结合其前后时代的语言对此期的语言特点给以定位，还原语言真实面貌，这是我们要努力的方向。

此外，相对于现代汉语而言，古代、近代汉语词汇研究中新词新义的标准更难掌握，所以目前学界仍没有统一的认识。给某一词语作具体的时空定位已经比较难，给一批词语或一个时代的词语作时空定位更是容易出现问题，成为众矢之的。但这种吃力不讨好的工作总得有人来做，只有这样，才能在不断的纠错修正中把新词新义研究推向前进。

（二）从明代前期汉语词汇看现代汉语的上限问题

仅从词汇的角度看，尽管很多明代前期的常用词沿用至现代汉语中，但与现代汉语相比在很多方面呈现出差异性。明代前期词汇特点鲜明，出现一些很有时代特点的词语，后代不再沿用（如前文所述现已消亡的元明新兴词）。常用词语的使用也不同，如表示应该意义的“合”远远超过“该”；多用“门首”而很少用“门口”；表示经常之义不用“经常”，而是用“常”“时常”“时时”；表示授与意义多用“与”少用“给”；使令性词语“行”“见”“着”是高频词。惯用语不同，如用数词“五七”表示约数。常用的表示动量关系的词语也大不相同，如表示重复数量的量词中，“遭”处于主要地位（共出现 105 次），“次”次之（56 例），“遍”、“回”的使用更少（分别是 22 例、2 例）。与现代汉语相比，语义聚合中的词语数量及使用频率也有很大不同，从我们分析的几组词语来看，演变到现代汉语中，有的聚合因某些词语的消失而不复存在，如“看见—视见—察见”，只有“看见”沿用了下来；“住坐—居住—住过”，只有“居住”沿用下来。有些聚合虽然还存在，但在使用频率上有了此消彼长的变化，如“叫—唤—呼—喊”，明代前期“唤”的使用频率最高，现代汉语中则“叫”的使用频率最高，“喊”由元明时期的偶尔使用到现代汉语中反超“唤”和“呼”。

总之，明代前期汉语对前代的语言继承较多，还没有完全摆脱元代语言的影响。和现代汉语相比，明代前期词汇呈现出的特点、常用词的使用、语义场的组成等都与现代汉语有明显差异。所以，我们认为，明代前期显然不能视为现代汉语的上限。程娟《〈金瓶梅〉动词研究》一文谈到："……我们通过对《金瓶梅》动词的描写分析，可以推断《金瓶梅》的语言面貌已接近现代汉语。"①如果说明代的语言面貌和现代汉语接近，那么这一时间至少要定在明中期以后。

（三）明代前期汉语词汇缺乏政府统一规范

我们在研究中还发现，明代前期汉语词汇存在着词形不规范、逆序词多等特点，这在很大程度上当是受了元代语言的影响。元代参与创作的文人数量多，他们的文化背景各不相同，所受教育多途，所读书籍很杂，加之每个人的创造性不同，很多口语、俗语甚至自创性质的语言大量进入书面语，这是造成当时用语不规范的一个重要原因。这一情况对明代前期汉语造成较大影响。《吏文》是官吏的仿效文本，其中也出现了很多异形词、逆序词，这说明明代前期字形的使用是缺乏一定规范的，还没有上升为政府行为。

同时我们也看到，这一时期有些逆序词语逐渐开始定序，如"捉拿"共使用22例，"捉拏"2例，"拏捉"仅仅1例，使用比例为24∶1。再如"纵容"和"容纵"的使用比为11∶1；"约定"和"定约"的使用比例为5∶3。

此外，我们在分析语料时发现，朝鲜教科书和文书对元代语言成分继承较多，《原本老乞大》、《吏文》、《训世评话》等较同时期的汉语语料更接近元代的语言面貌。逆序词的较多使用是其显著特点之一。如《吏文》中的逆序词就比其他语料为多，"约定"和"定约"在我们的研究语料中使用比例为5∶3，这3例"定约"就分别出现在《吏文》和《训世评话》中。我们推测可能在语言的接触中容易产生逆序词。

① 见程湘清《宋元明汉语研究》，山东教育出版社1992年版，第458页。

附录一 本文研究语料所见部分新词新义简表

【说明】

1. 本表所收为见于本文研究语料中的新词新义，共709个。其中主要是新词(也包括少量词组、熟语①)，未注明为新义者皆为新词。对新词新义的解释限于本文研究语料。新词新义的界定见前文所述。

2. 括号里所注年代为该词或该义的始见文献时代(限于本人目见，仅供参考)，由于有些词语所在的语料(如《全元曲》中的宾白)时代不易确定，我们就暂且注为“元明”。

3. 现代汉语沿用且意义容易理解的词语不再解释，前文已经解释过的词语亦从略。

4. 对词语的解释主要参考《汉语大词典》。在《现代汉语词典》和王学奇、王静竹《宋金元明清曲辞通释》中，有些词语的解释更为恰当，则采纳之。另外，部分词语的解释还参考了白维国主编的《近代汉语词典》。《大词典》未收录或工具书解释欠妥者，则由笔者参考文例加以解释。

---

① 据张永言《词汇学简论》，华中工学院出版社1982年版，第122—123页：“语言里的这一类现成的固定词组或句子(主要是词组)就叫做熟语。……熟语包括语言里的成语、谚语、格言、惯用语等。”

A

【挨究】(南宋)查问,搜捕。(见前103页)

【挨拿】(明)搜捕。(见104页)

【安插】(新义,元)安置;安排。例如:蒙本官对说:"所谋的事,疾速容易成功,若迁延日久,恐怕泄了机不便。我想你府军前卫正守着午门、承天门、端门,如今等江北马军过来时,选着些好壮汉,安插在各门上守卫,外面多摆布些人马接应着一声,我里头看动静,好下手时,便都开门放进,这事无有不济。"(《逆臣录》卷二)

【安妥】(新义,南宋)犹言稳妥,妥当。例如:其巩昌、临洮、兰州等处见守的官人每都不动,如军马少处,添拨将去,务要安妥。(《弇山堂别集》卷八十六)

【暗礁】(明)(见100页)

【熬】(新义,南宋)忍耐;勉力支持。例如:是翼分付本婿言说:"如今凉国公差人到这里说他要谋反,料想我久后为胡党事也熬不出去,莫若随顺他做一场到好。"(《逆臣录》卷一)

B

【把都儿】(元)蒙古语勇士的音译。例如:本官问说:"这火官人、把都儿是那里的,到都是几个好汉。"有张指挥等回说:"这是小人卫里挑拣的几个快厮杀的头目并马军,引来见大人。"(《逆臣录》卷二)

【把事】(元)少数民族部族中土官手下的主管官员。(见104—105页)

【罢了】(南宋)完了,表示遇到危难无法解免。例如:有蓝玉征北,着人寄信与春:"你在府办事,早晚艰难。你又是胡党,久后有人招出来,一家儿都是罢了。你不如寻个缘故去奏,则说你年老,管不得事,好歹教你在外领军,就和你每会合做一件大事。"(《逆臣录》卷一)

【百般】(新义,南宋)① 谓想尽或用尽一切方法。例如:陈州指挥胡琏等六员、颍州指挥陈胜等十九员,这火官人百般害军,共冒支官粮三十八万,各分入已。(《大诰武臣·冒支官粮第一》)② 十分;万分。例如:他能还报我母亲养育恩,将我二子性命救了,凡百般艰难处,也不曾怠慢,今后九次犯罪休要罚着。(《元朝秘史》卷九)

【摆拨】(新义,元明)处置,安排。例如:有蓝玉言说:"若事成时,我这里有军马,等我拣了日子,我便着人来叫你,你便领着军马根我走,我着你望前,你便望前,着你望后,你便望后。"有蓝指挥回言:"也摆拨得是。"(《逆臣录》卷一)

【摆布】(南宋)安排,布置。例如:陈州、颍州这两处的军,自洪武元年便摆布他屯种自食,到今屯种二十年了,便做五年各军屯种不起,关官粮吃,也有十五年不关粮了。(《大诰

武臣·冒支官粮第一》）

【摆宴】（元明）设宴。例如：次日，到于宣府，住歇一日。摆宴，有少监郭敏，进膳将膳桌上的吃食等物，奉圣旨："哈铭分与锁那俺等拿去，与伯颜帖木儿特知院、掩克平章有。"（《正统临戎录》）

【班】（元）量词。例如：三班与带弓箭的人入直时分做四班，一班教也孙帖额为长，一班教不吉歹为长，一班教火儿忽答为长，一班教剌不剌哈为长。（《元朝秘史》卷十）

【板房】（明）① 内廷处理诏书公文之处；② 明代高级官员家中议事的地方。（见 105—106 页）

【伴当】（新义，元）指随从的差役或仆人。（见 181—183 页）

【帮贴】（南宋）帮助，补贴。（见 106—107 页）

【绑缚】（元）捆绑。例如：今后学规严紧，若无藉之徒，敢有似前贴没头帖子诽谤师长的，许诸人出首，或绑缚将来，赏大银两个。（《南雍志》卷十）

【包袱】（新义，明）包衣物用的包单[①]。例如：一招洪武二十六年三月十四日晚，有陶指挥偷带抄札来银旋子贰个，打匾了碎银子不知数，着包袱包着，与火者来安将回家去。（《逆臣录》卷三）

【包揽】（明）招揽过来，全部承担。（见 107 页）

【报名】（元）欲参加某种活动或组织时，向主管者开具自己的姓名以及年龄、籍贯等。（见 107—108 页）

【卑职】（南宋）旧时下级官吏面对上司时的自谦之称。例如：卑职回对："俺不是别人，是辽东都司差来的千户，有公干。俺引着进马宰相差来的伴当郑帖木儿，更有宰相金押的文字。"（《吏文》卷二）

【备细】（南宋）① 详细情况。例如：我虽这般说，计量中不如在军上多知备细，随机应变的勾当你也厮活落些儿，也那里直要我都料定。（《弇山堂别集》卷八十六）② 详细的。例如：我将这备细缘故做成一本书，各官家都与一本，这话直直地说。（《大诰武臣序》）③ 详细地，详尽。例如：我许大年纪，见了多，摆布发落了多，从小受了苦多，军马中我曾做军来，与军同受苦来，这等艰难备细知道。（《大诰武臣序》）

【本等】（南宋）① 本来，原来；② 本分；③ 自身所在的等级。（见 108—109 页）

【逼凌】（元）逼迫欺凌。例如：这般看来呵，那是百姓每要反，则是被他逼凌得没奈何了，所以如此。（《大诰武臣·耽良肆贪害民第三》）

【比先】（南宋）从前，过去。例如：有金

① 《大词典》这个义项未举例。

察罕帖木儿等回说:"那里快活,恁官人每先来知道,这里法度利害,将俺达达人做贼一般看待,若是我比先得知如此,至死也不来。"(《逆臣录》卷五)

【髀石】(元明)我国古代北方少数民族的狩猎用具,亦为一种游戏器具。例如:太祖生时,右手握着髀石般一块血生了。因掳将帖木真兀格来时生,就名帖木真。(《元朝秘史》卷一)

【鞭子】(宋元)例如:他母亲说:"你兄弟每如何那般?做譬喻说道:'除影儿外无伴当,除尾子外无鞭子。'咱每受泰亦赤兀兄弟每的苦,报不得时,如何恰似在前阿兰娘娘的五个孩儿般不顺和,你每休那般做。"(《元朝秘史》卷二)

【便当】(元)方便,容易。例如:百户的印信,干碍一百户的军马,倘或人将去,印几纸文书出来呵,好生不便当。(《大诰武臣·排陷有司第三十》)

【便益】(南宋)方便;便利。例如:如此分布守定,往来云南便益。(《弇山堂别集》卷八十七《诏令杂考三·太祖取云南前后事宜录自内阁者附于后》)

【标子】(明)古兵器,用于投掷的标枪。例如:至本年二月初三日,有常指挥带领嘉等将到皮铁甲三副、腰刀一把、标子两个,前去江北整点人马。(《逆臣录》卷三)

【别个】(南宋)别人。例如:每一个月好着实出气力下屯,不许恁每隐占在家做生活,却交别个军每替他屯种。(《谕天下武臣敕》)

【禀问】(南宋)向尊长询问事情。例如:(詹原达)状招先蒙本卫指挥杨贵取去本家教学,至洪武二十六年正月内失记的日,有本官早朝来家,是原达禀问本官:"为何回晚?"(《逆臣录》卷四)

【病故】(元)因病去世。例如:幼小不记年间,父王三病故,随母李氏改嫁与龙骧卫左所百户刘怀下军曹成为妻。(《逆臣录》卷一)

【哱啰】(明)古时军中的一种用海螺壳做成的号角。(见66—67页)

【鎛锣】(明)用金属制作的号角。例如:"也先起营了。听得吹号头鎛锣响,铭跟随扒山。"(《正统临戎录》)

【不迭】(南宋)不及。例如:有陶指挥说:"我明日自和你每去,问他几时要用。若不预先约定下手日子,恐后临期摆布不迭。"(《逆臣录》卷三)

【不妨事】(南宋)不要紧,没关系。例如:有凉国公说:"我每日在朝里走,不妨事,有事是我担带。"(《逆臣录》卷二)

【布疋/布匹】(元)指布。例如:次日,同本官将布疋送至蓝玉府内。(《逆臣录》卷四)

C

【擦】(新义,明)抹去,擦掉。(见63页)

【猜拳】(明)划拳。例如:是铭一同各官时常与崔内官交相猜拳戏谑,饮酒情熟。(《逆臣录》卷二)

【采办】(元明)采购。例如:系朝鲜国王千户等织役民,先于天顺陆年玖月内,蒙本国差,带领民人金申宝等采办海味。(《吏文》卷三)

【操练】(宋)以队列形式教授和练习军事技能。例如:屯种之时,苗未出土,那一会可以修城,可以操练。(《宣谕武臣敕》)

【操演】(元明)操练;演习。例如:仰本府将应有的军马整搠精锐,衣甲器械齐整,俱要操演,听候大军到日,會合剿捕麓川思伦发,不许怠慢。(《弇山堂别集》卷八十七)

【草帽】(元)用麦秆等编成的帽子。(见109—110页)

【藏躲】(元)躲藏。例如:又有土人全者遂等四千九百四十口,并千户高勖等下家人海西等一十四口,俱各逃移本国藏躲。(《吏文》卷二)

【刺旗】(明)"刺旗"当指在因犯罪被编入伍的军人手、脸等部位刺上所隶属旗卫的名称。(见203—205页)

【查究】(明)检查追究;查办。(见110页)

【差发】(南宋)指赋税徭役。例如:今便差人将俺的言语去开与西番每知道,若将合纳的差发认了送将来时,便不征他;若不差人将差发来呵,俺着人马往那里行也者,教西番每知道。(《谕西番罕东毕里等诏》)

【颤动】(明)抖动;振动。例如:住间,一日清早苍黄将明的时分,诃额仑母亲家里使唤的老妇人说:"母亲,母亲,疾快起来,田地颤动的声听得有,莫不是曾扰害咱每怕了的泰亦赤兀惕兄弟每又来了?母亲疾快起来。"(《元朝秘史》卷三)

【长工】(宋元)泛指长时间从事某役的雇工。例如:状招洪武二十六年正月内,同本乡民人门讨得赴京,赶趁顾与汪都督家做长工。(《逆臣录》卷一)

【长话】(明)冗长拉杂的话。(见110—111页)

【厂房】(明)工厂或工厂的房屋。例如:状招洪武二十六年二月初五日,有景川侯使令家人称要差人打草搭盖厂房为由,前来唤信到于凉国公直房内见。(《逆臣录》卷一)

【抄没】(元明)查抄没收。(见111页)

【抄提】(明)查抄提取。例如:不期本官败露,将伯高等一概抄提到官,罪犯。(《逆臣录》卷一)

【抄札/抄扎】(南宋)查抄没收。例如:不期事发,差人到卫抄札百户王义户下人口。(《逆臣录》卷二)

【赤剥】(明)脱光;裸露。(见111—112页)

【盛放】(南宋)盛装。例如:下番回还,番货中有贵细物件,不必开封,连柜篓称斤两,各官眼同封号,再用厚木柜盛放,布漆铁叶包裹牢固,各官护封十分周密,从陆路差人管解押运

赴京来。其苏木、胡椒粗重对象之类，细称见数，依前命海道运来。(《谕福建各官敕》)

【城子】(南宋)城池，城市。例如：唐琦是宋时守御的军，那时李邺把绍兴城子降了金家，金家着大将琶八守了绍兴。(《戒谕管军官敕》)

【乘坐】(南宋)骑，坐。例如：一使臣往来，沿百姓处经过，事也迟了，百姓也生受。如今可教各千户每出人马，立定站赤。不是紧急事物，需要乘坐战马，不许沿百姓处经过。(《元朝秘史》卷十五)

【承应】(新义，明)同"应承"，答应、承诺。例如：有威言说："要马做甚么用?"大人回言："我有用处。"威承应回家，一向去江北养马，至初三日回还。(《逆臣录》卷二)

【铳】(元)用火药发射弹丸的管形火器。例如：尔等军回之时沿途仔细，跟随神机铜铳及箭桦皮哈喇尔蠢袋及一应军器，务要尽数收拾前来。(《弇山堂别集》卷八十八)

【除是】(元明)只有，仅仅。(见87页)

【厨役】(元明)担任炊事的仆役。例如：其各处夷人到馆，该用下程酒食之类，光禄寺委官一员押送前去，照名给散，严防厨役人等，不许侵克。(《吏文》卷四)《吏文》下注："厨役，主炊爨者，又称厨子。本国各色掌子类。"

【处决】(元)处死。例如：其擒捕官校，量加奖励，俾其务将逃脱强贼拿获，一体问罪奏请处决。(《吏文》卷三)

【穿堂】(明)房屋之间的过道。例如：是干使令火者福童引他去后堂西耳房内，等我发落事情了来梳头。当时引入穿堂，致被审囚官拿奏，罪犯。(《逆臣录》卷三)

【船只】(南宋)指船。例如：奉此合行照会，可着落西京崔巡问使照勘前项船只粮米等项有无，见在明白回报施行。(《吏文》卷二)

【攒造】(南宋)汇总编制。例如：攒造军马文册间，于当月二十一日辰时，有本卫同知刘怀远，将引从事人员出营，前去洪平章处探病。(《吏文》卷二)

【催并】(元)催促。例如：有陶指挥差总旗李源、赵通、蔡快行等三名前来催并。(《逆臣录》卷三)

D

【褡连】(明)又作"褡裢"，即褡膊，一种长方形的布袋，中间开口，两端可盛钱物，系在衣外作腰巾，亦可肩负或手提。例如：成化拾肆年正月初玖日，吴刚、王有才、段洪又纠同今在官民人卢全并已死何和尚及未获军人李绅，与政等在于永清县地名邓家务劫得民人韩贵及不知名人马匹、褡连等物分用。(《吏文》卷三)

【打差】(元明)当差。例如：有舍人郑端等送至江边，往别处打差去讫。(《逆臣录》卷三)

【打点】(南宋)① 清点。② 准备、整

理。③ 行贿以请托他人疏通、照顾。(见 245 页)

【打发】(南宋)派遣,使离去。例如:至本月十六日,使待诏查阿孟:“你去锦衣卫里,去和陶指挥梳头为由打探,怕妇人去告着我每时,你对陶指挥说,休要准他,打发他去。若过后无事,魏让、德海却来相谢。”(《逆臣录》卷三)

【打搅】(元)干扰,扰乱。例如:后太监说:“都是哈铭这厮每打搅,把这厮每都杀了才没人打搅。”(《正统临戎录》)

【打紧】(元)要紧,重要。(见 243 页)

【打捞】(南宋)把沉在水里的人或物找着取上来。例如:即将肖忽秃不花、石帖里必思、观音保等尸首打捞到岸,断颈示众外,将哈赤牧子答失蛮等一百一名生擒。(《吏文》卷二)

【打送】(明)打点送礼。例如:凡抄札胡党及提取害民官吏人等,都差军官军人前去。为甚么不差别人,止差军官军人?每日差一个行人出去,有司打送动辄数百贯钞。(《大诰武臣·卖放胡党第十七》)

【打探】(南宋)打听,探听。例如:说罢,各散回家,常川在于陶指挥打探消息,及在蓝玉直房前来往听候调用。(《逆臣录》卷三)

【打听】(南宋)探问。例如:如今我要谋件大事,已与众头目每都商量定了,你回去到家打听着,若下手时,你便来讨分晓,久后也抬举你一步。(《逆臣录》卷一)

【打细】(元)做细作。(见 112 页)

【大概】(新义,南宋)表示有很大的可能性。例如:前日报那边军马事势轻重不一,俞平章取军紧急,大概本官自来不曾独力主事,所料未到,是以取军功切。(《弇山堂别集》卷八十六)

【大口】(元)户口中的成年人。(见 235—236 页)

【大马法】(明)女真族对其屯长的称谓。(见 194—196 页)

【大人家】(新义,明)犹“大人”,职务低的官吏对职务高的官员的称呼。例如:状招洪武二十六年二月十五日,有本管总旗崔忠、小旗董官保、王丑儿,识字军韩思友到本家告说:“如今抄了的赵张保,是苏魁义弟,大人家禀官怎地好?”(《吏文》卷二)

【大势】(新义,南宋)大批、大规模。多形容军队声势浩大。例如:蓝玉道:“天下大势军马都是我掌定了,陶文你从前气死开平王,我和你都是老诚,你今同我两个摆布则个?”(《逆臣录》卷一)

【戴罪】(明)明代被判了罪的官员仍留职任用,称为“戴罪”。例如:事发,都着他戴罪出征。(《大诰武臣·冒支官绢第十五》)

【担带】(南宋)① 提挈,关照。例如:有蔡大舍惧怕到官,招出同党情由,却乃潜对清密说:“小人比先曾与相公同去结交蓝玉,如今事败,望相公若到官取问时，千万休指小人名字，若肯担带，小人情愿在外与相公供送饭食。”(《逆臣录》卷二) ② 承担。例如：有凉国公说：“我每日在朝里走，不妨事，有事是我担带。”(《逆臣录》卷二)

【当差】(元)应承官差。例如：数内妇女壹口，供名金哈冬伊，年四十七岁，系朝鲜国艾[义]州城东门住居，民人金门马你妻。天顺伍年八月内，因夫当差不在，不得生理。(《吏文》卷三)

【当先】(元) ① 赶在最前面；领先。例如：即今做官的，已有父子相传做官。那时用命当先的人，父子相传，犹为军。(《宣谕武臣敕》) ② 原先，当初。例如：本官置备酒食，就留吃饮间言说：“你老子当先在时，常来我处行走，商议事务。你如今到不想旧，不肯来我家走一遭。”(《逆臣录》卷五)

【倒换】(元)掉换。例如：洪武二十四年，为倒换马匹，取问招实，仍被凉国公奏调海南做卫镇抚。(《逆臣录》卷三)

【道子】(元)道路。例如：有黄知印看讫差札入城去，一同钱镇抚出来，言说：“卫官说将来，咱这里无脚力。一来金州有倭贼，又无船只，这道子上难行。早些回本国，打水路里去。”(《吏文》卷二)

【德性】(新义，明)指不入眼的模样、品行。(见100页)

【粜卖】(明)指卖出粮食。例如：今给告示，于人烟辏集去处张挂，晓谕多人，不分官员军民人等，但有粮米粜卖，即便具状赴职告投，转行该仓，照数收受，出给通关付缴。(《吏文》卷四)

【典刑】(新义，元)正法。例如：问得明白，要了招，将本人典刑了。(《谕武臣恤军敕》)

【垫】(新义，元明)用别的东西衬在下面，使物加高、加厚或起隔离作用。例如：及其放支，却又捵和沙土、破席等物，衬垫斛面，克落军粮，通同近仓库军民人等侵盗分用。(《吏文》卷四)

【刁蹬】(元)故意为难，捉弄。(见112—113页)

【吊死】(元)缢死。例如：倘或有我每名字，不如先吊死了，免得累及一家老小性命。(《逆臣录》卷二)

【迭不得】(元)来不及。例如：本官问说：“曹百户你来了，前日对你商量的话，我今日早在直房见这指挥，迭不得备细和他说。”(《逆臣录》卷四)

【叮咬】(明)指蚊虫等昆虫用针形口器刺入人或动物的皮肤吸食血液①。例如：至川勒，桑昆与伴当阔阔出并其妻一同寻水吃，因见野马被蝇虫

---

① 《汉语大词典》和《现代汉语词典》皆未收释。

叮咬着，桑昆下马，将马教阔阔出拿了。（《元朝秘史》卷八）

【定害】（元）打扰；麻烦；搅扰。例如：奉圣旨："是。着哈铭与说：多定害生受你，我进口去有。"（《正统临戎录》）

【定约】（元）谓预先约定。例如：凡察、满住与忽剌温乃胯同谋，欲于朝鲜国边界不拣那个地方作贼，定约部落各处传箭请兵。（《吏文》卷二）

【丢弃】（明）放弃；抛弃。（见113页）

【东西】（新义，南宋）泛指各种具体或抽象的事物。（见218—220页）

【动调】（明）调动，调集。（见113—114页）

【动手】（元）着手去做某件事情。例如：过午，潜对麟言说："凉国公近日见上位疑忌他，恐怕靖宁侯招内有他名字，昨日唤我去商量，要动手谋反，府军前一卫头目都顺从他了。我正要教你知道，同去他家走一遭如何？"（《逆臣录》卷四）

【兜肚】（明）挂束在胸腹间的贴身小衣。例如：太祖军在塔塔儿营盘里时，拾得个小儿，鼻上带一个金圈子，又金纻丝貂鼠里儿做兜肚。与了母诃额仑，诃额仑说："必是好根脚人的儿子。"（《元朝秘史》卷四）

【肚带】（元）围绕马骡等的肚子，把鞍子等紧系在背上的皮带。例如：帖木真在密林内过了三宿，牵着马出来时将备的鞍子脱落在地，回去看呵，扳胸肚带依旧扣着，说道："肚带口着鞍子脱落呵，犹可。扳带扣着，鞍子如何脱落的？莫不是天止当住我么？"（《元朝秘史》卷二）

【断发】（元）判罪发配。（见114页）

【断没】（元）判决没收归公。例如：不期奸党败露，将指挥杨春全家断没。（《逆臣录》卷四）

【段疋】（南宋）成匹的缎子。例如：李铎、喜宁带去使臣，段疋、衣服等物被伯颜帖木儿家人达子强分用了有。喜宁来说："多人的东西被他分用了。"（《正统临戎录》）

【段子】（南宋）即缎子。例如：当有本官将钞贰佰伍拾贯、段子伍匹、银子参拾两作聘礼，付参收领。《逆臣录》卷一）

【缎子】（南宋）例如：甲雨却行隐讳实情，影射己罪，诈称观音保万户与马一匹作盘缠。甲雨回奉了鸦青缎子绵上盖一件。（《逆臣录》卷二）

【墩台】（明）报警台。（见114—115页）

【顿放】（南宋）安置；放置。例如：是宏听允，当同詹尚宝于南橱内取出"礼"字号金牌二百面、"信"字号金牌一百面，在北橱顿放，伺候谋逆。（《逆臣录》卷一）

【多余】（元）充裕有余；剩余。例如：今发官军人等回营沿途收拾遗下神机铳及军器，并将带多余铳，到营之时，一一与内官点过交收。（《弇山堂别集》卷八十八）

【躲避】（南宋）躲藏。例如：仲谦等喜

允，一向跟随本官出入，时尝与李太师家商量事务。十三年胡党事发，仲谦与陈仲良逃回太师家躲避。（《李善长狱词》）

【垛子】（南宋）垛，音 duò。① 牲口驮载的行李。② 驮载着行李物品的马骡驴等。（见 178—181 页）

E

【儿孩】（元）男孩。（见 115 页）

【耳房】（元）正房或厢房两侧连着的小房间。例如：少时，本官将引本卫小旗李仲原出门，同喜等前去凉国公耳房内拜见。（《吏文》卷二）

F

【发放】（南宋）发落，处置。例如：太师仪仗户周文通招云："洪武十六年五月初五日，太师坐前厅，'叫火者、家人、小厮都来听我发放：已前事务不成了，你每大小休要出去唱言！如今暗行人多。我好时，小厮每都好；不好时，都不好。出外小心，在家勤谨，休要说闲话。小厮每都起去！'"（《李善长狱词》）

【发风】（元明）即"发疯"。（见 116 页）

【发狠】（明）① 下决心，不顾一切。② 恼怒；动气。（见 116 页）

【发落】（元）（见 116—117 页）

【发卖】（南宋）出售。（见 117—118 页）

【法刀】（宋元）刽子手行刑的刀。例如：陈指挥说："如今凉国公使人来对我说，要谋件大事。我与他砍办下枪杆八百条，库内又有法刀三把，听候与他接应。恁官人每也来扶助一助。"（《逆臣录》卷二）

【方才】（南宋）① 刚刚。例如：回家密对蛮儿言说："我方才去拜见蓝大人，本官对说他要谋件大事，着我每都摆布下人马伺候，一声动手时，便来接应。若这事成了时，我弟兄每都得大名分做。休要泄漏消息。"（《逆臣录》卷四）② 副词，表示时间或条件关系。例如：今后再有些须战马时，可候他果实如何，得他彼中虚实，料我十分得胜时方才出军与战。（《弇山堂别集》卷八十六）

【方语】（唐）方言。（见 118 页）

【防范】（南宋）防备；戒备。（见 118—119 页）

【房亲】（五代）指家族近支宗亲。例如：朵奔篾儿干在时生的别古讷台、不古讷台两个儿子背处说："俺这母亲无房亲兄弟，又无丈夫，生了这三个儿子来，家内独有马阿里伯牙兀歹家人，莫不是他生的么道？"说间他母亲知觉了。（《元朝秘史》卷一）

【房屋】（南宋）房子。例如：这几个粮长有些家私，见今为没官房屋，没有他名字。（《逆臣录》卷三）

【房子】（南宋）例如：军官有父母的父母教诫，有兄弟妻子的便教生些仁义之心。则把那小军身上穿的衣服，口里吃的饭，下的那个小房子见都看了。（《大诰武臣序》）

【放心】(南宋)心情安定,没有忧虑和牵挂。例如:有凉国公又说:“你放心,我事业成时,教你享富贵一世。”傅侍郎起身就拜两拜:“除是大人活得我性命。”(《逆臣录》卷一)

【废】(新义,明)杀,杀掉。例如:这起反臣都吃我废了,坟墓发掘了。(《刘仲璟遇恩录》)

【焚化】(唐)指烧掉(纸钱、尸体等)。例如:及军人江才等认系各家亲男,即合回还陈告,差官前去,相验明白,然后焚化。(《吏文》卷二)

【风匣】(明)即风箱。例如:帖木真自那里回着到家,有札儿赤兀歹老人自不儿罕山前背着打铁的风匣,引着者篾名字的儿子来。(《元朝秘史》卷三)

【腹里】(元)内地。(见119页)

【妇人家】(南宋)泛指已婚妇女。例如:男子妇人必要有分别,妇人家专一在里面,不可出外来,若露头露脸出外来呵,必然招惹淫乱的事。(《大诰武臣·男女混淆第二十三》)

G

【该】(宋)应当。例如:该斩的斩,该打的打,毋得徇情饶过。(《弇山堂别集》卷八十八)

【该房】(元明)值班的人。例如:咨呈到府,合行本司,行移朝鲜国,一体钦遵施行。奉此,比号相同,合付该房施行。(《吏文》卷二)

【该管】(元)掌管。例如:若不从实开报,接到问出是某卫某头目管的,该管头目杀了不饶。(《弇山堂别集》卷八十八)

【该死】(南宋)该判死罪。(见57页)

【干净】(新义,南宋)全部,一个不剩。例如:朝廷着高崇文去剿捕,把活活的拿了,木柜里柜到京城里来,连他家小房族及他的党干净都杀了。(《戒谕管军官敕》)

【干爷】(明)即“干爹”,义父的俗称。例如:缘常琇原投托南和伯方英为门僧,认得干爷坤娘,却乃私与伊妾韦氏通奸,败坏教门,有同犬彘。(《吏文》卷四)

【赶趁】(南宋)赶做;抓紧时机从事。例如:本官问说:“你这一班乡亲,怎么来到这里。”各人向前应说:“来京城赶趁些小卖买,特备礼物来见大人。”(《逆臣录》卷一)

【杠】(元明)量词。(见119—120页)

【诰命】(新义,明)明清时特指皇帝赐爵或授官的诏令。例如:那守镇边城的官人每先将照會去与他,诰命送在各官家里,我与大将军安葬鄂国公常平章了时,随后一同亲往军前,定夺守边。(《弇山堂别集》卷八十六)

【革除】(新义,明)明成祖夺取建文帝帝位后,下诏革除建文年号,复称洪武,臣下嫌于记载,乃称建文年间为“革除”。例如:备东宁卫百户边林弟边连告,有余丁边都里哥伊等革除年间逃在朝鲜国,今知见在葛万

户府住坐。(《吏文》卷二)

【各色】(五代)各种各样。例如:一招本年二月内,有本卫所镇抚陈名抄札犯人家财,送与陶指挥洗白布贰拾匹、各色纻丝纱罗柒匹、红纻丝幔子壹个,上带银吊挂全各色男女衣服贰拾件、银面盆壹个、起花金带壹条、真珠冠壹顶。(《逆臣录》卷三)

【给过】(明)交付;发给;支付。(见196—197页)

【跟捕】(南宋)跟踪搜捕。例如:随时跟捕去龙湾,发快船跟赶,必是可获。(《弇山堂别集》卷八十六)

【根底】(南宋)跟前。例如:钦检到洪武五年七月二十五日早朝,奉天门陪臣张子温钦奉宣谕圣旨节该:"我听得女直每在恁地面东北,他每自古豪杰,不是守分的人有恁去国王根底说着,用心堤防者。钦此。"(《吏文》卷二)

【跟赶】(元)追赶。例如:随时跟捕去龙湾,发快船跟赶,必是可获。(《弇山堂别集》卷八十六)

【根勾】(南宋)犹缉拿。例如:即便根勾在逃梢公陈均祥等到官,差人牢固管押。(《吏文》卷二)

【根前/跟前】(南宋)身边,附近。例如:若是将心比心,情意度量到根前,果实过不去呵,那做父母妻子兄弟怎么可怜小军,发些仁慈心,教那为官的休害小军。(《大诰武臣序》)

【跟随】(元)随从在后面。例如:皇帝圣旨:教魏国公徐达前去北平,整理城池,操练军马,仍教济南等卫指挥佥事盛熙等统领军马,跟随魏国公听调。宜令准此。(《弇山堂别集》卷八十六)

【弓兵】(南宋)宋元间负责地方巡逻、缉捕之事的兵士,属巡检司,明清因之。例如:状招先充本县弓兵之时,年月不等,有詹徽未任时,曾往本县卖买,为因识熟。节次与同一船弓兵沈子芳在乡拿解在逃军囚,赴都察院交割。(《逆臣录》卷一)

【公差】(元)即公家差遣,指临时派遣去做公务。例如:凡公差人员,出外干办公事,占宿驿舍正厅上房者,笞五十。(《吏文》卷四)

【公干】(新义,元)① 办理公事。例如:洪武二十五年十二月三十日,蒙差往四川建昌等处公干未回。(《逆臣录》卷三)② 公务;公事。例如:卑职回对:"俺不是别人,是辽东都司差来的千户,有公干。俺引着进马宰相差来的伴当郑帖木儿,更有宰相佥押的文字。"(《吏文》卷二)

【公公】(新义,明)(南宋)祖父。例如:圣旨:"礼科给事中那里?那中间小的是胡仲渊的儿子,他父亲阵亡了。这个叶家,他公公在江西做府官,吃陈家废了。"(《刘仲璟遇恩录》)

【公同】(元)共同。例如:可照验即便差官前赴义州把截张万户处,与本司差去人公同督并本官,于概管地面,照依坐去人数,务要一名名缉捕到官,追赃完备,行枷杻手,差人与

差去人一同牢固管解，赴司取问施行。毋得循情破调迟滞。（《吏文》卷二）

【勾军】（元明）勾取逃军。（见120—121页）

【姑娘】（南宋）（新义，元）父亲的姊妹，姑母。例如：一名陈保保，年三十岁，太平府当涂县人，充神策卫小旗。状招有姑娘陈氏，原在陶指挥家做妳娘，保保时常前去陶指挥家。（《逆臣录》卷三）

【拐带】（元）用欺骗手段挟带人口或财物逃走。例如：敢有抢劫偷盗财物头畜，并作践人家田禾，强买铺店物货，占夺过往船只，与奸淫妇女，拐带人口，占住房屋，砍伐桑枣，或恃强凌弱，殴伤平人者，许被害之人赴所在巡抚、镇守、巡按、巡河官员并合干上司或府、州、县巡检司具告，就将违犯之人擒拿解送本部，转送法司。（《吏文》卷四）

【官攒】（元）官员与攒典，本文研究语料中都是指管理仓库的官员吏役。例如：近访得各该仓场官攒、库斗人等，中间守法奉公者，百无一二，徇私作弊者，比比皆然。（《吏文》卷四）

【关给】（元明）发放或领取。（见121页）

【官目】（明）指官员及目老。例如：戒令各州县官目人等，今后凡遇安南国差官朝贡到来，悉遵敕谕内事理，即加优待，依限拨夫，随即抬送，不许滞留。（《吏文》卷三）

【关支】（元）领取。例如：凡在京优给故官儿男，仍于本卫所关支俸粮。（《即位诏》）

【关子】（元）即公文。（见65页）

【管待】（南宋）款待。例如：有火者完者秃回说："有几个粮长在家里探望官人，如今使我家去安排些酒饭管待他。"（《逆臣录》卷三）

【光光】（元）空无所有。例如：这刘伯温是个好秀才，吃胡、陈蛊了。那胡家吃我杀得光光的了。（《刘仲璟遇恩录》）

【鬼头刀】（明）旧时处斩犯人的大刀。亦泛指大刀。（见66—67页例28）

【锅子】（南宋）锅。例如：如今军官全家老小吃着穿着的、这见受的职事，都是军身上来，这军便似他家里做饭的锅子一般，便似仓里米一般，又似庄家种的田一般。（《大诰武臣序》）

【果品】（元明）是鲜果和干果的总称。例如：次日到于果园扎营，有管园官员将果品等物来见。又奉圣旨，差铭送果品与也先处。（《正统临戎录》）

【过活】（南宋）度日，生活。例如：这等官人家，父母妻子老幼过活平稳。（《谕武臣恤军敕》）

【过钱】（元）代为他人收受贿赂而从中获利。（见121—122页）

H

【孩儿】（新义，南宋）特指儿子。例如：

前者京师发去拏获的当道驴可放过去，卢国公孩儿亦教去。（《弇山堂别集》卷八十六）

【海青】（南宋）即海东青，一种凶猛而珍贵的鸟，属雕类。例如：我昨日梦见一个白海青，两手拿着日月飞来我手上立。（《元朝秘史》卷一）

【海子】（南宋）方言，湖泊。例如：说蛮子每只怕马，尔每到那里，大理有些银子，看有多少，就将那银子买上一万马放在海子里看养操练。（《弇山堂别集》卷八十七）

【害病】（元）生病。例如：似这等官人，下营打着人立账房，逼着军办马料。害病呵，无人着心里；要水吃呵，明知有水，军不将来；肚里饥，若要吃的，军寻见了自吃了，不将害人的官人。（《谕武臣恤军敕》）

【旱路】（元）陆路。例如：这厮每好歹先救高邮，他有徐左丞领过的人马，王保保再添他些，他那里水路旱路都便当。（《弇山堂别集》卷八十六）

【好歹】（南宋）（见122—125页）

【好生】（南宋）甚，很。例如：军中有那不测的祸，暗暗地吃亏的多，难说的也好生有。（《谕武臣恤军敕》）

【好说】（元明）好商量。（见125页）

【好些】（元明）许多。（见125页）

【号头】（明）号角的别称。例如：听得吹号头钹锣响，铭跟随扒山。（《正统临戎录》）

【喝盏】（元）金代以后至明朝宴的一种仪式。例如：太祖再与巴歹、乞失里黑二人行将王罕的金撒帐并铺陈金器皿及管器皿的人尽数与了。又将客列亦惕汪豁真姓的人就与他两个做宿卫的教带弓箭，饮酒时又许他喝盏，直至子孙行教自在快活。（《元朝秘史》卷八）

【合本】（元明）合资。例如：济奴一向与同各匠合本打造头盔发卖。（《逆臣录》卷五）

【合无】（元）① 犹何不。例如：有总旗矮李到卫禀陶指挥知道："别的家财都交与内官了，还有五箱子在我家里，合无将出还他。"陶指挥回说："好生封着，放在你家里，不要还他。"（《逆臣录》卷三）② 公文请示用语，有"能否请"之义[①]。例如：伏望圣明怜悯地方，特敕该部计议，合无将云南都司所辖卫所除金齿、腾冲二边卫官军不动外，其余二十二卫所见操官军，于内量调四千员名，分作两班，令其轮流前去临安，协同本处官军舍人余在彼操守，半年一换。（《吏文》卷三）

【哄诱】（南宋）诱骗。例如：及伴送通事、铺行人等哄诱夷人，上街买卖，交通作弊，透漏事情，要乞禁约。（《吏文》卷四）

【后晌】（元）下午。（见30页）

---

① 《大词典》未列此义项。

【胡说】(南宋)没有根据地或没有道理地乱说;瞎说。例如:有詹徽言说:"丘彦升你出外不要胡说,我若与蓝大人做事成了时,好歹抬举你做官。"(《逆臣录》卷一)

【胡子】(元明)代称多须之人。例如:一招洪武二十六年二月初七日,有景川侯在直房和蓝大人同吃酒后回家,对老夫人说:"蓝大人请我同吃酒,教我同他起意。我只道好意请我吃酒,原来叫我说这等话。"老夫人言说:"你却不要依着他,那蓝家胡子却不是人,你若依着他,我便寻死去,你快去窑上躲了他便罢,你不躲时,我便皇孙殿下处说去。"(《逆臣录》卷一)

【唬吓】(元)吓唬,使害怕。例如:今后情愿借与马者,只依号令行,不愿借与人者,不要听人唬吓。(《弇山堂别集》卷八十八)

【花】(明)棉花的简称。(见 125—126 页)

【花红】(南宋)指簪在帽上的金花和披在身上的红绸。旧时用来表示喜庆。例如:若仗义出粟与粮者,官府先以羊酒花红慰劳,呈来酌宜具奏旌异或冠带。(《吏文》卷四)

【花绒】(明)指去核的棉花。(见 126—127 页)

【花销】(明)开销;花费。例如:余丁则占使种田,老幼则牧放头畜。该关布货拆筭往来人情,应得月粮花销上下答应,以致军士十穷九困,马匹器械不全。(《吏文》卷四)

【花银】(元)通常指成色较纯的银子。(见 127 页)

【画卯】(元)旧时官署规定卯时(上午五至七时)开始办公。吏胥差役按时赴官署签到,听候差使,称"画卯"。例如:一招洪武二十六年正月十二日早朝时分,是浚到于尚宝司画卯。(《逆臣录》卷一)

【画字】(新义,元)在文据上签字、画押。例如:一招洪武二十六年正月十二日早朝,有何散骑来尚宝司画字。(《逆臣录》卷一)

【慌张】(元)恐惧紧张。(见 127 页)

【黄鼠狼】(明)黄鼬。例如:去了三宿,见篾儿乞远了,帖木真才下山来,椎胸告天说:"因豁阿臣老母如黄鼠狼般能听,银鼠般能见的上头。我所以躲的过,我的小性命被不儿罕山遮救了,这山久后时常祭祀,我的子子孙孙也一般祭祀。"(《元朝秘史》卷三)

【回话】(南宋)特指下对上禀告。例如:今遍不用象,得了此夷,京师象只还往云南来也,不来时明年春间发。不用分开,各城子里养。回话来。(《弇山堂别集》卷八十七)

【回回】(南宋)指民族名、古国名或信仰伊斯兰教的人。例如:(1) 又指挥孙苍处有两个回回,金有让孚家奴也教发来。(《弇山堂别集》卷八十六)(2) 三月间胡丞相来点凤阳城池,丞相解剑赠太师云:"是回回

国所出，名木樨花并铁剑，不问甚么甲，层层透。"(《李善长狱词》

【会同馆】(南宋)元、明、清三朝接待藩属贡使的机构。例如：状招先年因与汪都督熟识，至洪武二十六年正月十五日，因朝退回至会同馆前，撞见汪都督，分付焦义你明日来下处说话。(《逆臣录》卷二)

【混堂】(南宋)澡堂，浴室。例如：状招洪武二十六年三月初五日，有陈阿保、刘壹孙、周回住、祝胜奴四人，在混堂里，见本县人查阿孟来到堂子里，对阿保等言说……(《逆臣录》卷三)

【活活】(元明)指在活的状态下。(见66页)

【活落】(南宋)活动；不固执。例如：云南地方粮食生受，各处安放军卫务要活落调遣，庶使军官军人不致艰辛。(《弇山堂别集》卷八十七)

【火甲】(明)指户甲之长。(见127—128页)

【火镰】(元)取火工具，用钢制成，形似镰刀，故称。例如：……与了马奶子，更与了一张弓、两只箭，不曾与他火镰。(《元朝秘史》卷二)

【火者】(元)宦官，亦泛指受阉的仆役。例如：取云南的缘故，为云南梁王使人来俺跟前打细，通了流官及火者每，为这般征云南。(《弇山堂别集》卷八十七)

J

【机密】(新义，宋)① 重要而秘密。例如：本官又说："我想胡党数内也有你名字，如今公侯头目每多有为此事结果了的，久后必然也不饶我每。又有句机密的话要与你说，不知你心里如何？"(《逆臣录》卷四)(新义，明)② 犹保密。例如：你每商量好时便发来，如往要机密着，不要人知。(《弇山堂别集》卷八十六)

【集场】(元)集市。例如：今于正统十一年十一月二十三日，有本卫旧街集场军民往来买卖，看得集上军民人等俱各拣选钞贯，务集四角俱全才方接受，略有软破，不行通使。(《吏文》卷四)

【疾快】(元)① 赶快，赶忙。例如：住间，一日清早苍黄将明的时分，诃额仑母亲家里使唤的老妇人说："母亲，母亲，疾快起来，田地颤动的声听得有，莫不是曾扰害咱每怕了的泰亦赤兀惕兄弟每又来了？母亲疾快起来。"(《元朝秘史》卷三)② 迅速。例如：尔等先前失机误事，今又将无马官军在哨马里行，哨马本是轻便疾快之事，不知尔等留此步行者在哨马里何用？(《弇山堂别集》卷八十八)

【疾忙】(南宋)急忙，赶快。例如：但有些不便当处，疾忙支分便当。(《御制军人护身敕》)

【集上】(明)集市上。例如：今于正统十一年十一月二十三日，有本卫旧街集场军民往来买卖，看得集上军民人等俱各拣选钞贯，务集四角俱

全才方接受，略有软破，不行通使。(《吏文》卷四)

【集镇】(明)(见 128 页)

【给配】(明)jǐ pèi(见 197—199 页)

【计禀】(元)计议和禀告。例如：洪武七年正朝，及差判缮王寺事周英赞进献马匹，经由定辽卫驿道去后。回准郑庇关该：九月初一日，到头馆站地面，见榜文该写远方使臣到来即仰回还，毋擅入境。蒙此不敢前进，令通事姜师德等赴定远卫计禀。(《吏文》卷二)

【计量】(元)① 考虑，打算。例如：我虽这般说，计量中不如在军上多知备细，随机应变的勾当你也厮活落些儿，也那里直要我都料定。(《弇山堂别集》卷八十六)② 主意，办法。例如：那般住的时分，孛端察儿见有个雏黄鹰拿着个野鸡，他生计量，拔了几根(茎)马尾做个套儿，将黄鹰拿着养了。(《元朝秘史》卷一)

【寄放】(元)暂时存放。例如：是哲应说："不妨，小人也准备接应。"后因将马二十一匹、骡子二匹前去江北蒙古左卫法指挥家寄放，伺候谋逆。(《逆臣录》卷一)

【家寒】(南宋)家境贫寒。(见 65 页)

【枷号】(元)旧时将犯人上枷标明罪状示众。例如：正犯俱先在山渡要口，枷号一个月示众，家属悉发住。(《吏文》卷四)

【家下】(南宋)家中。例如：有通了学里学外人，偷了学里诸物者，处斩，家下人发云南。(明黄佐撰《南雍志》卷十)

【驾牌】(明)军人所佩带的用以证明身份的牌照。(见 128—129 页)

【驾使】(明)驾驶。(见 129—130 页)

【奸宿】(宋元)犹奸通。例如：及至他长成，着承袭做郑国公。他却交结胡惟庸，讨他母亲封夫人的诰命，又奸宿军妇及奸父妾，多般不才。(《大诰武臣・常茂不才第二》)

【教学】(元明)教书。例如：有父王行，系凉国公家教学秀才。状招洪武二十六年人失记日期，前到本官家望父。(《逆臣录》卷一)

【教化的】(元)叫化，乞丐。(见 48 页)

【叫驴】(宋元)公驴。例如：是蛮子不合隐藏蓝玉家栗色叫驴一匹，致被广武卫军人史千家驴等首告，惧怕，将钞一百贯、银钗一对买求。(《逆臣录》卷一)

【叫门】(南宋)在门外叫里边的人来开门。例如：照得先该广宁前屯卫地方，达贼夤夜跑墙进入高岭驿城下叫门，诈称公差人员倒马，被本城官军知觉，射退出境。(《吏文》卷四)

【姜黄】(明)一种像姜一般的颜色。例如：蟒龙、飞鱼、斗牛、大鹏、像生狮子、四宝相花、大西番莲并玄、黄、紫及玄色样黑绿、柳黄、姜黄、明黄，俱系内府供用之数。(《吏文》卷四)

【结果】(新义，元)谓杀死。例如：今番为他结果了多少好汉，我每赖祖宗得无事，到了少不得一场，但愿我早

死了，免连累你每。(《逆臣录》卷一)

【揭借】(元)借贷。(见130—131页)

【接收】(南宋)接受；收受。例如：王朋将原分银一两陆钱送杨玉接收。(《吏文》卷三)

【节该】(元)公文用语，表示下文是对圣旨及公文的简略记载。例如：本年十一月内，具本陈情，蒙兵部覆奏，本月二十六日节该奉圣旨："杨铭既有虏廷随侍功劳，职事不动，钦此。"(《正统临戎录》)

【结归】(明)即归结，了结，一般指案件的了结。例如：里老、邻佑、巡捕、弓兵人等纵容者，拿问如律。有赃者，从重结归。(《吏文》卷四)

【姐夫】(南宋)① 女婿。例如：一招洪武二十四年三月初八日，有婿王信前来汝宁府本家，对翼言说："凉国公特地着我来与外父说，他奏了上位，教你出军去见……"……凉国公当使宁夏卫徐指挥到翼下处，赶开家人伴当，密说："蓝大人上覆老官人，前日着姐夫来说的话，如今殿下领着京城军马并各公侯尽数在这里，且不敢商量，着老大人是必不要走了消息。如今他要请旨调军，到昆仑山那里才有商量的话。"(《逆臣录》卷一)② 姐姐的丈夫。例如：有姐李氏，先于洪武十五年间嫁与天策卫千户徐兴为妻，至洪武二十四年有本官升除江阴卫指挥。是三官时常前去探望。至洪武二十六年正月内失记的日，有姐夫徐兴对说……(《逆臣录》卷一)

【姐姐】(五代)① 称呼同父母(或只同父、只同母)而年长于己的女子。例如：今将所犯略节，条陈于后。……一强娶韩镇抚姐姐为妻。(《大诰武臣·耿良肆贪害民第三》)(新义，南宋)② 母亲。例如：当有王阿狗说："我也有外母，系是蓝党家仪仗户，姐姐如今他家都杀了。"(《逆臣录》卷四)

【解官】(南宋)解送官府。例如：又将百姓谢一打要招做逃军，谢福二解官。(《大诰武臣·勾军作弊第二十五》)

【今早】(元明)今天。例如：自那里，帖木真、合撒儿两兄弟不喜欢他母亲说的，又说："我昨前射的个雀儿，也被他夺了，今早钓的个鱼又被他夺了，似这般呵，一处怎生过？"(《元朝秘史》卷二)

【紧关】(元)最关紧要的。例如：紧关行路处不辞劳苦，抬也抬着是走也。(《谕武臣恤军敕》)

【紧要】(唐)重要。例如：镇南卫百户胡凤，将他掌的印信寄在小旗方细普家，三日不取。印信是个关防军职衙门的，更是紧要，必须十分掌得仔细，如何可将寄放在别人家里？(《大诰武臣·寄留印信第三十一》)

【锦衣卫】(明)即锦衣亲军都指挥使司。明洪武十五年始设。原为管理护卫皇宫的禁卫军和掌管皇帝出入仪仗的官署，后逐渐演变为皇帝心腹，特令兼管刑狱，给予巡察缉捕权力。例如：有王保保听允，前来锦衣卫，以告给配妻小为由，打听消息，被本卫捉拿，奏发送问。（《逆臣录》卷二）

【噤声】（南宋）闭口，不作声。例如：又如影儿上冲的海青般，又如噤声吞物的大鱼般。（《元朝秘史》卷二）

【尽行】（五代）全部，全都。例如：若如此，但系买卖人，不问何等干事人，尽行送赴京。（《弇山堂别集》卷八十七）

【精汉】（明）精壮汉子。例如：掳了妻子，发将精汉来我这里，陪了衣粮又费关防，养不住。（《弇山堂别集》卷八十六）

【净手】（新义，元）大小便的委婉说法。例如：霸王见樊哙奋然威怒，用心看着樊哙，汉高因而净手，起身逃去了。（《戒谕管军官敕》）

【径直】（新义，元）直接；一直。例如：启奉王大妃言语："金义叛逆事理，即目孙男王讳权署国事，不敢径直咨禀，恁都评议使司，差人申达朝廷，明降施行。"（《吏文》卷二）

【揪】（南宋）抓，扭。例如：日磾连声叫骂何罗，及赶上抱住，揪着何罗的颈项丢在殿阶下，众人下手拿住了。（《戒谕管军官敕》）

【舅舅】（南宋）指母亲的兄弟。（见66页）

【就里】（新义，元）内情；底细。例如：是熊回说："上位只教我宣唤大人，不知就里如何？"（《逆臣录》卷一）

【就是】（元）就如像，正像。例如：你若回家去坐了皇帝位时，就是我的主人一般。（《正统临戎录》）

【拒敌】（新义，明）抗拒。例如：林宝一既曾从逆拒敌官军，教处重了。（《吏文》卷二）

【卷】（元）量词，用于卷成筒形的东西。例：俺这里前年六月里，有一个客人，缠带里装着一卷纸，腰里絟着，在路傍树底下歇凉睡。（《原本老乞大》）

【军丁】（宋）兵卒；士兵。例如：兴化卫千户郭福，将壮大正军卖放了，却把幼小军丁收入队伍。（《大诰武臣·防倭作弊第二十》）

【军匠】（宋）军中的工匠。例如：洪武十四年，克复云南，归附前来，充金吾前卫军匠。（《逆臣录》卷二）

【军余】（明）正式军人和编外人员。（见131页）

【钧旨】（南宋）对帝王将相的命令的敬称。例如：有汤泉禀说："原是小人一卫的指挥。前日传大人钧旨，对这个官人说，特引来拜见大人。"（《逆臣录》卷二）

K

【开除】（南宋）勾销。例如：水军左卫千户刘全，将为事起发百户一员，不开除月俸，八石支五个月，十石支五个月，将这等为事百户俸整支十个月，共粮九十石。（《谕武臣恤军敕》）

【开市】(明)指经过政府许可后在会同馆等外夷住处进行买卖交易。例如:毕日,礼部出给牌面,发馆开市,方令诸人明将布绢等件,与各两平易卖[买],不许暗带织金罗段、私茶、军器等项交结换卖硫黄、宝石之类,亦不许伴送人等主使纵容夷人强行抢夺。(《吏文》卷四)

【开洋】(元)海运船开航。例如:后于六月初八日开洋,至十二日到于耽罗。(《吏文》卷二)

【开张】(南宋)商店等设立后开始营业。例如:状招洪武二十六年正月内,为无生理,同羽林右卫余丁季神保、仓脚夫余留住赁到景川侯瓦房,开张铺面住过。(《逆臣录》卷三)

【砍】(新义,南宋)劈;斩。例如:今日起行,但有落后的都砍了,接去的也砍了,有抛弃驴马粮食的也砍了,都提将头解着牌来。(《弇山堂别集》卷八十八)

【扛抬】(南宋)指共同用手或肩膀搬东西。例如:彼时是道士保诚恐被人告发不便,以此径赴御前朦胧启说:"有张中母吊死,无人扛抬。"(《逆臣录》卷二)

【炕】(南宋)北方人用土坯或砖头砌成的一种床,底下有洞,可以生火取暖。例如:宗聚回说:"我和你对付了他的性命,你与我做娘子,有的是好衣服头面与你,却不强似与那个穷军做妇人。"就做泥人儿一个,用铁钉遍身钉了,教本妇将回家,埋在炕下。(《大诰武臣·因奸杀人第二十一》)

【靠损】(元)损害。(见 85—86 页)

【可怜见】(南宋)怜悯。例如:数中有一达子名唤乃公,言说:"大明皇帝是我每大元皇帝仇人,今上天可怜见那颜上,恩赐与了到手里。"口发恶言伤害。(《正统临戎录》)

【克落】(南宋)克扣。例如:襄阳卫千户孙齐,克落各军月粮三百石入己。千户周铭,克落军人盐钞二百贯入己。(《大诰武臣·克落粮盐第十六》)

【恐怕】(新义,南宋)表示估计、担心或疑虑。例如:再赘,我的见识则是如此,你每见得高处强处,便当处随着你每意儿行着,休执着我的言语,恐怕有见不到处,教你每难行事也。(《弇山堂别集》卷八十六)

【控诉】(新义,元)向有关的人或部门告发;向公众申诉自己受害事实。例如:官军受害,吁天呼地,无可控诉。(《吏文》卷四)

【口外】(元)泛指长城以北地区,也称口北。例如:已将其余奸党陈循等发口外,永充军役,及原籍为民了。(《吏文》卷四)

【宽快】(南宋)舒畅;舒适。例如:初,你小时曾吃了我这一个乳,合赤温、斡惕赤斤两个吃不了这一个乳,惟合撒儿将我这二乳都吃了,使我胸中宽快,为那般,所以帖木真心有技能,合撒儿有气力、能射。(《元朝秘

史》卷十二）

【诓骗】（明）诓骗。例如：近访得嘱托之人中间有等奸诈无知人徒，见彼方外之人易为哄诱，往往指以各处使用打点为名，诓骗财物入己，方才引领赴司。（《吏文》卷四）

【盔】（南宋）战士、消防人员或矿工等用来保护头部的帽子。例如：政与王友才、段洪各穿原买铁甲，吴刚、解钦各穿自己原操衣甲，马广借穿王朋铁甲，吴刚头戴红盔，并何和尚，各拿绵枪，摆列行至卢沟桥迤东，将过往大车二辆及骑马骡人截住，劫得银两、衣服、铁甲等物。（《吏文》卷三）

L

【腊味】（明）腊鱼、腊肉、腊鸡、腊鸭等食品的总称。例如：但是尚膳监及光禄寺所有米面、腊味、枣子并一应物料，尽数给散与无粮军士食用，酒与沙糖、盐酱椒不必给散。（《弇山堂别集》卷八十八）

【牢子】（南宋）狱卒。例如：近自十月二十五日二更二点，都督府断事牢内所禁张寇首目二十四名，将牢子打死，逃出城外。（《弇山堂别集》卷八十六）

【老爹】（南宋）仆人对家主、衙役对长官的尊称，同"老爷"。例如：铭到太监处，太监问铭："那里来？"铭回说："爷爷教我来看老爹来。"（《正统临戎录》）

【老儿】（南宋）① 老人；老头。例如：恁老子都是君子人，这章三益是个善善良良一个老儿，回家去好好的死了。（《刘仲璟遇恩录》）② 对人的昵称。例如：与保儿老儿：火速将兵星夜前往军前大将军处，一同破王保保，去的迟时悮了事不便。（《弇山堂别集》卷八十六）（笔者按：从上下文看，"保儿老儿"实际上是一个人，指李文忠，他小字保儿，是朱元璋的外甥，"老儿"是朱元璋对李文忠的昵称。）

【老人家】（元明）老年人的自称。（见98—99页）

【老实】（元）忠厚诚实。例如：当于后厅饮酒间，有陶指挥言说："我父在四川、苏州与蓝玉商议的事，如今蓝玉回了，我和你带几个好老实的头目去他家走遭。"（《逆臣录》卷一）

【老爷】（南宋）旧时对官绅的称呼，或官绅的自称。例如：到于关里，天亮，辰时牌喜宁太监到，问说："哈铭，你在那里来？"铭说："爷爷差我来寻老爷说话。"（《正统临戎录》）

【勒揩】（元）勒索。（见233—234页）

【勒要】（元）勒索。（见233—234页）

【利害】（南宋）厉害。例如：只为差总旗把河口，被王指挥实封，降除虎贲左卫指挥。是祥惧怕在京法度利害，不合怀恨，要脱京师。（《逆臣录》卷三）

【历事】（明）做事干练，有经验。（见132页）

【连】(南宋)量词。(见 76 页)
【粮长】(明)明清所设征收、解运所在粮区田粮的人员。(见 132 页)
【料】(明)量词。(见 75 页)
【料定】(元)断定。例如:我虽这般说,计量中不如在军上多知备细,随机应变的勾当你也断活落些儿,也那里直要我都料定。(《弇山堂别集》卷八十六)
【料豆】(明)喂牲口的黑豆。(见 133 页)
【瞭高】(明)在高处瞭望。例如:外有伯颜帖木儿同也先在下水海子一带住扎,被墩上瞭高官军偷马打搅,要将墩台围困,炮倒将人杀害。(《正统临戎录》)
【瞭见】(明)望见。(见 133 页)
【瞭望】(明)登高远望。(见 134 页)
【料治】(明)教育,处置。(见 85 页)
【柳黄】(元)颜色名,嫩黄色。例如:蟒龙、飞鱼、斗牛、大鹏、像生狮子、四宝相花、大西番莲并玄、黄、紫及玄色样黑绿、柳黄、姜黄、明黄,俱系内府供用之数。(《吏文》卷四)
【轮替】(元)轮换。例如:即目次班官军,将及赴操,而在京见操官军,例该轮替休息。(《吏文》卷四)
【锣锅】(元)军中用具。锅、锣两用:白天烧饭,晚间报更。例如:他回都司去,以备倭为由,行文书着我置办锣锅、账房、军器等项。(《逆臣录》卷五)
【罗罗】(元明)彝族的旧称。例如:状招在先根景川侯往四川运粮之时,常听见本官与本处都司官饮酒,商议谋逆情由。本官因觉得克昌得知,恐事泄,特将罗罗小厮一人送与克昌使唤。(《逆臣录》卷五)
【落后】(南宋)(见 134—136 页)
【略节】(元)(见 189—192 页)

M

【妈妈】(南宋)称年长的已婚妇女。例如:状招洪武二十六年正月内,是中与同本乡陈福一、杨宏道、……宋妈妈、詹思颜、欧阳思聪、丑儿、牛儿、马儿、保保、叶雄、张晏保给引赴京卖买,因见同乡人詹徽任吏部尚书,行事有权,不合要得投托门下,备到羊酒等物前去詹徽宅内拜见。(《逆臣录》卷一)
【马房】(元明)即马厩。例如:是江等喜允,当即选到小旗刘赵保等精壮马军一百名,同百户陈福、夏成前到凉国公府内马房西头屋山下伺候。(《逆臣录》卷二)
【马哨】(明)指骑马的哨兵。(见 56—57 页)
【买办】(南宋)购买,置办。(见 136 页)
【买免】(明)花钱赎罪或免去役使。(见 136—137 页)
【买求】(南宋)买通。(见 137 页)
【卖放】(元明)受贿私放。(见 137—138 页)
【卖卦】(南宋)以为人占卜谋生。例

如:他到辽东,全不思量做好勾当,却容纵为事发充军的人在家并各官家,教学下棋、打双陆、行医、卖卦,及令管军数揭贴各城门钥匙。(《大诰武臣·梅义交结安置人第四》)

【蛮子】(宋)旧时泛称某些少数民族或南方人,带有轻视的意思。例如:说蛮子每只怕马,尔每到那里,大理有些银子,看有多少,就将那银子买上一万马放在海子里看养操练。(《弇山堂别集》卷八十七)

【幔子】(南宋)即以布帛制成的遮蔽门窗等用的帘子。例如:送与陶指挥洗白布贰拾匹、各色纻丝纱罗柒匹、红纻丝幔子壹个……(《逆臣录》卷三)

【没有】(南宋)表示存在、领有、具有的否定,相当于"无"。例如:是祥回言:"也无甚么人,止有粮长温士珍、方阿丑,徐士直。这几个粮长有些家私,见今为没官房屋,没有他名字。"(《逆臣录》卷三)

【妹妹】(新义,南宋)同父母(或只同父、只同母)而年纪比自己小的女子。例如:燕王靖难,师至城下,箭头射书谕亲王、公主,兄致书众兄弟亲王、众妹妹公主。(《弇山堂别集》卷八十八)

【门馆】(新义,元明)① 书院;学塾。例如:有胡丞相问说:"此是何人?"蓝都督回说:"是个秀才,见在小人家做门馆先生。"(《逆臣录》卷一)② 指塾师。例如:状招为无生理,投于中府都督萧用家作门馆,秀才每赏与同本官饮酒,商议事务。(《逆臣录》卷一)

【门禁】(新义,元明)看门人。(见93—94页)

【朦胧】(新义,元)① 糊涂。例如:不期谢都督等官奸党败露,是英等惧怕军人谢德成到官讦出前项党逆情由,与同本卫刑房典史周懋及所吏王信、姚亨俚商议,威逼本军身死,私下朦胧相埋了当。(《逆臣录》卷二)② 含糊。例如:彼时是道士保诚恐被人告发不便,以此径赴御前朦胧启说:"有张中母吊死,无人扛抬。"(《逆臣录》卷二)

【密地】(南宋)秘密地,暗地里。例如:此等之人,见日久苏州不下,密地打话,甚有奸意。(《弇山堂别集》卷八十六)

【棉布/绵布/緜布】(明)用棉纱织成的布。(见138—139页)

【绵花】(元明)即棉花。(见139页)

【绵子】(元)丝绵。例如:有陶指挥说道:"你回来了,他家有甚财物?"源回说:"有各色段子十五匹、三梭布七十五匹计二卷、红纻丝帐幔一个、绵子二十斤、箱子五只,俱盛金银钞贯衣服等物,失记数目。"(《逆臣录》卷三)

【面盆】(元)洗脸盆。例如:一招本年二月内,有本卫所镇抚陈名抄札犯人家财,送与陶指挥洗白布贰拾匹、各色纻丝纱罗柒匹、红纻丝幔子壹

个，上带银吊挂全各色男女衣服贰拾件、银面盆壹个、起花金带壹条、真珠冠壹顶。（《逆臣录》卷三）

【面皮】（新义，南宋）面子；情面。例如：他母亲穿着破羊皮袄衣，自门左里出去了，外前对人说："我听得儿子每做了王子，我这里配了歹人，儿子每行面皮如何见得？"（《元朝秘史》卷三）

【面生】（元）面貌生疏。例如：但有无批、引，语貌不一，面生可疑之人，捉拿解来。（《吏文》卷四）

【明后】（明）今后，以后。例如：那忽伯颜说："你两个年小的常相顾盼，明后休相弃。"（《元朝秘史》卷二）

【名口】（明）量词。（见140页）

【明日】（新义，元明）不远的将来。例如：似他这般害军呵，却便似自家打破锅子要饭吃么道，却似露天地里放着米，眼前吃一顿，别的都烂了，明日再要米吃有也无？（《大诰武臣序》）

【名头】（元）（见140—141页）

【命快】（南宋）命运好。例如：若命快时，运到身上，拿住一个大奸恶的人呵，却不得了大官，请好俸禄？（《御制军人护身敕》）

【磨问】（元）仔细审讯，盘问。例如：本官不行从官磨问内奸外出缘由，心生贪婪，不问凶吉，受财一概脱放。（《谕武臣恤军敕》）

【抹子】（宋）（见170—178页）

【莫敢】（明）莫非。例如：孛端察儿殁了后，把林失亦剌秃合必赤将沼兀列歹不做兄弟相待，说道："在家常川有阿当合兀良合歹人氏的人往来，莫敢是他的儿子？"（《元朝秘史》卷一）

【目老】（明）乡中首目之老。例如：据目老黄济等状供，勘得本县远僻万山之中，切枕交南之境，地不满百里，人不尚千丁。（《吏文》卷三）

【木料】（明）初步加工后具有一定形状的木材。例如：近奉本州岛帖文："该本驿申前事，备仰本驿从实查勘不敷木料。如果衙门为因风雨水涨倒塌，即拘驴马夫及在官人役，径自设法措置，作急修筑，务要坚完。毋得因循延调，致有误事不便。"奉此，案查前事，已行申达去后。今奉前因，所据合用木料、砖瓦，另行措置。（《吏文》卷四）

【木樨花】（明）剑名。例如：三月间胡丞相来点凤阳城池，丞相解剑赠太师云："是回回国所出，名木樨花并铁剑，不问甚么甲，层层透。"（《李善长狱词》）

N

【哪吧】（明）喇叭。（见29页）

【拏（拿）获】（元）捉住。例如：彼时，春等还在本家住歇，致被拿获，罪犯。（《逆臣录》卷二）

【拏捉】（元）捉拿。例如：有马温将校徐贵射死，政等放马脱走，止将马纪拏捉，同张雄奏送锦衣卫镇抚司，参

送刑部，问拟斩罪。（《吏文》卷三）

【那般】（南宋）那样。例如：似那般积渐聚得多少，或一百二百三五百。（《谕武臣恤军敕》）

【呐喊】（元）大声喊叫。例如：今夜务要十分仔细谨慎，堤备防贼来劫营。不许放炮，不许人闹，不许呐喊，不许惊营，静静等着他。（《弇山堂别集》卷八十八）

【那下】（南宋）那里。例如：我禁人休去张家那下买盐，他从江西自立批文直至张家盐场买盐，江上把截的不敢当，尽他往来，南台城里仓与库四处俱各有物。（《弇山堂别集》卷八十六）

【那厢】（元）犹那边。例如：那军自帖木真后袭着，绕不儿罕山三遍，拿不得，这厢那厢要取直路赶呵，都遇着陷泥密林，行不得入，只得自后赶着，因此就拿不得了。（《元朝秘史》卷三）

【妳娘】（元）即奶娘，奶妈、乳母。例如：一名陈保保，年三十岁，太平府当涂县人，充神策卫小旗。状招有姑娘陈氏，原在陶指挥家做妳娘，保保时常前去陶指挥家。（《逆臣录》卷三）

【男妇】（元）儿妇，儿媳。例如：状招洪武二十六年二月初二日，将女虫儿嫁与江阴卫总旗陈均实为男妇。是贵闻知本人与江阴卫指挥高岩等官交结，前去凉国公家商议谋反。贵不合要得投托，央浼亲家陈均实引领拜见高指挥……（《逆臣录》卷四）

【男子汉】（南宋）犹大丈夫，有作为有志气的男子。例如：男子汉家学便学似父亲样做一个人，休要歪歪搭搭的过了一世。（《刘仲璟遇恩录》）

【年分】（宋）指某一年。例如：且如已前年分，军每出外，单夫只妻者多。（《御制军人护身敕》）

【娘儿每】（元）母亲与子女的合称。例如：而今天下太平了，他做官享俸禄，正好夫妻每受快活，他却将他娘儿每赶出了，一日止与他带糠粟米八升，他二十六口人如何过？（《大诰武臣·以妾为妻第二十四》）

【捏故】（明）捏造事端。例如：及至扯到都司，他却将出捏故［告］词状搪塞，该司只得通送法司，好生缠扰官府，良善受害。（《吏文》卷四）

【捏词】（明）编造言词，也指编造的言词。（见 141—142 页）

【牛只】（元）即牛。例如：洪武十一月十二日内，蒙本所差男江祖俚等将带绵布，用驴一头驮载，前去本境地名草河来归人民处，收买牛只。（《吏文》卷二）

【农庄】（元）旧指地主的庄园。例如：薛仁贵年纪小时家贫，只做农庄过活，却十分有志气。（《戒谕管军官敕》）

【暖和】（元）暖和。例如：伯颜帖木儿妻令使女阿失加问铭："你每天道暖和，夜晚烧火做甚么？"（《正统临戎录》）

【那借】(南宋)挪移借贷。例如:即将清远侯王友等所领马步官军、所带一应军器从实点过,不许那借应点,仍取其数目见有若干、抛弃若干,明白开报。(《弇山堂别集》卷八十八)

P

【牌面】(新义,明)告示。例如:毕日,礼部出给牌面,发馆开市。(《吏文》卷四)《吏文》下注:牌面‖将告示贴于牌面,故称告示为牌面。

【扳胸】(明)pān xiōng 兜马颈的革带。例如:帖木真在密林内过了三宿,牵着马出来时将备的鞍子脱落在地,回去看呵,扳胸肚带依旧扣着。(《元朝秘史》卷二)

【攀指】(元明)诬供牵连。例如:有王原,洪武十四年间根妻父征南,至十七年回还。除陕西西安府知事。至十八年,为积年民害攀指赃钞四千三百贯,提送刑部问罪。(《逆臣录》卷一)

【盘获】(元)盘查擒获。(见142页)

【盘脚】(明)犹盘腿。(见143页)

【袢袄】(明)一种有衬里的对襟夹衣。例如:……及买办追赔袢袄、裤鞋,试验不中弓箭及弦,并漕运漂失粮米、军器等件,悉皆蠲免。(《即位诏》)

【胖袄】(元)棉上衣。(见143页)

【抛撇】(元)抛开;丢弃。例如:尔等仍复抛撇在路,不行将带前去,倘为敌人所掠,必致走漏声息,失误军机,好生不便。(《弇山堂别集》卷八十八)

【撇弃】(五代)抛弃;丢开。(见145页)

【披肩】(元)服饰名。例如:本月拾玖日,政仍同吴刚、王友才、王朋、解钦、卢全、段洪、马广、何和尚、李绅,又纠同未获军人,俱戴貂鼠披肩,上用白带为号。(《吏文》卷三)

【批文】(元)上级或有关部门批复的文字或文件。(见143—144页)

【皮袄】(元明)兽皮做的上衣。例如:后十一月十一日遇圣节有,也先亲来与爷爷上寿。进黄蟒龙貂鼠皮袄,杀马做筵席,计议差人讨使臣。(《正统临戎录》)

【匹只】(明)复合量词。(见144—145页)

【偏向】(南宋)袒护,不公正。例如:你在那军中调守许多军马,务不要偏向,凡事都要中平服人。但有偏向,不能服众;中平,人喜。(《弇山堂别集》卷八十六)

【骗】(新义,南宋)欺骗;哄骗。例如:骗要黄知府银六百两、金一百两入己。(《大诰武臣·耿良肆贪害民第三》)

【票帖】(明)用于票拟的便笺。例如:近年以来,被官豪势要之家弟男、子侄、家人与贩货物,私放钱债;或催敛月钱,私谒屯堡;或探望亲戚,枉行卫、所,请托豪强权势,擅出应付马票帖。(《吏文》卷四)

【泼皮】(元)流氓,无赖。例如:又火者

一名姓崔，系总兵官庄人，本人随别下泼皮高丽黑哄陇，问又有隐下的，高丽不知数。（《弇山堂别集》卷八十六）

【泼做】（元）蛮干。例如：他在那里如此害人，也不思量要长久，则是贪财泼做，卒至今日把职事弄坏了。（《大诰武臣·守门阻当第十》）

【破调】（明）找借口推脱。（见145—146页）

【普罗】（明）（见146页）

【铺盖】（元）指被褥。例如：奉圣旨："哈铭来，叫内官内使打点家去的东西。将我的铺盖靴子与哈铭拏去家里，与子孙作古。（《正统临戎录》）

【铺面】（南宋）店铺，商店。例如：状招洪武二十六年正月内，为无生理，同羽林右卫余丁季神保、仓脚夫余留住赁到景川侯瓦房，开张铺面住过。（《逆臣录》卷三）

Q

【妻小】（南宋）妻子。例如：差他在滁州管军屯种，他倚着官势，唤军人王和卿、刘信妻小回家奸宿。（《大诰武臣·奸宿军妇第二十二》）

【骑坐】（元）乘坐。例如：住至当月不记日期，忽有迤北纳哈出平章差来使臣耨儿丁达鲁花赤等三名，骑坐马疋，背夯宣匣前来。（《吏文》卷二）

【起】（元）量词。（见147页）

【启发】（新义，元明）揭露。（见148页）

【起更】（南宋）旧时指第一次打更，即五更中的一更天。例如：至起更时分，引到女子三名，与铭等各行奸宿，至天明送出门来。（《逆臣录》卷二）

【起花】（明）提花；缀有突出的花纹。（见147页）

【起马】（元）启程；动身。例如：十六日早，也先起营传说："教皇帝起马有！"（《正统临戎录》）

【起身】（新义，南宋）① 站起。例如：霸王见樊哙奋然威怒，用心看着樊哙，汉高因而净手，起身逃去了。（《戒谕管军官敕》）② 起床。例如：一日武帝在林儿宫里歇息，早晨未起身，那时日磾正在殿外。（《戒谕管军官敕》）③ 动身。例如：文随即起身，行至石首县，撞见男陶雄言说："如今见有军人徐又伍，首告父与蓝玉结党同谋，有旨来取你快去。"（《逆臣录》卷一）

【起营】（宋）拔除营账。例如：说与各军总兵官：明日大天明做饭吃，吃饭了收拾停当才放起营前进。（《弇山堂别集》卷八十八）

【钱】（南宋）量词，市制重量单位，十分等于一钱，十钱等于一两。（见148—149页）

【前面】（新义，南宋）次序靠前的部分；文章或讲话中先于现在所叙述的部分。例如：前面这几件事都要一一遵守，不可违。（《谕天下武臣敕》）

【前年】（新义，南宋）去年的前一年。

例如：随师僧游方无定，至全罗地道异山，住十余年。前年五月时分，离寺到平安道碧潼郡随罗介山寺寄住，去年八月时分，以苇作筏，过江入来，寄住药山寺，又移住薄罗里龙潭寺寄住。（《吏文》卷三）

【浅阁】（明）搁浅。例如：本月初五日，随风浪漂流到于悬岛岸边。本船又被暗礁浅阁，风浪踮跌，栈板梁头开裂损坏，泥水进仓。（《吏文》卷三）

【抢夺】（南宋）争夺；争抢。例如：广造军器，抢夺大仆及民间马匹，图危宗社，贻祸生灵。（《吏文》卷四）

【抢掠】（南宋）犹抢劫。例如：腊月内有，伯颜帖木儿亲领人马，同大同王等从头目往宁夏高桥儿一带抢掠去了有。（《正统临戎录》）

【亲丁】（元明）亲信的家丁，有时包括亲属。例如：在彼向前识认，疑似本所并芦百户原差买牛亲丁尸首。得此，未委虚实，才等告蒙本所官知会。随即前去本处识认，果见赤体尸六躯。近前识认，委系男江祖俚等身尸。（《吏文》卷二）

【擒拏】（元）捉拿。例如：近日山东宁海卫指挥赵铭等，领军守海，遇贼船数十登岸，并不向前设法擒拏，互相推调，致令伤害军士。（《宣谕武臣敕》）

【青腿】（明）指驯象人①。例如：金齿损了的官军，将出一万五千马来才陪偿这些人；景东节次损了出哨官军，将出五百象来陪偿，更出屯牛三万头、青腿象奴三百个，方才罢征。（《弇山堂别集》卷八十七）

【清早晨】（元明）清晨，一大早。例如：一招洪武二十六年正月初三日，因做生日，当日清早晨，有一般达官乃儿不花、帖里白、脱禾赤、朵列帖木儿、刘谦、忽都帖木儿、和尚歹也速不花、也先火者、和尚歹都不花等到来，递手帕拜寿。（《逆臣录》卷一）

【取讨】（元）索取；讨。（见 149 页）

【圈子】（南宋）① 泛指环形的东西。例如：太祖军在塔塔儿营盘里时，拾得个小儿，鼻上带一个金圈子，又金纻丝貂鼠里儿做兜肚。（《元朝秘史》卷四）② 集体的范围或活动的范围。例如：一招洪武二十一年四月内，有蓝总兵于各圈子内拣好马尽行将去做拜见的马，不知数目。（《逆臣录》卷五）

【瘸】（南宋）指腿脚有病，行步不平衡。例如：挟雠妄奏李逖检推瘸不肯出征，张司吏交结官府，致将李逖检割断腿筋。张司吏枭令了当。（《大诰武臣·耿良肆贪害民第三》）

R

【饶器】（明）饶州瓷器的简称，即景德

① 青腿，《大词典》、《辞源》等皆未收录。这里的“青腿”跟医学上所谓的一种病症无关。至于为何用“青腿”代指驯象人，待考。

镇瓷器。例如：各处买办纻丝、纱罗、缎匹及一应物件，并续造缎匹、抄造纸札、铸造铜钱、烧造饶器、煽炼铜铁、采办梨木板，及各处烧造器皿、买办物料、颜料等件，悉皆停罢。（《即位诏》）

【人情】（新义，唐）馈赠；礼物。例如：若尔等所管之人有将人口头畜私作人情营求打关节者，拿住即斩，连尔俱有重罪。（《弇山堂别集》卷八十八）

【认领】（明）辨认并领取。例如：召人认领金氏等，收发该卫给亲完聚。（《吏文》卷三）

【日子】（南宋）日期。例如：凉国公又说："到那日子，我每的人都有准备，他们不堤防着，如何当得我每住！"。（《逆臣录》卷二）

【如常】（南宋）平常。例如：王彦章，五代梁时将，从小时便多机谋，又十分勇猛，每每厮杀时，如常手里拿一条枪，在军阵中出入，千万人不能敌他，因此号做王铁枪。（《戒谕管军官敕》）

【如果】（南宋）连词，表示假设。例如：如果是实，抚掏各官，照依夷俗体例，量情发落，令其改过从善，守法奉公。（《吏文》卷三）

S

【撒袋/撒答】（元）盛弓和箭的袋子。例如：伯颜帖木儿自备全副鞍马、弓箭、撒袋、貂鼠皮袄，与爷爷送行。（《正统临戎录》）

【撒放】（新义，明）指把驴马等牲畜放开（任其觅食）。例如：今日路近，只有三十里，且将驴马撒放至巳时起程。（《弇山堂别集》卷八十八）

【撒泼】（元）耍赖，无理取闹。例如：我与他许大名分，他却撒泼做坏了，于逑防捕盗，绝无一些功劳。（《大诰武臣·储杰旷职第六》）

【撒泼皮】（元）同"撒泼"。例如：若是再撒泼皮呵，你怕他逃得将去？（《大诰武臣·冒支官粮第一》）

【三梭布】（明）江苏省松江县产的纻丝布。例如：源回说："有各色段子十五匹、三梭布七十五匹计二卷、红纻丝帐幔一个、绵子二十斤、箱子五只，俱盛金银钞贯衣服等物，失记数目。"（《逆臣录》卷三）

【三五成群】（明）三个一帮，五个一伙。例如：近年以来，有等奸顽无籍之徒小人不守法律，三五成群，八九为党，或诈权豪子侄，或称势要弟男，不待开市，潜藏应禁对象，强入公馆，以抢夺财物，彼此均分。（《吏文》卷四）

【扫道】（明）经过的道路。例如：于是那军下马，将车门拉开看呵，见里头一个年少妇人坐着有，就拖下车来，同那老妇人马上驮了，就袭着帖木真扫道上不儿罕山去了。（《元朝秘史》卷三）

【嫂子】（南宋）（新义，元）兄之妻。例如：着南安侯回来，说与他没了嫂

子，教他来。(《弇山堂别集》卷八十七)

【晒凉】(明)即“晒晾”，晾晒，曝晒使干燥。例如：就借小船，各军连日打捞搬抢水湿布花钞锭，上岸晒凉。(《吏文》卷三)《吏文》下注：凉，作晾，亦日曝也。

【山座】(明)指山。(见77页)

【晌午】(南宋)正午。例如：状招洪武二十六年二月初七日晌午时分，是成与同本卫指挥潘润、刘千户张荣在后堂说话间，有指挥刘麟赶退伴当……(《逆臣录》卷四)

【上班】(明)(见149页)

【上操】(明)(见149—150页)

【上工】(明)指雇工或仆役开始到主人家去做工。例如：见起在京做工人匠，除选带家小并把总、高手与应用营建山陵人匠，及该轮班上工者存留外，其余尽数放遣。(《即位诏》)

【上街】(元明)去街市。(见86页)

【上紧】(元)赶快；加紧。例如：又各卫所上紧屯种，尽问军人每若是有粮，便差内官送将家小来。(《弇山堂别集》卷八十七)

【上头】(新义，元)表示某种缘故，元代汉译蒙古语时多用之。例如：为这般上头，诸处里人都来我行拜见了，俺与了赏赐名分，教他依旧本地里面快活去了。(《高皇帝御制文集》卷第一)

【上位】(南宋)指君主。例如：酒散，太师对李六十说：“上位气数大，便借得军也无军器，且慢慢理会。”(《刘仲璟遇恩录》)

【梢水】(元)指撑船的人、水手。(见199—200页)

【哨瞭】(明)巡逻远望以戒备。(见150页)

【哨马】(南宋)指探马，即负责哨探的骑兵。(见56—57页)

【哨探】(南宋)侦察；探看。(见151页)

【申牌】(南宋)下午三时至五时。例如：一招本年二月二十一日申牌时分，有金吾前卫指挥姚旺前到部内。(《逆臣录》卷一)

【身尸】(元)即尸身，尸体。例如：随即前去本处识认，果见赤体尸六躯。近前识认，委系男江祖俚等身尸。双手背绑，用绳各于咽喉下缢死。(《吏文》卷二)

【身子】(南宋)身体。例如：吃饮间，是进言说：“这场工程必是迟慢，久后累了身子。”(《逆臣录》卷五)

【声息】(新义，明)暗探，间谍。(见90—91页)

【石炮】(元)以机发石的一种战具。例如：回卫，就于海船上取出军器、石炮，伺候谋逆。(《逆臣录》卷四)

【使女】(南宋)婢女。例如：伯颜帖木儿的妻何搭剌哈荒忙令使女搭毡帐，请圣驾住歇，佳饭进膳。(《正统临戎录》)

【使长】(元)金元时奴仆对主人的称呼。也称作“侍长”。例如：又亏狄哈包堂个使送人都伊之等三名亦告云:“凡察、满住与忽剌温乃胯同谋,欲于朝鲜国边界不拣那个地方作贼,定约部落各处传箭请兵。我的使长包堂介处亦送箭来。”(《吏文》卷二)

【事干】(新义,元明)事情。(见92页)

【收监】(南宋)关进监狱。例如:今被总旗李源指出同党谋逆情由,提到锦衣卫镇抚司收监。(《逆臣录》卷五)

【手本】(新义,南宋)公文。例如:和济格尔将到手本一个,上面写着的皆是犯号令的人。(《弇山堂别集》卷八十六)

【首目】(元)首领,头目。例如:吴王亲笔差内使朱明前往军中说与大将军左相国徐达、副将军平章常遇春知会:十一月初四日捷音至京城,知军中获寇军及首目人等陆万余众,然而俘获甚众,难为囚禁。(《弇山堂别集》卷八十六)

【手帕】(唐)① 手绢。例如:伯颜帖木儿妻阿挞剌阿哈言说:“皇帝上去奏,我是个女人,我的言语到得那里?我的官人洗手时,递着揩手的手帕时,好歹也说得一句话。”(《正统临戎录》)(新义,元)② 礼物的代称。例如:一招洪武二十六年正月初三日,因做生日,当日清早晨,有一般达官乃儿不花、帖里白、脱禾赤、朵列帖木儿、刘谦、忽都帖木儿、和尚歹也速不花、也先火者、和尚歹都不花等到来,递手帕拜寿。(《逆臣录》卷一)

【叔公】(南宋)父亲的叔父。例如:洪武二十六年正月初七日,有二舍使火者买住去请叔公蓝千户来到本家西板房里坐。二舍叫安排酒,吃中间,有二舍言说:“如今我每父亲要做谋反的事,我每收拾家人、奴军、亲属,等大人来。”有叔公回说:“既是如此,我也收拾听候。”(《逆臣录》卷一)

【叔叔】(南宋)叔父。例如:十六日早朝奉天门,钦蒙圣旨:“你叔叔的儿子,着他快完了图来见。章三益有甚么人?”回奏:“有子。”(《刘仲璟遇恩录》)

【梳头待诏】(明)理发师。(见151页)

【书子】(明)书信。(见97页)

【熟闲】(南宋)娴熟;熟练。例如:有蔡大使面对国王言说:“我听得陪臣密直副使金义好生弓马熟闲,可差他押马护送我去。”(《吏文》卷二)

【要处】(元明)犹儿戏。可以轻忽的事。例如:彼时是子英等明知系干党恶,自合推阻,却不合回说:“既老官人如此主张,只要做得停当,若是外人知道,送了一家老小性命,不是要处。”(《逆臣录》卷一)

【拴】(北宋)系;捆绑。例如:军人将金银等物用熟绢拴定,尽力驮去了。(《元朝秘史》卷十三)

【顺便】(北宋)① 顺利方便。例如:为照本国见差判缮工寺事杨天植到京，烦为移文，就付差来使臣赍回本国。遇有顺便差使人员，将前项符验尽数解来倒换。（《吏文》卷二）（新义，元明）② 趁做某事的方便做另一件事。例如：今照前事理合备咨本国，将前项符验，顺便解来倒换施行。（《吏文》卷二）

【说称】（元）宣称。例如：七月初三日日暮时，却有今知名达达察罕独自从东前来，就盘问得，本人语言荒速，不能隐讳。说称系是故洪院判躯男，因为召安在逃洪赛因人等，根随脱里不花达鲁花赤赍枋到营东二百五十里地阿失呵寨，得见洪赛因。（《吏文》卷二）

【说开】（南宋）说明白，说穿。例如：当有乃儿不花说道："不是小可的事，且休说开。明日我每同去探望，看他动静如何？"（《逆臣录》卷五）

【厮打】（南宋）相打。（见62页）

【厮杀】（南宋）相杀，交战。例如：制谕管军官人每知道，前辈老官人每到处里厮杀，但寻见一两个好汉，留在根前十分用心抚恤着。（《谕武臣恤军敕》）

【送问】（明）谓送交官府审问。（见152页）

【索要】（元）讨取。（见233—235页）

T

【踏验】（元）谓实地勘察。例如：如今要散开百姓，可教察乃、畏兀儿台两个去踏验，中做营盘的地方，教穿井者。（《元朝秘史》卷十五）

【台盏】（南宋）有托的杯子。例如：是福依允，回家便行打造宝刀二把，送至凉国公府内。本官喜收了当，赏与金台盏一副。（《逆臣录》卷二）

【坍塌】（元）倒塌。例如：仍督作急修理坍塌壕墙营堡，并沿墙里面离脚三丈，增掘壕堑一路，坚完固守。（《吏文》卷四）

【坛】（元）量词。例如：彼时蓝玉赐与绿段子二匹、酒一坛、羊二只，钞五锭，付旺收接，拜谢回还。（《逆臣录》卷三）

【探病】（元）探望病人。例如：攒造军马文册间，于当月二十一日辰时，有本卫同知刘怀远，将引从事人员出营，前去洪平章处探病。（《吏文》卷二）

【探马赤】（元）也作"探马赤军"。元初成吉思汗攻金时以蒙古所属色目诸部族组成的军队。例如：斡歌歹皇帝说："自坐我父亲大位之后，添了四件勾当：一件平了金国，一件立了站赤，一件无水处教穿井，一件各城池内立探马赤镇守了。……"（《元朝秘史》卷十五）

【探听】（南宋）打听。例如：说罢蒙与酒饭吃饮，时常于府内探听，不期事发到官，罪犯。（《逆臣录》卷一）

【探望】（元）看望。例如：洪武二十五年十一月内，本卫指挥陈麟对说："靖宁侯他已先在西里操练时，我也曾得照觑，如今回来了，和你同去探

望一遭。"(《逆臣录》卷三)

【汤羊】(元)用滚水烫后退毛而不剥皮的羊。例如:一百姓羊群里可每年只出一个羯羊做汤羊。(《元朝秘史》卷十五)

【堂子】(元)澡堂。例如:状招洪武二十六年三月初五日,有陈阿保、刘壹孙、周回住、祝胜奴四人,在混堂里,见本县人查阿孟来到堂子里,对阿保等言说……(《逆臣录》卷二)

【逃躲】(元)逃匿;躲避。例如:后有本官为党逆事发,是福一因见一般皂隶马成儿等捉拿去讫,以此惧罪,逃躲在于虎贲左卫左所义弟杨剪儿家安歇三宿。(《逆臣录》卷三)

【逃命】(南宋)逃走以保全生命。例如:不移时,有元引伴当黄聚带伤回营报说:"有官人到于洪平章宅北草房(有)坐地间,不期洪平章伏藏伊婿京家奴并侄答兰帖木儿、头目金完者帖木儿、汪伯等二十余人,自房后突入,将官人抱住,各用乱刀砍伤命尽,及将根随伴倘何礼、黄忠等俱各杀死。聚等跳寨逃命来了。"(《吏文》卷二)

【讨信】(元明)打听信息。例如:是住奴依允。时常前去本官家讨信。不期党事败露,是住奴又行以卖鸡为由,前去本家探听消息。(《逆臣录》卷五)

【梯己】(元)同"体己"。心腹;亲密。例如:至二十五早未明时分,有金义带领梯己伴当人等叛乱,将蔡大使并伴当杀害。(《吏文》卷二)

【提调】(元)管领;调度。例如:钟会是魏元帝时人,做司徒,教他提调关中的军马,却要谋反,只怕着邓艾一个人,不曾反里。(《戒谕管军官敕》)

【提铃】(元)古时从傍晚至拂晓定时摇铃,以示太平无事。例如:今后不分官吏、军民、旗校、匠役人等之家,都要轮流坐铺,提铃巡警。(《吏文》卷四)

【题起】(南宋)同"提起"。说起,提到。例如:喜山回说:"梁官人使我来打听一件事,我和吕升说来,他道不济了。"士蛮言说:"你则吃酒,不要题起。"(《逆臣录》卷五)

【提取】(元明)传唤犯人。(见 152 页)

【提问】(南宋)传讯审问。例如:至本月初四日,赴京于竹桥堂子安下,至十六日至锦衣卫,对陶指挥处禀说前事。被内官察见,提问罪犯。(《逆臣录》卷三)

【提省】(南宋)提醒。例如:乃蛮的塔阳要来夺你弓箭,教我做右手。我不曾肯从。我如今提省你,若不堤防,恐来夺你箭。(《元朝秘史》卷八)

【蹄子】(南宋)牛马等的脚。例如:如今速别额台前头遮护着,你与众人得了这几个斡鲁思种,你自己羖攊的蹄子,不曾直(置)得逞……(《元朝秘史》卷十五)

【题奏】(元)谓上奏章。例如:一招洪武二十六年四月不记的日,同王都

督、张都督在直房内言说："我看如今世事不好，我去题奏出征为由，出外头摆布些军马。"(《逆臣录》卷一)

【体覆】(元)审查。例如：一招洪武二十六年二月初一日，得知凉国公造反，锦衣卫指挥传旨差人去体覆。(《逆臣录》卷三)

【体勘】(元)探察。例如：敕至，尔等即便会同镇守广西太监黄沁、副总兵都督佥事白玉并巡按御史都、布、按三司，差委分巡分守的当官员亲诣龙州并凭祥县地方，密切体勘安南国王并陪臣陈瑾所奏李广宁等前项事情有无虚实。(《吏文》卷三)

【体气】(新义，明)人体发出的狐臭等异味。(见93页)

【体审】(明)体察。例如：乞失里黑听得这话，遂去说与巴歹："恰才体审你说的话是实了。今我两个告与帖木真去。"(《元朝秘史》卷十五)

【天色】(新义，南宋)指时间早晚。例如：鉏麑五更去到他家，只见赵宣子齐整穿了朝服要出朝去，看天色尚早，端坐的堂上，十分恭敬。(《戒谕管军官敕》)

【天灾人祸】(元明)詈辞。例如：这三十八万粮都是百姓每血汗里种出来的，他却妄费用了，如何消受得？天灾人祸必然到他身上。(《大诰武臣・冒支官粮第一》)

【田地】(新义，南宋)路程；道路。例如：本官又说："生受你偌远田地来到。"就置筵席。(《逆臣录》卷一)

【田禾】(元)泛指庄稼。例如：天顺四年十月内，是斤重前去鸭绿江岛中收割田禾。(《吏文》卷三)

【挑】(南宋)以肩担物。例如：号令军士挑水满池作水阁，其耿良于内坐地。(《谕武臣恤军敕》)

【挑】(明)量词，用于成挑儿的东西。例如：至次日，备办羊三羫、酒三挑、果盘一个，令总旗童守信、戴佛保，军人陈舍驴、潘猪羔儿牵赶挑担上船，一同指挥郝升等央浼法指挥引领前到凉国公府内拜见。(《逆臣录》卷四)

【挑担】(南宋)以肩荷物。例如：抚州千户张邦、董升等，将他自家的鹅鸭放在各门上，却着守门的军人，但有挑担米谷过往的，便去取要米谷来喂养。(《大诰武臣・守门阻当第十》)

【挑拣】(明)挑选，选择。(见153页)

【条款】(元)文件或契约上所定的项目。例如：今将合行条款，开示于后。(《吏文》卷四)

【条子】(南宋)指鞭子一类。例如：成吉思再说："……不依我言语，将所管的人用条子打的，依旧教条子打他，用拳打的，依旧用拳打他。"(《元朝秘史》卷九)

【跳水】(元明)跳入水中。例如：不期蓝党败露，致被府军卫小旗杨遇春首发，差人到家抄提，有见惧罪，跳水渰死了当。(《逆臣录》卷三)

【贴说】(南宋)指在地图上附加说明文

字。(见74页)

【铁猫】(明)即“铁锚”,船碇。(见153—154页)

【铁桶】(元明)铁制的桶,比喻牢不可破的事物。例如:唤唐郎中、童司务、杨司务、孙主事、丁郎中等言说:“如今凉国公和我都商量定了,他每收拾的铁桶一般,眼前要做这件大事业,我明日带你每去见他。”(《逆臣录》卷一)

【帖身】(南宋)即“贴身”。跟随在身边的;亲近的。例如:蒙本官唤到前厅,对说:“……我和景川侯两家收拾伴当家人,有二三百帖身好汉,早晚又有几个头目来,将带些伴当,都是能厮杀的人,也有二三百都通些,这人马尽勾用了。你众官人好生在意,休要走透了消息,定在这一日下手。”(《逆臣录》卷二)

【听差】(元)听从差遣;执役。例如:状招有男郑端,同百户李成男李旺、毕兆男毕忠在右府听差。(《逆臣录》卷三)

【听话】(明)听从;听从吩咐。(见154—155页)

【听见】(南宋)听到。例如:火者兴旺在厅上照壁后面听见,再不知说甚么缘故。(《逆臣录》卷一)

【通奸】(新义,南宋)男女双方没有夫妇关系(多指一方或双方已有配偶)而发生性行为。例如:缘常琇原投托南和伯方英为门僧,认得干爷坤娘,却乃私与伊妾韦氏通奸,败坏教门,有同犬彘。(《吏文》卷四)

【通行】(新义,元)行文通知。例如:札付到日,仰本司即照奏奉钦依内事理,通行该管地方,严谨设备,督令哨守官军昼夜加谨巡哨,遇警星飞传报邻近城堡,会合调兵,相继截杀。(《吏文》卷三)

【痛快】(南宋)使舒畅、高兴。例如:臣等详看得,常琇、沈煜,蔑弃礼法,有伤风化。钦蒙皇上日月照察,明正其罪。且俾臣等通行禁约,痛快人心。(《吏文》卷四)

【头儿】(元)① 开始,事情的起点。例如:不听不信呵,家里有小孩儿每不记呵,犯法到官,从头儿计较将来,将家下儿男都问过,你记得这文书里几件?(《大诰武臣序》)② 为首的人。例如:我们三卫掌印都指挥完者秃等今年受敕书,着我们三卫头儿再不许去朝鲜地方雠杀。(《吏文》卷三)

【头口】(元)泛指牲畜。(见155—156页)

【头盔】(南宋)保护头部的帽子。例如:有凉国公差家人小厮定住:“你去淮西家里取甲壹副、刀壹把、头盔壹个、弓箭壹副,取来我有用。”(《逆臣录》卷一)

【头脸】(元明)脑袋和面孔。例如:后太监去后,是铭奏说:“天道寒冷,着不得马。冻了头脸手脚时,到那里他也不肯出来迎接。”(《正统临戎录》)

【头脑】(新义,明)为首的人。例如:李端察儿回说:“恰才统格黎河边那一业百姓,无个头脑管束,大小都一般,容易取有,俺可以掳他。”(《元朝秘史》卷一)

【头匹】(元)指牲畜。(见156页)

【土豪】(新义,明)特指乡村中有钱有势的恶霸。(见100页)

【推捱】(元)推宕拖延。例如:设若同僚互相推捱,不以此城为家一般相看,临期失机,悔之晚矣!(《宣谕武臣敕》)

【推调】(元)推托、推辞。例如:近日山东宁海卫指挥赵铭等,领军守海,遇贼船数十登岸,并不向前设法擒拏,互相推调,致令伤害军士。(《宣谕武臣敕》)

【推阻】(南宋)推辞,拒绝。例如:彼时是喜明知本人所说系干谋逆事情,自合推阻,却不合要得希求升用,辄便回话:“我又不与凉国公相熟,如何敢去?”(《逆臣录》卷二)

【拖搀】(元)拉扯;拉住。例如:恁都察院便将我这言语多出榜,去京城内外张挂禁约。敢有捏故诈骗朝觐官吏,许被骗的即将拖扯赴官首告,治以重罪。(《吏文》卷四)

【脱逃】(元明)脱身逃走。例如:得尔等奏言,得知扣肯无粮,其原运粮之人、与尔等说扣肯无粮之人俱令前来回话。前擒韃靼,尔等令人监守,后竟脱逃,其原监守之人即令管送前来回话。(《弇山堂别集》卷八十八)

【驮垜】(明)捆扎成垛供驮运的货物或行李。(见178—179页)

【驮载】(明)指用牲口负载物体。例如:洪武十一月十二日内,蒙本所差男江祖俚等将带绵布,用驴一头驮载,前去本境地名草河来归人民处,收买牛只。(《吏文》卷二)

W

【歪歪搭搭】(明)不正派。例如:男子汉家学便学似父亲样做一个人,休要歪歪搭搭的过了一世。(《刘仲璟遇恩录》)

【外公】(南宋)指外祖父。例如:一名江赛儿,系湖广黄州府麻城县人,吏部尚书詹徽外甥,充金吾后卫前所军。状招不合要得进用,时常前去本官家行走。因见各衙门不识姓名官员到来外公家饮酒,商议谋反情由。(《逆臣录》卷一)

【外母】(元明)指岳母。例如:是寿思得前罪不能隐讳,惧怕被人讦出。当月二十二日晚,意欲自缢,因外母知觉解下。(《逆臣录》卷二)

【外厢】(元)外面。例如:樊哙在外厢知道,带着剑,背一面长牌,直撞开营门,怒着目看霸王。(《戒谕管军官敕》)

【湾泊】(元)(船只)停靠。例如:本官将坐船一只,湾泊在江宁镇河口,诚因往薄山点坯回至彼处,就到船内与本官相见。(《逆臣录》卷一)

【完结】(元)了结,结束。例如:及边连等明告,边都里哥等逃在本国葛开万户府等处藏躲。今称挨无一节,亦难准信。若不再行差人守取,事无完结。(《吏文》卷二)

【完聚】(南宋)团圆、团聚。(见 185—188 页)

【完住】(明)团聚同居。(见 200—203 页)

【往常】(元)过去的一般日子。例如:数内认得旧识百户董成,往常曾与他在蓝玉家出入商量。是礼恐怕提到本卫,招出同谋情由,以此使令董成回避。(《逆臣录》卷三)

【网巾】(南宋)以丝结成的网状头巾,用以束发。例如:本月内,圣驾赏铭网巾一顶,金圈一付。奉圣旨:"哈铭,这圈儿你不要使了。"(《正统临戎录》)

【望后】(元)向后,朝后。例如:有蓝玉言说:"若事成时,我这里有军马,等我拣了日子,我便着人来叫你,你便领着军马根我走,我着你望前,你便望前,着你望后,你便望后。"(《逆臣录》卷一)

【望前】(元)即"往前"。向前,朝前。(用例见前"望后")

【望着】(南宋)向着。例如:王世充将唤作单雄信,骑了马望着唐太宗刺将来。(《戒谕管军官敕》)

【围困】(南宋)团团围住,使之窘迫而无出路。例如:也先当时就领人马,各自分路将官军围困杀败,后在土木扎营。也先领人马直至土木,我差大吉、马亮前去与也先答话讲和。(《正统临戎录》)

【为事】(元)犯事,犯罪;出事。(见 94—97 页)

【为头】(南宋)领头。例如:洪武二十六年正月内失记的日,有父同宣与本所右千户言说:"蓝大人原旧是管我每的头目,如今只有他一个是为头的总兵官,又坐着我每卫分,我和你亲近他一步是好。如今他家有门馆先生,我每都将小的送去读书,也早晚得他抬举。"(《逆臣录》卷二)

【为因】(南宋)因为。例如:先任府军右卫指挥,为因年老,将男蓝田替职,调江北权管英武卫事。(《逆臣录》卷一)

【围子手】(元)即"围子",帝王巡幸时的仪卫。例如:一名孙兴,系开封府祥符县太平乡人,充府君前卫后所军,原系蓝玉围子手。(《逆臣录》卷二)

【位子】(南宋)名位,职位。例如:本官言说:"我亲家靖宁侯做到侯的位子,如今把他废了。"(《逆臣录》卷二)

【文引】(南宋)准予通行的文书。例如:是泓听记在心,于断事司讨到文引一纸,前来扬州运司支盐,为因资次不到,未曾关支。(《逆臣录》卷五)

【问发】(明)判决发配。(见 156—157 页)

【问决】(明)问斩。(见87页)

【问拟】(明)审问罪犯,拟定罪刑。例如:有兄畏惧前罪,自缢身死外,李三保于当日将前项钞贯赴官首告,就行问拟剁指了当。(《逆臣录》卷四)

【倭刀】(明)日本旧时所制的佩刀,以锋利著称。例如:以此同徐百户将备倭刀贰把收藏在家,听候谋逆。(《逆臣录》卷四)

【窝家】(明)窝主。例如:窝家知情容隐的,照清军榜例,问发附近卫、所充军。(《吏文》卷四)

【窝铺】(元)临时床铺。例如:二十四日到只孙站,各打窝铺宿顿。(《吏文》卷二)

【窝主】(元)窝藏罪犯或赃物的人或人家。例如:除药山等寺窝主僧人高结缘等另行外,今将审过供词,合行开誊具呈。(《吏文》卷三)

【无藉】(元)无所顾忌,无赖。例如:为此特将不才无藉、杀身亡家亡名之徒条陈于后。(《大诰武臣序》)

【五七】(南宋)表示约数。例如:及自有一等不诽谤甘心受贬做军,三二年、五七年、十数年才可怜他召回复职,到任都无两月,其害军尤甚前日,更加奸骗军妇。(《大诰武臣序》)

【物件】(南宋)东西,物品。(见218—220页)

【物事】(新义,南宋)东西,物品。(见218—220页)

X

【息词】(明)申请撤销诉讼的状词。例如:致有本所军人毛良净要将进绑缚首告,又不合央托同谋党逆军人吴宾、李惟贤过钞壹百贯,买求毛良净息词不首。(《逆臣录》卷三)

【席面】(元)指筵席上的酒菜。例如:近年以来有等与宴官员不思礼制有定,往往争论位次先后,及席面厚薄有别。(《吏文》卷四)

【系腰】(元)腰带。也指孝带。例如:说讫,向日将系腰挂在项上,将帽子挂在手上,椎胸跪了九跪,将马奶子洒奠了。(《元朝秘史》卷三)

【夏布】(元明)用苎麻纤维织成的布,宜于制夏装,故名。(见157页)

【下班】(元)犹下值。例如:上班之日,照例给与行粮。下班住支,仍添设才识老成副使一员,专一在彼整饬边备,公同守备官操习人马,振扬威武。(《吏文》卷三)

【下场头】(南宋)结局;结果。例如:不知久后下场头如何?昼夜忧心,为这件事不曾下怀。如今只愿我得一场病死,到免得累了一家老小。”(《逆臣录》卷一)

【下程】(新义,明)接待行人的酒食。(见157—158页)

【下怀】(元)犹忘怀。例见【下场头】。

【下年】(元)次年;明年。例如:若不早禁约,诚恐下年缺牛耕种。(《吏文》卷四)

【香油】(新义,南宋)特指芝麻油,有些地区亦指称菜油或豆油。例如:又将黄蜡、香油等物俵与里长、甲首,多收价钞。(《大诰武臣·排陷有司第三十》)

【象奴】(明)指饲养象的仆役。例如:设若白夷有人出来说话求免时,问他索取后项物件:金齿损了的官军,将出一万五千马来才陪偿这些人;景东节次损了出哨官军,将出五百象来陪偿,更出屯牛三万头、青腿象奴三百个,方才罢征。(《弇山堂别集》卷八十七)

【消乏】(南宋)贫乏;缺少。例如:我有同僚潘指挥对我说,来安县多有亲眷养马,时常买陪,家道消乏,多人抱怨。(《逆臣录》卷五)

【枭令】(明)犹枭示。(见158页)

【小不得】(南宋)应即"少不得"。免不掉;少不了。例如:吃饮间,有马都督言说:"如今凉国公要谋件大事,教我多寻人马扶助他,想你每首领官吏难做,不如趁此机会顺他接应做一场,小不得大名分做。"(《逆臣录》卷一)

【小的】(南宋)(见159—160页)

【小人】(新义,明)随从,手下人。(见89页)

【小厮】(南宋)称年轻男仆。例见【发放】。

【笑话】(新义,南宋)能引人发笑的谈话或故事。例如:又北平城内有个黑和尚,出入各官门下,如常与各官说些笑话,好生不防他。(《弇山堂别集》卷八十六)

【孝顺】(新义,元)指贿赂官吏或尊长的财物。例如:一招女户婿魏让于二月初十日前来本卫后堂禀说:"大人若有好抄札的人家与我每,自有孝顺。"(《逆臣录》卷三)

【效倣】(明)即"效仿",仿效。例如:若不申明论定,诚恐仍前效倣,有乖礼度,深为未便。(《吏文》卷四)

【鞋脚】(明)鞋袜。(见160页)

【行财】(新义,明)借给别人钱钞作本进行买卖以获取利润,所获利润双方共同分享。(见160—161页)

【行李】(新义,明)物资,财物。(见89—90页)

【行使】(明)同"行驶"。(见161页)

【行院】(南宋)对戏剧演员的俗称。亦借称戏班。例如:丞相说:"玉器不打紧,我明日淮西地面盖起王府,拨五十家行院与你做家乐,那时才是富贵。"(《李善长狱词》)

【省会】(南宋)① 晓谕,吩咐。例如:如我今也年纪大了,省会你每到是处,只是不肯依从。(《谕武臣恤军敕》) ② 领悟;明白。例如:掌护卫的官人,凡换班时,将这言语省会一遍。若不省会,则掌管的有罪。既省会了,有违了号令的,依前例要罪者。(《元朝秘史》卷十)

【性儿】(南宋)性子,脾气。例如:合臣的子名那牙吉歹,那牙吉歹因他性儿好装官人模样,就做了那牙姓氏。

（《元朝秘史》卷一）

【兄弟】（新义，南宋）对弟弟的称呼。例如：置酒吃饮间，有兄许亮密与谷保言说："如今凉国公与我每商议要谋大事，各卫头目每都分付摆布了，只等好机会时便下手。兄弟你且莫回去，明日也根着出些气力。"（《逆臣录》卷五）

【胸膛】（元）胸部；胸腔。例如：窥伺陈魁八睡着，用大石块于本人胸膛上打讫二下身死，将伊身畔金银物件，尽行收要入已。（《吏文》卷二）

【修脚】（明）修剪脚趾甲或削去脚上的趼子。例如：一招洪武二十六年三月十六日，有陶指挥令力士前去竹桥堂子内叫梳头待诏贰名、修脚的壹名来和我梳头，就有话和他说。（《逆臣录》卷三）

【虚捏】（南宋）虚构捏造。例如：今凡察等奏称抢杀阻挡，实为虚捏。（《吏文》卷二）

【序班】（明）官名，属鸿胪寺。明始置，清因之。例如：今后伴送夷人，止许差遣行人带领通事一人前来。沿途一体禁约，不必差遣译子序班，徒为纵容，生事扰人。（《吏文》卷四）

【悬带】（元）犹携带。例如：是清悬带驾牌腰刀入内，行至午门下，被守门官军盘获。（《逆臣录》卷三）

【靴子】（元）帮子略呈筒状高到踝子骨以上的皮鞋。例如：奉圣旨："哈铭来，叫内官内使打点家去的东西。将我的铺盖靴子与哈铭拏去家里，与子孙作古。（《正统临戎录》）

【血汗】（元）辛勤的劳动。例如：这三十八万粮都是百姓每血汗里种出来的，他却妄费用了，如何消受得？天灾人祸必然到他身上。（《大诰武臣·冒支官粮第一》）

【巡哨】（元）巡逻查防。例如：札付到日，仰本司即照奏奉钦依内事理，通行该管地方，严谨设备，督令哨守官军昼夜加谨巡哨，遇警星飞传报邻近城堡，会合调兵，相继截杀。（《吏文》卷三）

【寻死】（南宋）企图自杀；自杀。例如：老夫人言说："你却不要依着他，那蓝家胡子却不是人，你若依着他，我便寻死去，你快去窑上躲了他便罢，你不躲时，我便皇孙殿下处说去。"系喜奴递茶听得。（《逆臣录》卷一）

【寻找】（元明）找，觅求。例如：有凉国公办酒，叫华吃饮间，赶开伴当，密与华说："我要谋件大事，如今天下军马多是我掌着，上位疑我，只怕久后不便。要寻找个知心的人商议做一场，你心里如何？"（《逆臣录》卷五）

Y

【牙行】（元）旧时为买卖双方说合交易而从中收取佣金的商行。亦指其行主。例如：各处集镇，如有豪强及牙行人等把持行市，将粮米物货以贱为贵，以贵为贱，高低唱价，专图厚利肥己者，所司缉访挨拿，轻则量情

责罚,重则究问如律。(《吏文》卷四)

【牙象】(明)公象,雄象。(见162页)

【烟墩/煙墩】(元)① 烽火台。例如:缘此怀愤,麻豆里等肆拾名曾向开原地面抢虏烟墩官军。(《吏文》卷三)② 烟火。例如:洪武二十六年正月内,闻知总兵官凉国公征进回京,是旺不合要得结交,与同本卫指挥刘祯等、千百户袁岳等,每日用快船锣鼓、沿江放烟墩迎接本官。(《逆臣录》卷五)

【烟消火灭】(明)比喻事物消失,不留踪迹。例如:搜的人去了后,锁儿罕失剌对帖木真说:"你险些将我断送得烟消火灭,如今你母亲兄弟行寻去。"(《元朝秘史》卷二)

【沿街】(元)顺着街道。例如:彼时伏五知觉走脱,沿街行走欲回,被不知名军人捉拿到官,罪犯。(《逆臣录》卷一)

【颜料】(元)(见183—185页)

【眼同】(南宋)亲自会同。例如:有本卫同知刘怀远,钦依于当年四月初三日权于得利嬴城开设衙门,将御赐段匹眼同差来官。一一唱名,斟酌等第,给散了当。(《吏文》卷二)

【演习】(南宋)练习、温习使熟悉。例如:但有些闲暇,便将军中所用兵器,各随本身所便演习。(《宣谕武臣敕》)

【央浼/央浼】(元)恳求;请求。(见162—163页)

【央求】(元明)(见163页)

【养活】(新义,明)指生活费用。例如:因见一般染匠李阿王与凉国公府门下出入,赁房开作染坊,多有养活。(《逆臣录》卷一)

【邀喝】(元)旧时官吏出行时前驱喝道的人。例如:有大势达子,身披衣甲,手拏弓箭,坐令邀喝:"甚么人?那里去?"(《正统临戎录》)

【邀同】(明)约别人在一起。(见163—164页)

【窑场】(元)指制造砖瓦陶瓷等物的场所。例如:洪武二十六年四月十七日,钦差开国公前来三山等处提调窑场。(《逆臣录》卷一)

【爷儿】(元明)长辈和晚辈男子的合称。例如:丞相说:"天下的事都在我手里掌着,我如今要作歹,你爷儿从不从?"太师说:"看丞相几时下手,我每爷儿也从。"(《李善长狱词》)

【业】(明)量词。(见75页)

【夜不收】(元明)古代军队中的哨探。(见164页)

【一边】(新义,南宋)表示一个动作与另一动作同时进行。例如:白夷此败后,一边差人说话,一边差人做买卖。(《弇山堂别集》卷八十七)

【一答】(元)一起。例如:林主事是好人,我存他性命一答里行。我不回高丽去,若回去呵,本国肯饶我那?(《吏文》卷二)

【一发】(南宋)① 越发,更加。例如:安丰城里见无粮食，便添上这军，一发食用的无了。(《弇山堂别集》卷八十六《诏令杂考二·与魏国公书》)② 一同；一齐。例如：有孛罗帖木儿同也先不花将妃子失安答里送与蓝总兵，后到大宁送将出来，一发赴京了。(《逆臣录》卷五)

【一会】(南宋)指很短的时间或在很短的时间之内。例如：屯种之时，苗未出土，那一会可以修城，可以操练。(《宣谕武臣敕》)

【一了】(元)一向，本来。例如：今后进的、承袭得的，及一了不曾有军管的，做了管军、指挥、千百户、卫所、镇抚。(《谕武臣恤军敕》)

【一面】(南宋)表示两种以上的动作或活动同时进行。可单用或连用。例如：敕至，尔等若别有方略，亦听从长计议，以靖边方。一面整搠军民，以图大举。(《吏文》卷三)

【以前】(新义，南宋)泛指从前。例如：酒毕，本官言说："以前征北时，与你的马有孳生么?"(《逆臣录》卷三)

【以先/已先】(元)犹以前。例如：(1) 至本月二十九日，径赴御前朦胧具奏，却被徐安等及军人王广惠并小旗张自当等缉知以先在蓝玉家饮酒谋逆事情，亦行具奏，取问罪犯。(《逆臣录》卷二)(2) 洪武二十五年十一月内，本卫指挥陈麟对说："靖宁侯他已先在西里操练时，我也曾得照觑，如今回来了，和你同去探望一遭。"(《逆臣录》卷三)

【义气】(新义，南宋)为情谊而甘愿替别人承担风险或作自我牺牲的气度。例如：你父纳忽伯颜有家财，只你一子，为甚肯教与我做伴，盖因你有义气。(《元朝秘史》卷九)

【译写】(明)翻译抄写。(见164—165页)

【译子】(明)翻译人员。例如：今后伴送夷人，止许差遣行人带领通事一人前来。沿途一体禁约，不必差遣译子序班，徒为纵容，生事扰人。(《吏文》卷四)

【异样】(南宋)与寻常不同。例如：拜见蓝大舍之后，时常馈送礼物及异样犀带，前去往来本府交结，多得意爱。(《逆臣录》卷五)

【驿站】(明)古时供传递文书、官员来往及运输等中途暂息、住宿的地方。例如：且自山海关起至辽东，一路驿站，走递马匹。(《吏文》卷四)

【因此上】(南宋)犹因此。上，助词，无义。例如：将这等人便似自家兄弟儿子一般看待，因此上，这等军士但遇着厮杀，便在官人前面。(《谕武臣恤军敕》)

【银两】(南宋)旧时以银锭为主要形式的一种秤量货币。例如：开具该用祝版、香币、金香合、纻丝幡，并收买牺牲大牢猪羊、香烛、段疋，及差出人银两、衣服等物。(《吏文》卷二)

【银朱】(南宋)银矿石。"朱"指朱砂。《大词典》未收录。例如：内府各监局递年派办物料，工部等衙门修造

军器、乐器、船只等件，并一应买办采办生漆、银朱、皮张、竹木、柴炭等项……（《即位诏》）

【隐瞒】（南宋）谓掩盖真相不让人知道。（见16页）

【饮水】（元）yìn shuǐ 给牲口喝水。例如：有等无理官军，将收得马骡驴匹垛子不即送赴大营与人识认，却将垛子检括，把马骡驴匹驮载自己行李，每日又不饮水喂草，及至压损瘦乏，丢弃在路。（《弇山堂别集》卷八十八）

【应该】（元）表示情理上必然或必须如此。例如：照得辽东地方边临敌境，城堡星罗，凡传报声息，催办公务等项，应该差人驰驿前去，往来略无虚日。（《吏日》卷四）

【缨子】（明）系在衣帽或器物上的穗状饰物。例如：临阵之时，大小官军肩上无缨子、背上无黄号红勇字者皆斩。（《弇山堂别集》卷八十八）

【应许】（南宋）答应，允许。例如：监生回说："我不敢，且有甚么道理放得出？"他说："多着几个军来便关出去了。"监生应许。（《大诰武臣·教人作弊第十一》）

【应允】（南宋）答应，允许。例如：各人当即应允，在家听候。自后一向不见消息。（《逆臣录》卷一）

【余丁】（元）军中编外人员。例如：是旺明知系干谋逆事情，不合听允，却将前项军器寄放在于余丁荣添儿处，听候接应。（《逆臣录》卷二）

【与同】（南宋）犹同，谓与人一齐。例如：应天卫指挥庞权，与同千户旗首等指以异姓军为由，刁蹬军人严亚保。（《谕武臣恤军敕》）

【原告】（元）向司法机关提出诉讼的一方。例如：后有军人王蛮子去都司告魏克铭系是积年民害，他又着千户陶真将原告赶回。（《大诰武臣·生事害民第二十八》）

【缘故】（新义，元明）事情。例如：不曾反得成，被何列、胡渊知他反的缘故，拿住杀了。（《戒谕管军官敕》）

【原籍】（元）本籍；祖居的地方。例如：军还原伍，民还原籍，匠复本业。（《即位诏》）

【圆领】（南宋）唐、宋、明时代官吏的一种常用礼服。领呈圆形，故称。例如：以此惧怕，先出长安门外，不与伴当相见，潜逃出通济门外，将身穿青绵布圆领衫一件脱下，卖与不识名男子，得钞四贯五佰文……（《逆臣录》卷三）

【员名】（明）复合量词。（见165页）

【岳父】（元明）妻子的父亲。至洪武二十六年正月内失记日的，有岳父徐兴对说："如今凉国公征进回还，要谋件大事，多要用人，我引你前去拜望。"（《逆臣录》卷四）

【乐妇】（明）歌妓。例如：净山系奸妇，去衣。刁银锞儿等十一口俱系乐妇，单衣，与德鲁、思忠各的决。（《吏文》卷四）

Z

【在前】(元)以前,从前。(见166—167页)

【在上】(元明)之上,以上。例如:我计算你一卫里有五千在上人马,我和景川侯两家收拾伴当家人,有二三百帖身好汉……(《逆臣录》卷二)

【在逃】(南宋)谓罪犯在潜逃中,尚未捕获。例如:说称系是故洪院判躯男,因为召安在逃洪赛因人等,根随脱里不花达鲁花赤赍枋到营东二百五十里地阿失呵寨,得见洪赛因。(卷二)

【在先】(新义,南宋)早先;从前。例如:状招在先根景川侯往四川运粮之时,常听见本官与本处都司官饮酒,商议谋逆情由。(《逆臣录》卷五)

【早起】(南宋)早上;上午。例如:八年九月,李四回家说:"我早起和汪丞相、太师、哥在胡丞相家板房吃酒,商量谋反,我也随了他。"(《李善长狱词》)

【早前】(明)早先;以前。例如:早前我买马征朔北,他每不肯,如今朔北征取了也,他每不曾将马助气力,倒通了白夷。(《弇山堂别集》卷八十七)

【早是】(元)幸而,幸好。(见167页)

【造福】(元)指给人带来幸福。(见64页)

【怎地】(南宋)怎样,如何。例如:这等不知恩的人,若不罪他呵,那撒泼的怎地怕?(《大诰武臣·卖放胡党第十七》)

【闸板】(南宋)装于闸口可以抽动的木板。例如:当有也先弟赛刊王说:"我的人在先时赶他城里的人,往东边小门里进去。城楼上放下闸板,把我的人拏了。我和你说,你也不信。"(《正统临戎录》)

【诈讹】(明)即诈讹,借故敲诈勒索。例如:顺天府蓟州丰润县为禁约诈讹事。(《吏文》卷四)

【诈骗】(元)讹诈骗取。例如:以后心生奸计,使令军人王道僧,前到谢都督原坐船上,取出腰刀壹把、线枪头壹个,藏在河下。意在日后绑缚诈骗,遮掩前非。(《逆臣录》卷四)

【摘拨】(元)调派。例如:其大军内摘拨方便船只、能干军士头目前去徐州杀获贼徒,救护城池,就观王保保军势若何。(《弇山堂别集》卷八十六)

【毡衫】(明)毡制的衣衫。例如:伯能同章青送钞壹千贯、红普罗四匹、毡衫一领,送与他二官人收了。(《逆臣录》卷三)

【掌管】(南宋)(见188—189页)

【账房】(元)指军帐。例如:若还出征呵,下营处军士每荒地与官人立账房、煮马料、切草、铺铺、做饭。(《谕武臣恤军敕》)

【招惹】(明)招致引来。例如:男子妇人必要有分别,妇人家专一在里面,不可出外来,若露头露脸出外来呵,

必然招惹淫乱的事。(《大诰武臣·男女混淆第二十三》)

【照会】(新义,元)指官署通知的文件。例如:照会到日,仰本司依奉钦依施行。(《吏文》卷二)

【照旧】(元)谓跟原来一样,没有变化。例如:仍照旧轮班,不许指以朋合编班为由,一概拘留。(《即位诏》)

【照样】(明)依照某种样式。例如:仍仰各州县照样不拘纸张大小,刊写发往本境各乡村城市并人烟丛集去处,张挂晓谕施行。(《吏文》卷四)

【照依】(元)依照;按照。例如:可照验即便差官前赴义州把截张万户处,与本司差去人公同督并本官,于緊管地面,照依坐去人数,务要一名名缉捕到官,追赃完备,行枷杻手,差人与差去人一同牢固管解,赴司取问施行。毋得循情破调迟滞。(《吏文》卷二)

【遮当】(元)遮挡。例如:速别额台勇士说:"我如老鼠般收拾,老鸦般聚集,盖马毡般盖护,遮风毡般遮当,试那般做者。"(《元朝秘史》卷四)

【折证】(元)辩白;对证。例如:太祖差人去对唐兀惕主不儿罕说:"你先说与我做右手,如今回回百姓杀了我使臣,我要去与他折证,你可与我做右手。"(《元朝秘史》卷十三)

【这厢】(元)"这壁厢"的省略。这里,指比较近的处所。(见前"那厢")

【这早晚】(南宋)犹言这个时候,常指时间晚。例如:有大官童言问:"黑子,老官人今日那里去来?这早晚回来。"(《逆臣录》卷一)

【征进】(元)进军征伐。例如:如正军数目较多时,务要俵在益都、济南、济宁、徐州、邳州,俵了之后,老小完聚,毕日却将马步精锐军挑拣随军征进,大头目老小逐时随机都发来淮安。(《弇山堂别集》卷八十六)

【整点】(元)整理,清点。例如:外面守御的军官,务要把军整点得齐整,如常要不缺少了,叫唤呵,便都在眼前。(《大诰武臣·私役军人第二十七》)

【整置】(明)置备。(见101页)

【正房】(南宋)整幢房子里位置在正中的房间,与厢房相对。例如:遂同苗赵、严扒头一同到于凉国公正房。(《逆臣录》卷一)

【正军】(南宋)在役兵士;正规军。例如:兴化卫千户郭福,将壮大正军卖放了,却把幼小军丁收入队伍。(《大诰武臣·防倭作弊第二十》)

【正要】(南宋)刚要;正预备。例如:如今凉国公谋件大勾当,正要军器用,一发都把来接应。(《逆臣录》卷二)

【支】(南宋)量词。例如:近日报来安丰止则添得竹二一支人马,欠五千人。这几日安丰无粮,本军将欲都退,不为大害,你每且休上船来。我这里又听说张九四军好几支过江了,你每且将军那在泰州,等他来攻海安,杀他一场再做商量。(《弇山堂别集》卷八十六)

【支待】(元明)接待。例如:乘马者,必赍符验以防奸;给廪者,亦凭关文以支待。(《吏文》卷四)

【知会】(南宋)① 通知;告诉。例如:为此,合行备开奉准事例,给出告示,晓谕往来一应朝贡野人等项夷人并原来伴送人员,一体知会遵守施行。(《吏文》卷四)② 通知对方的文书。例如:除交付本国差来使臣户曹参议具宗之领去外,合行知会,领受施行。(《吏文》卷二)③ 知道;领会。例如:令旨说与总兵官知会:二月二十一日参军都事到家,说称……(《弇山堂别集》卷八十六)

【芝麻】(明)指芝麻所结的种子。例如:本官喜说:"这老儿到是个知动静的人,我如今与你芝麻九十石,将去做本买卖。明日和你本卫张指挥、侯指挥说,教他来有话商量。"(《逆臣录》卷二)

【织挽】(明)编织。例如:苏州府长洲县(王行)为织挽匠户。洪武二十四年起赴应天府上元县十八坊住坐。(《逆臣录》卷一)

【职分】(新义,明)职务;官职。例如:有景川侯和老夫人说:"那蓝家二十一年时,在四川和我说了一遭,也说这等话,反便起这般心来。我便说道我不依,你想起我受了多少苦,王府也修造完了,如今做了这般大职分,我这般快活不受,再想甚么说了,到今又说这等话。"(《逆臣录》卷一)

【直身】(元)日常所穿的长衫。例如:须至手本者,计开送去强贼张政等原劫朝鲜国使臣衣服等件,茶褐绵紬直身壹件,黑绿绫袄子壹件,纸帒壹个,弓参张。(《吏文》卷三)

【直直】(元明)照直,如实地、坦白地。例如:我将这备细缘故做成一本书,各官家都与一本,这话直直地说。(《大诰武臣序》)

【执着】(新义,南宋)泛指固执或拘泥。例如:休执着我的言语,恐怕有见不到处,教你每难行事也。(《弇山堂别集》卷八十六)

【指扳】(元)指攀。例如:是彬言说:"你且莫与别人说,只做不知道,说出去时连累我每。想我每前日在杜指挥家吃酒,商量谋反来,若把他首出去时,他必指扳我每。"(《逆臣录》卷二)

【只得】(新义,南宋)只好;只能;不得不。例如:官吏牌夫只得依听,以致费用浩大,答应不全。(《吏文》卷四)

【指攀】(元明)指招供时攀扯牵连别人。(见56页)

【纸张】(元)纸的总称。(见167—168页)

【志诚】(南宋)诚实;用情专一。例如:本官又说:"我日同你根殿下到陕西时,见你好生志诚,常切想你。我因亲家靖宁侯为事之后,时常虑念。又见赵尚书为事,只怕累了你,幸得公且无事。你如今把钱粮掌得清

着，我已与詹公计定，若早晚事成，便要粮储接应。”（《逆臣录》卷一）

【至诚】（明）真诚，实在。同“志诚”。（见 91—92 页）

【主意】（元明）用意，用心。例如：尔等又故意引入无水艰难去处，东奔西走，劳人乏马，是损自己气力以资敌寇，不知尔等主意如何？（《弇山堂别集》卷八十八）

【祝币】（明）祭祀时用作祭品的玉帛。例如：今差朝天宫道士徐师昊钦赍御香、祝币，并香合、纻丝幡，及收买牺牲、香烛、段匹等前去。（《吏文》卷二）

【住俸】（明）停止发给俸禄。（见 86 页）

【驻扎/驻劄】（南宋）军队在某地安营扎寨。扎、劄：驻扎。例如：哨马营离大营三十里拣好便当去处驻扎。（《弇山堂别集》卷八十八）

【住址】（明）居住的地址。例如：杨春庆亦不曾亡故，见于东州住坐。尹尚失、金完你等亦在牛峰等所居住。张哈喇马等俱有，离远不识住址。（《吏文》卷二）

【转】（新义，元明）绕路。（见 94 页）

【庄家】（元）庄稼人，农家。例如：如今百户、千户、指挥把军害得荒，逃了一个，便似那没长进的懒庄家典了田卖了田一般。（《谕武臣恤军敕》）

【撞祸】（明）闯祸，惹事生非。（见 169 页）

【追给】（元）追回原物，交与其主。例如：田土房被人占据，俱各给还。若有卖绝者，所司量与追给，莫令失所。（《吏文》卷四）

【追赶】（南宋）追击；追捕。例如：若尔哨马答号，彼必答号；若不答号，必是卫拉特之人，便须相机追赶擒拿。（《弇山堂别集》卷八十八）

【追陪】（元）追还赔偿。（见 202—203 页）

【追赔】（明）同“追陪”。

【赘】（新义，元）增添，附加。例如：再赘，我的见识则是如此，你每见得高处强处，便当处随着你每意儿行着……（《弇山堂别集》卷八十六）

【捉拿/捉拏】（南宋）擒捉；缉捕。例如：但有无批、引，语貌不一，面生可疑之人，捉拿解来。（《吏文》卷四）

【捉弄】（元）戏弄，使人为难。例如：你每老子在乡里不曾用那小道儿捉弄人。（《刘仲璟遇恩录》）

【着落】（南宋）犹责成；归属。指定某人或某机构负责办好某件事。例如：次日奉圣旨，是“着落锦衣卫并通事每，好生防闲。钦此”。（《吏文》卷四）

【着实】（南宋）① 踏实，认真。例如：遍历各该地方，逐一点视。或修或补，督令着实用功；或增或益，务在趁时修举。（《吏文》卷四）② 符合实际，按实际。例如：所有提调看养马匹，着实支去草料，私下尽皆侵用，致令马驹倒死数多，事发典刑了当。（《谕武臣恤军敕》）

【镯头】（明）镯子。例如：一招洪武二

十六年三月十四日晚，有驯象所潘千户同不记名字百户一员，送与陶指挥钞壹柳箱、银子两个计壹佰两、银壶瓶参个、金带壹条、金镯头壹对、银旋壹个、银马盂壹个、银撒盏陆个。(《逆臣录》卷三)

【走漏】(元明)泄漏。例如：当有陶指挥说："众人仔细着，不要走漏消息。"(《逆臣录》卷三)

【走泄】(元)走漏，泄露。例如：指挥王祯此事发觉早些，不是呵，这内奸他出在倭国里，献了计，说道守御不严，城里军有数儿，如此走泄情节，若使贼人驾三五百船，用军一二万，泊在城下，平明扑住城门，似此等十分干系利害。(《谕武臣恤军敕》)

【阻当】(元)阻止；拦住。例如：杭州右卫指挥陈祥，他领军出海捕倭，与令使魏克铭商量，以批引为名，将捕鱼船只阻当。(《大诰武臣·生事害民第二十八》)

【昨前】(元)从前，以前。例如：他每散了后，帖木真心里想着说：昨前每营里轮流着教看守我时，锁儿罕失剌家里宿呵，他的沈白赤老温名字的两个儿子心里怜悯我，夜里与我脱了枷教散宿来；如今，锁儿罕失剌将我见了，又不肯对人说，几次经过去了，如今只他那里去，必救了我。(《元朝秘史》卷二)

【座】(元)量词。(见前33页)

【做伴】(元)"做伴当"的简称。当陪伴的人。例如：约午时时分至不知名地名荒山下，见有耕熟田地，有薛总旗言说："前面人家必近，屈旗和骆三先去做饭，等我赶牛驼行李在后，与高丽人做伴同来。"(《吏文》卷二)

【做大】(南宋)自大；摆架子。例如：蒙力克说："他的女子行咱索时，他做大下觑着，不肯与。如今怎生特地请吃许婚筵席？帖木真儿子省得着。不若只推称春间马瘦，且养马不去么道。"(《元朝秘史》卷六)

【坐地】(南宋)坐着。例如：号令军士挑水满池作水阁，其耿良于内坐地。(《谕武臣恤军敕》)

【做饭】(南宋)制作饭菜。例如：如今军官全家老小吃着穿着的、这见受的职事，都是军身上来，这军便似他家里做饭的锅子一般，便似仓里米一般，又似庄家种的田一般。(《大诰武臣序》)

【做工】(元明)干活，从事体力劳动。例如：见起在京做工人匠，除选带家小并把总、高手与应用营建山陵人匠，及该轮班上工者存留外，其余尽数放遣。(《即位诏》)

【坐馆】(南宋)指任塾师。例如：状招洪武十二年间，在于蓝都督即今凉国公宅内坐馆教书。(《逆臣录》卷一)

【作耗】(南宋)作乱；叛乱。例如：青州护卫千户孙旺，逼令军人自缢身死，其余军人赴京伸诉，他差人邀截回去，将各军监在牢里，诬赖他通同马四儿作耗，致将军人四名凌迟处死，

余军尽发云南。(《大诰武臣·邀截实封第十二》)

【作贱】(元)轻视,侮辱。例如:有病呵,作贱不看。(《谕武臣恤军敕》)

【做买卖】(南宋)经商;做生意。例如:白夷此败后,一边差人说话,一边差人做买卖。若如此,但系买卖人,不问何等干事人,尽行送赴京。(《弇山堂别集》卷八十七)

【坐铺】(宋)守卫本铺,谓警戒。例如:今后不分官吏、军民、旗校、匠役人等之家,都要轮流坐铺,提铃巡警。(《吏文》卷四)

【做亲】(南宋)联姻;结为姻戚。例如:洪武二十六年正月十九日,有孙让因与锦衣卫陈百户做亲筵会,令弟孙长受前来请去本官家内筵会。(《逆臣录》卷三)

【做声】(南宋)指声明或表示意见。例如:母亲并斡惕赤斤处共与了一万百姓,母亲嫌少,不曾做声。(《元朝秘史》卷十二)

【做生日】(元明)庆祝生日。例如:一招洪武二十六年正月初三日,因做生日,当日清早晨,有一般达官乃儿不花、帖里白、脱禾赤、朵列帖木儿、刘谦、忽都帖木儿、和尚歹也速不花、也先火者、和尚歹都不花等到来,递手帕拜寿。(《逆臣录》卷一)

【作数】(元)算数,充数。例如:谋逆间,不期奸党败露,已将百户鲁彬等官诛除了当,将寿等调去豹韬卫作数。(《逆臣录》卷二)

【作揖】(南宋)旧时行礼的一种形式。两手抱拳高拱,身子略弯,表示向人敬礼。例如:彼时有本卫孙指挥、叶千户在东耳房内说话。是成向前作揖。(《逆臣录》卷二)

附录二　刘坚、蒋绍愚《近代汉语语法资料汇编》(元明卷)校勘献疑

刘坚、蒋绍愚主编的《近代汉语语法资料汇编》(下文简称《汇编》)选录了"唐代至明代中叶在不同程度上反映汉语口语实际情况的文献资料",分唐五代卷、宋代卷和元代明代卷,分别于 1990、1992、1995 年出版,这是国内第一部关于近代汉语的资料汇编,汇集了大量稀见语料,在国内语言学界影响较大。《汇编》(元代明代卷)收录的明初白话诏令是研究此期口语的宝贵资料,被越来越多的研究者使用。其中收录的 5 则明太祖朱元璋的敕语,出自《皇明诏令》,依据的底本是日本内阁文库所藏明嘉靖二十七(1548)年刊本,以日本京都大学人文科学研究所东洋学文献中心所藏朝鲜活字排印本为校本。此外,《续修四库全书》(下文简称《续修》)史部第 457 册所收《皇明诏令》,依据的版本是华东师范大学图书馆藏明嘉靖十八年(1539)傅凤翔刻二十七年浙江布政司增修本。从文句、用字看,以上二者基本一致。《中国珍稀法律典籍集成》(简称《典籍集成》)乙编第 3 册所收《皇明诏令》是以北京图书馆所藏明嘉靖二十七年刻本为底本,与前二者相较,文字多有出入,断句上差异更多。总体上看,《典籍集成》存在的断句失误问题较《汇编》更为突出,但有些地方则颇可取,二者可互相借鉴。下面以《汇编》为基础,参照《典籍集成》和《续修》,结合对文意的理解,选出几则出入较明显的文字试校如下。

1. 若有个能保富贵的人,他必寻思,若做都指挥,这地方系是我守的,比及未有甚罪时,先教人于都司所管地方,沿边画图贴说,通有多少险处,多少平易处。若边境内境外道路迂直近远,尽数计较了,临期省了多少寻思!(《戒谕武臣敕》,第 246 页)

按:“比及未有甚罪时”,《续修》文字同,《典籍集成》作“比及未有甚事时”,“罪”作“事”。该敕语大意是告诫边防武臣提前做好部署,防患于未然,不要等事发被降罪。下文列举广西都指挥耿良、江西都指挥戴宗等犯罪实例,以示告诫,多处用“事发”一词。从上下文看,作“事”更切合文意。

2. 闲时尝想着:我守这地方,民不为盗,水陆险要去处并无啸聚者;军不诬民,民不受害,军民安静,方才称守御之任。(《戒谕武臣敕》,第246页)

按:“着”应从下文。在朱元璋的诏令中“着”常用作使令动词,有令、教之义,如下文:“又如江西都指挥戴宗,着他领军收捕军贼周三官等,比及军临贼所,他故意驻札不进,却令韩知县前去索要。”又如朱元璋《大诰武臣·常茂不才第二》:“郑国公常茂,他是开平王庶出的孩儿,年纪小时,为他是功臣的儿子,又是亲王上头,抚恤他,着与诸王同处读书,同处饮食,则望他成人了出来承袭。”《典籍集成》即在“想”之后断开,“着”从下文,当从之。

3. 这等,良善的吃了苦楚、无理的打骂、妄行差使,他也不告状,只在背地里长嘘气,暗暗地祷祝神人。(《谕武臣恤军敕》,第248页)

按:“这等”后不当断。“这等良善的”意思是“这些善良的人”。“这等”意为这些、这类,在文中多处使用,如“这等官人”“这等不足道的”“这等好汉”“这等为事百户”“这等粗蠢的人”等等。“这等”在近代汉语中常用,一般表程度、方式、状态、性质等,而不表示对事实的承认或让步关系,所以不能单独成句。《典籍集成》中即连言之,作“这等良善的”。

4. 似这等官人每,说来的无一个肯听,只是害军。(《谕

武臣恤军敕》，第 248 页）

按："说来的"于文意不通，《典籍集成》作"说来呵"。"呵"作为语气词，是宋元用法的沿袭[①]，"呵"往往用在句中或分句之间，表示假设、停顿语气，在朱元璋的敕语中多见，如："有病呵，作贱不看"，"似这等般呵，你长远得也长远不得"，"冬天呵，怕冻着官人"。盖此处"的"与"呵"形近而致误。

5. 紧关行路处不辞劳苦，抬也抬着是走也。是有见识管军的官人，依着说的说这般行，军士每感恩呵，出征、下营、见阵、病处，官人有许多安乐便当处。（《谕武臣恤军敕》，第 249 页）

按：《汇编》校记[一]曰："'是'字疑衍"。其实"是"字不衍，这里"走也"之后不当断，当在"是"后断。前面有"抬也"，正与"走也"相对为文。"也"是副词，"是"为指示代词，意为"这样"。此处是说无论抬或走，军士们都这样"不辞劳苦"。今方言中仍有此说法，如鲁西南方言："打也是，骂也是，他就是一声不吭。"而且在朱元璋的这篇口语敕令里，未见他处有用语气词"也"结尾的。《典籍集成》即断句为："……抬也抬着是，走也是。"当从之。

6. 如何是天兵？他都是世间的人，如遇世乱，天道斡旋这等好汉做了军，平这天下祸乱，是天命的皇帝领着这军，号做天兵。不是天与的皇帝强把百姓聚起来，这个号做啸聚的贼。（《谕武臣恤军敕》，第 250 页）

按："这军"之后不当断，当在其前断。"这军号做天兵"与下文"这个号做啸聚的贼"相对文。《典籍集成》即断句为："……是天命的皇帝

① 见吴波《元刊杂剧中的"呵"、"也"》，《江西社会科学》2001 年第 4 期，第 48—50 页。

领着,这军号做天兵。”

7. 军人每正好泥炕打柴时,他众人都役占了他。反到那十月间,七岁、八岁、三五岁,这等军的儿女一个个赤剥无衣穿,盼望要一个热炕卧的,着过冬。(《谕武臣恤军敕》,第250页)

按:“反到那十月间”中,“反”意义不易理解,且与上下文逻辑关系不清。《汇编》校记[五]曰:“‘反’字疑为‘及’字之误”。《典籍集成》正作“及”。另,“三五岁”后不当点断,“七岁、八岁、三五岁”修饰其后的“这等军的儿女”,此句当断为:“七岁、八岁、三五岁这等军的儿女,一个个赤剥无衣穿。”《典籍集成》即在“儿女”后断开,但在“三五岁后”用顿号,失之。

8. 因此上将千户李义、袁胜、童仁鞭讫一百,发长沙西口子充军。似此违条犯法之徒,不遵教化,斩首示众,死有余辜。(《谕武臣恤军敕》,第252页)

按:《典籍集成》和《续修》在“充军”后尚有两句:“总旗王成斩首号令,指挥庞权发金齿充军。”补上这些内容,才能与下文的“斩首示众,死有余辜”相对应。当补之。

9. 那时唐高祖攻打河南地面,敬德随太宗行战地,恪好遇着王世充的军马忽然到来。(《戒谕管军官敕》,第253—254页)

按:“恪好”不词。《典籍集成》作“恰好”。盖“恪”与“恰”形近而误。

10. 安从进是五代晋时人,做山东道节度使,如常暗地要谋反。从来与成德节度使安重荣两个一同商量,起着军马来

打邓州，晋家着南行周去征他。（《戒谕管军官敕》，第256页）

按：(1)"从来"，《汇编》校记(二)曰："'从来'句，'从'字疑为'后'字之误。"《典籍集成》中"从来"作"从进"，正与上文人物"安从进"相符。(2)"南行周"，《典籍集成》作"葛行周"。检五代史书，未见有名"南行周""葛行周"者，但有音近形近的"高行周""葛从周"，此处到底是指哪一个呢？据《旧五代史》，卷16有"葛从周"本传，葛是朱温手下大将，屡立战功，但未见有相关的平叛记载。《旧五代史》卷79—81记载了安从进、安重荣反叛的始末："重荣跋扈愈甚，由是与襄州节度使安从进潜相构谋为不轨"（卷79），"（天福六年十一月）丁丑，襄州安从进举兵叛，以西京留守高行周为南面行营都部署，率兵讨之。……安重荣脱身遁走。是日，百官称贺。癸卯，削夺安从进、安重荣在身官爵"（卷80），"襄州行营都部署高行周奏：收复襄州，安从进自焚而死，生擒男弘赞，斩之"（卷81）。故事内容和安从进的结局与敕语所述一致，可知，此处"南行周"当作"高行周"，盖《汇编》本所据资料的原编纂者受史书记载高行周曾任"南面行营都部署"而误为"南行周"，《典籍集成》本盖因"高"与"葛"声近致误。二者并误，当据史书改之。

11. 且如已前年分，军每出外，单夫只妻者多，自天下太平以来，夫妇常守着。生得儿女，多一硕食粮，除脚钱折耗，止得七八斗，又陈了难吃。（《御制军人护身敕》，第258页）

按："生得儿女"与"多一硕食粮"之间并无因果关系，根据上文："一等单家的，家有一妻，或有幼小儿女，皆不生理，止靠一硕食粮"，可知明初军队粮饷的供给是只发给军士，并不按人口供给家眷，不会因为"生得儿女"而多给一硕食粮。"夫妇常守着"和"生得儿女多"之间才是因果关系，正因为家中人口多，所以每月固定的"一硕食粮"对付生计十分困难。这段文字应断句如下："且如已前年分，军每出外，单夫只妻者多，自天下太平以来，夫妇常守着，生得儿女多。一硕食粮，除脚钱折耗，止得七八斗，又陈了难吃。"《典籍集成》正是在"多"后断开。

12. 守御边塞的，十分要用心勤谨，常常着人哨瞭过往的人，好生盘诘关防。(《谕天下武臣敕》，第259页)

按："哨瞭过往的人"似于文意有碍。"哨"有巡逻、侦察之义，"瞭"意为远望以戒备，"哨瞭"指侦察戒备，主要指的是远望以备不虞，而不仅仅是"哨瞭"过往的人，"过往的人"是下文"盘诘关防"的对象。《典籍集成》在"哨瞭"后断开，"人"后不断开，似当如此。

从以上所校内容可以看出，虽然《汇编》、《续修》和《典籍集成》依据的都是嘉靖二十七年刊刻的《皇明诏令》，但文字互有出入，可能并非一个版本。《汇编》以点为主，出校记者非常少，我们应该了解上述情况，使用资料时最好几个版本互相对照。

参考文献

白维国　1991　《金瓶梅词典》，北京：中华书局。

白维国、江蓝生、汪维辉　2015　《近代汉语词典》，上海：上海教育出版社。

曹广顺　1987　《试说“快”和“就”在宋代的使用及有关的断代问题》，《中国语文》第4期。

　　1995　《近代汉语助词》，北京：语文出版社。

曹廷玉　2000　《近代汉语同素逆序同义词探析》，《暨南学报》第5期。

陈　辽　2001　《朝鲜〈吏文〉和明代语言》，《江海学刊》第5期。

程　娟　2004　《新词新义对比研究》，张博主编《汉语语言学文萃》(词汇卷)，北京：北京语言文化大学出版社。

程湘清　1990　《隋唐五代汉语研究》，济南：山东教育出版社。

　　1992　《宋元明汉语研究》，济南：山东教育出版社。

丁　健　2008　《时间副词“曾经”的语法化历程》，《理论语言学研究》第2卷第1号。

董秀芳　2002　《词汇化：汉语双音词的衍生和发展》，成都：四川民族出版社。

董志翘　1985　《“脚”有“足”义始于何时》，《中国语文》第5期。

　　2000　《〈入唐求法巡礼行记〉词汇研究》，北京：中国社会科学出版社。

董遵章　1985　《元明清白话著作中山东方言例释》，济南：山东教育出版社。

方龄贵　1991　《元明戏曲中的蒙古语》，上海：汉语大词典出版社。

　　2001　《古典戏曲外来语考释词典》，上海：汉语大词典出版社，昆明：云南大学出版社。

〔瑞士〕费尔迪南·德·索绪尔 2005 《普通语言学教程》,高名凯译,岑麒祥、叶蜚声校注,北京:商务印书馆。
冯春田 1996 《近古汉语里"紧"、"打紧"、"紧着(自)"之类虚词的语法分析》,《古汉语研究》第1期。
符淮青 1985 《现代汉语词汇》,北京:北京大学出版社。
2000 《词义的分析和描写》,北京:语文出版社。
2012 《汉语词汇学史》,北京:外语教学与研究出版社。
高文达 1992 《近代汉语词典》,北京:知识出版社。
高小方、蒋来娣 2005 《汉语史语料学》,北京:高等教育出版社。
葛剑雄主编,曹树基 1997 《中国移民史》(第五卷),福州:福建人民出版社。
顾学颉、王学奇 1983—1990 《元曲释词》,北京:中国社会科学出版社。
顾之川 2000 《明代汉语词汇研究》,开封:河南大学出版社。
郭丽君 2006 《新词语的产生与发展研究》,中国传媒大学博士论文。
郭锡良 1986 《汉字古音手册》,北京:北京大学出版社。
郭在贻 1984 《"信"的"书信"义究竟起于何时》,《中国语文》第4期。
1985 《训诂丛稿》,上海:上海古籍出版社。
国怀林 1996 《论新词语的确定》(硕士论文),《语言学论辑》第2辑,北京:北京语言学院出版社。
何九盈、蒋绍愚 1980 《古汉语词汇讲话》,北京:北京出版社。
何雅文、许亮华 2010 《语言经济性原则下的言语交际认知思维模式探微》,《长春大学学报》第11期。
洪 波 2004 《〈吏文辑览〉中的"给"字》,载《刘叔新先生七十华诞纪念文集》,北京:中国广播电视出版社。
胡明扬 1984 《说"打"》,《语言论集》第二辑,北京:中国人民大学出版社。
1992 《近代汉语的上下限和分期问题》,《近代汉语研究》,北京:商务印书馆。
胡竹安 1989 《水浒词典》,上海:汉语大词典出版社。

胡竹安、杨耐思、蒋绍愚　1992　《近代汉语研究》，北京：商务印书馆。
黄　斌　1996　《〈元曲选〉中的语气词"也、呵、那、阿、呀"》，《古汉语研究》第1期。
黄伯荣、廖序东　2002　《现代汉语》（增订三版），北京：高等教育出版社。
黄　征　1994　《俗语词研究与历代词汇研究的关系》，《语文建设通讯》第四十五期。
黄志强　1990　《论汉语词汇双音节化的原因》，《复旦学报》第1期。
江蓝生　1988　《魏晋南北朝小说词语汇释》，北京：语文出版社。
　　1988　《〈皇明诏令〉里的白话敕语》，《语文研究》第3期。
　　1991　《禁止词"别"考源》，《语文研究》第1期。
　　1998　《后置词"行"考辨》，《语文研究》第1期。
　　1999　《从语言渗透看汉语比拟式的发展》，《中国社会科学》第4期。
　　2000　《近代汉语探源》，北京：商务印书馆。
江蓝生、曹广顺　1997　《唐五代语言词典》，上海：上海教育出版社。
江蓝生、曹广顺、吴福祥　1996　《近代汉语研究的回顾与前瞻》，《中国语言学的现状与展望》，北京：外语教学与研究出版社。
蒋冀骋　1990　《论近代汉语的上限》（上），《古汉语研究》第4期
　　1991　《论近代汉语的上限》（下），《古汉语研究》第2期。
　　1991　《近代汉语词汇研究》，长沙：湖南教育出版社。
　　1995　《话本小说俗语辞考释》，《古汉语研究》第1期。
蒋冀骋、吴福祥　1997　《近代汉语纲要》，长沙：湖南教育出版社。
蒋礼鸿　1987　《义府续貂》（增订本），北京：中华书局。
蒋礼鸿　1997　《敦煌变文字义通释》，上海：上海古籍出版社。
蒋绍愚　1989　《古汉语词汇纲要》，北京：北京大学出版社。
　　1989　《关于汉语词汇系统及其发展变化的几点想法》，《中国语文》第1期。
　　1990　《唐诗语言研究》，郑州：中州古籍出版社。
　　1998　《近十年间近代汉语研究的回顾与前瞻》，《古汉语研

究》第4期。
1999 《〈元曲选〉中的把字句——把字句再论》,《语言研究》第1期。
2000 《汉语词汇语法史论文集》,北京:商务印书馆。
2005 《近代汉语研究概要》,北京:北京大学出版社。
蒋绍愚、曹广顺 2005 《近代汉语语法史研究综述》,北京:商务印书馆。
蒋绍愚、江蓝生 1999 《近代汉语研究》(二),北京:商务印书馆。
金桂枝 2007 《宋元明清动量词研究》,武汉:武汉大学出版社。
李崇兴 2001 《元代直译体公文的口语基础》,《语言研究》2001年第2期。
李崇兴、黄树先、邵则遂 1998 《元语言词典》,上海:上海教育出版社。
李 开 2005 《文史研习和理论学语》,南京:江苏教育出版社。
李 荣 2002 《现代汉语方言大词典》,南京:江苏教育出版社。
李 申 1992 《金瓶梅方言俗语汇释》,北京:北京师范学院出版社。
李文泽 2001 《宋代语言研究》,北京:线装书局。
李新魁 1986 《汉语音韵学》,北京:北京出版社。
李行健、余志鸿 2005 《现代汉语异形词研究》,上海:上海辞书出版社。
刘 坚 2005 《近代汉语读本》(修订本),上海:上海教育出版社。
刘 坚、曹广顺 1989 《建国以来近代汉语研究综述》,《语文建设》第6期。
刘 坚 1992 《〈训世评话〉中所见明代前期汉语的一些特点》,《中国语文》第4期。
刘 坚、江蓝生、白维国、曹广顺 1992 《近代汉语虚词研究》,北京:语文出版社。
刘君敬 2008 《〈逆臣录〉词汇研究》,南京大学硕士论文。
刘叔新 1990 《汉语描写词汇学》,北京:商务印书馆。
刘晓梅 2003 《当代新词语研究》,厦门大学博士论文。

2007 《现代汉语词语近代寻源——兼谈近代史料的语言学价值》,《宁夏大学学报》第2期。
刘晓南 2008 《汉语历史方言研究》,上海:上海人民出版社。
龙潜庵 1985 《宋元语言词典》,上海:辞书出版社。
鲁国尧 1996 《陶宗仪〈南村辍耕录〉等著作与元代语言》,《南京大学学报》第4期。
2003 《鲁国尧语言学论文集》,南京:江苏教育出版社。
陆澹安 1979 《小说词语汇释》,上海:上海古籍出版社。
1981 《戏曲词语汇释》,上海:上海古籍出版社。
陆俭明 2003 《现代汉语语法研究教程》,北京:北京大学出版社。
罗国强 2013 《明代汉语新词语研究》,长沙:湖南人民出版社。
罗竹风等 1995 《汉语大词典》,上海:汉语大词典出版社。
吕叔湘 1979 《汉语语法分析问题》,北京:商务印书馆。
吕叔湘著,江蓝生补 1985 《近代汉语指代词》,上海:学林出版社。
吕叔湘 2000 《现代汉语八百词》(增订本),北京:商务印书馆。
吕叔湘 2002 《释您,俺,咱,喒,附论们字》,《吕叔湘全集·汉语语法论文集》,辽宁教育出版社。
吕传峰 2006 《"嘴"的词义演变及其与"口"的历时替换》,《语言研究》第1期。
倪 波、顾柏林 1995 《俄语语义学》,上海:上海外语教育出版社。
潘允中 1989 《汉语词汇史概要》,上海:上海古籍出版社。
任学良 1981 《汉语造词法》,北京:中国社会科学出版社。
石汝杰、〔日〕宫田一郎 2005 《明清吴语词典》,上海:上海辞书出版社。
史存直 1989 《汉语词汇史纲要》,上海:华东师范大学出版社。
苏宝荣 2008 《语义分析与语法分析结合 理性思维与具象思维兼容——关于汉语复合词结构认知与研究的思考》,《语文研究》第1期。
孙常叙 1956 《汉语词汇》,长春:吉林人民出版社。
孙冬梅 2008 《手部动词"打"的语义语法学研究》,南京师范大学硕士论文。
孙锡信 1999 《近代汉语语气词》,北京:语文出版社。
〔瑞士〕索绪尔 2007 《普通语言学教程》,高明凯译,北京:商务印书馆。
〔日〕太田辰夫 1991 《汉语史通考》,江蓝生、白维国译,重庆:重庆出版社。
谭耀炬 2002 《"赔"字究竟始用于何时》,《中国语文》,第3期。
唐 韵 2002 《〈元曲选〉语法问题研究》,成都:四川文艺出版社。
汪维辉 2000 《东汉——隋常用词演变研究》,南京:南京大学出版社。
2000 《〈周氏冥通记〉词汇研究》,《中古近代汉语研究》第一辑,上海:上海教育出版社。
2005 《中古汉语词汇研究概况》,《南大语言学》第二编,北京:商务印书馆。
2006 《论词的时代性和地域性》,《语言研究》第2期。
2007 《汉语词汇史新探》,上海:上海人民出版社。
2007 《〈齐民要术〉词汇语法研究》,上海:上海教育出版社。
2010 《〈高丽史〉和〈李朝实录〉中的汉语研究资料》,《汉语史学报》(第九辑)。
王艾录、司富珍 2001 《汉语的语词理据》,北京:商务印书馆。
王 军 2003 《词汇动态研究的方法论思考》,葛本仪主编《汉语词汇学》,济南:山东大学出版社。
2005 《汉语词义系统研究》,济南:山东人民出版社。
王 力 1958/1980、2004 《汉语史稿》,北京:科学出版社/中华书局。
1989 《汉语语法史》,北京:商务印书馆。
王启涛 2003 《中古及近代法制文书语言研究》,成都:巴蜀书社。
王学奇、王静竹 2002 《宋金元明清曲辞通释》,北京:语文出版社。
王 锳 1986 《诗词曲语辞例释》,北京:中华书局。
王 锳、曾明德 1991 《诗词曲语辞集释》,北京:语文出版社。
王 锳 1997 《宋元明市语汇释》,贵阳:贵州人民出版社。

1998 《黎锦熙先生论近代汉语研究》,《古汉语研究》第 4 期。
2001 《唐宋笔记语辞汇释》,北京:中华书局。
2004 《近代汉语词汇语法散论》,北京:商务印书馆。
王锺翰 1990 《清史新考》,沈阳:辽宁大学出版社。
魏达纯 2004 《近代汉语简论》,广州:广东高等教育出版社。
魏 峰 2005 《从刺字看宋代军制》,《史学月刊》第 9 期。
温广义 1978 《唐宋词常用语例释》,呼和浩特:内蒙古人民出版社。
吴福祥 2004 《敦煌变文 12 种语法研究》,开封:河南大学出版社。
吴 晗 1965 《朱元璋传》,北京:生活·读书·新知三联书店。
夏 凌 2004 《唐宋间黥兵制及其评价》,《国防与军队建设史研究》第 5 期。
〔日〕香坂顺一 1967 《近世、近代汉语中的语法语汇》,牛岛德次等编著《中国文化丛书》,东京:大修馆书店。
1983/1997 《白话语汇研究》,江蓝生、白维国译,北京:中华书局。
1992 《水浒词汇研究(虚词部分)》,台北:文津出版社。
向 熹 1993 《简明汉语史》,北京:高等教育出版社。
邢福义 2007 《新词语的检测与搜获——一个汉语本体研究者的思考》,《语文研究》第 2 期。
徐宝华、〔日〕宫田一郎 1999 《汉语方言大词典》,北京:中华书局。
徐金娟 2005 《朱元璋与明代汉语规范》,《山东理工大学学报》(社会科学版)第 1 期。
徐时仪 2000 《古白话词汇研究论稿》,上海:上海教育出版社。
2007 《汉语白话发展史》,北京:北京大学出版社。
2010 《"东西"成词及词义演变考》,《汉语学报》第 2 期。
许少峰 2008 《近代汉语大词典》,北京:中华书局。
闫从发 2009 《基于〈现代汉语大词典〉语料库的明代汉语词汇发展模式研究》,山东大学博士论文。
严 玺 2006 《〈皇明诏令〉白话敕语词汇语法研究》,四川师范大学硕士学位论文。

杨端志　2002　《汉语的词义探析》，葛本仪主编《汉语词汇学》，济南：山东大学出版社。

2007　《从清末民初科学小说新词语看"现代性"新词语的来源和发展——兼论"标志性子词语场"理论和"现代汉语词汇史"的起点》，《山东大学学报》第1期。

杨建国　1993　《近代汉语引论》，合肥：黄山书社。

杨耐思　1981　《加强近代汉语研究》，《语文建设》，1981年第1期。

杨耐思、曹广顺　1991—1992　《近代汉语研究讲座》，《承德教育学院学报》，1991年第2—4期，1992年第1期。

杨荣祥　1997　《近代汉语副词简论》，《北京大学学报》1999年第3期。

1999　《近代汉语否定副词及相关语法现象论略》，《语言研究》第1期。

2001　《〈世说新语〉中的反义词聚合及其历史演变》，《语言学论丛》第二十四辑，北京：商务印书馆。

2005　《近代汉语副词研究》，北京：商务印书馆。

杨淑敏　1994　《元明时期新兴副词探析》，《山东社会科学》第4期。

杨锡彭　2003　《汉语语素论》，南京：南京大学出版社。

叶桂郴　2008　《明代汉语量词研究》，长沙：岳麓书社。

阴法鲁、许树安　1991　《中国古代文化史（三）》，北京：北京大学出版社。

雍　洪　2006　《新词语及其对汉语词汇和语法的影响》，西安电子科技大学硕士论文。

游汝杰　2004　《汉语方言学教程》，上海：上海教育出版社。

于根元　1995　《新词新语和语言规范》，《语文建设》第9期。

俞理明　2000　《词语缩略的界定及其理论诠释》，《四川大学学报》第2期。

2005　《从"教化"到"告花子"——汉语中的词义感染》，《古汉语研究》第4期。

余志鸿　1999　《元代汉语的后置词系统》，蒋绍愚、江蓝生编《近代汉语研究》(二),北京:商务印书馆。
袁　宾　1987　《明代成化本话语词考释》,《江苏大学学报(高教研究版)》第1期。
1987　《论近代汉语》,《广西师大学报》第1期。
1990　《禅宗著作词语汇释》,南京:江苏古籍出版社。
1992　《近代汉语概论》,上海:上海教育出版社。
袁　宾　等　1997　《宋语言词典》,上海:上海教育出版社。
袁　宾、徐时仪、史佩信、陈年高　2001　《二十世纪的近代汉语研究》(上、下册),太原:书海出版社。
岳国均　1998　《元明清文学方言俗语辞典》,贵阳:贵州人民出版社。
曾昭聪　2004　《中古近代汉语词汇论稿》,北京:中央文献出版社。
张　博　2004　《组合同化:词义衍生的一种途径》,张博主编《汉语语言学文萃(词汇卷)》,北京:北京语言大学出版社。
张海媚　2012　《"教"的读音演变及其与"叫"的历时替换》,《西南交通大学学报》(社会科学版)第2期。
张鸿魁　2003　《〈金瓶梅〉的语言特色》,《徐州教育学院学报》第2期。
张慧荣　2007　《寻找汉字母国失落的历史记忆——从"料理作羹"、"茶料理"到日本料理》,《农业考古》第3期。
张美兰　2001　《近代汉语语言研究》,天津:天津教育出版社。
2004　《近代汉语论稿》,南昌:江西教育出版社。
2012　《从〈训世评话〉文白对照看明初汉语常用动词的兴替变化》,《南京师范大学文学院学报》第4期。
2014　《"遇见"义动词"碰"、"撞"的历时发展及地域分布》,《陕西师范大学学报(哲学社会科学版)》第2期。
张全真　1996　《〈元曲选〉中的差比句式》,《南京大学学报》第4期。
2005　《〈吏文〉中的第一人称代词系统》,〔日〕言语文化研究,(1)。
2007　《朝鲜官吏汉语教科书〈吏文〉的语言面貌》,《浙江师范大学学报》第6期。
2007　《明初白话圣旨语言研究》,〔日〕《言语文化研究》,(2)。

张　相　1953　《诗词曲语辞汇释》,北京:中华书局。
张永言　1962　《"书"的"书信"义不始于唐代》,《中国语文》第4期。
　　　　1982　《词汇学简论》,武汉:华中工学院出版社。
章一鸣　1997　《〈金瓶梅词话〉和明代口语词汇语法研究》,上海:上海古籍出版社。
赵克勤　1988　《论新词语》,《语文研究》第2期。
赵世举　2003　《授与动词"给"产生发展简论》,《语言研究》第4期。
赵映林　1987　《明代的军事制度》,《文史杂志》第1期。
赵中方　1992　《唐五代宋元集体量词的发展》,《南京大学学报》第4期。
〔日〕志村良治　1984/1995　《中国中世语法史研究》,江蓝生、白维国译,北京:中华书局。
《中文大辞典》编纂委员会　1966　《中文大辞典》,台北:"中国文化研究所"。
钟兆华　1987　《〈红楼梦〉"白"字来源探疑》,《中国语文》第1期。
周光庆　2001　《试论从本体论角度研究汉语词汇》,李如龙、苏新春编《词汇学理论与实践》,北京:商务印书馆。
周启付　1982　《谈明成化刊本"说唱词话"》,《文学遗产》第2期。
周汝昌　1987　《红楼梦辞典》,广州:广东人民出版社。
周　文　2006　《〈全相平话五种〉语词研究》,浙江大学博士论文。
周祖谟　1959/2006　《汉语词汇讲话》,北京:人民教育出版社/外语教学与研究出版社。
〔日〕诸桥辙次　1984　《大汉和辞典》(修订版),东京:大修馆书店。
朱庆之　1992　《佛典与中古汉语词汇研究》,台北:文津出版社。
祖生利　2004　《元代直译体文献中的"么道"》,《民族语文》第4期。

引用书目[①]

《十三经注疏》,[清]阮元校刻,北京:中华书局,1980年。
《肘后备急方》,[晋]葛洪撰,北京:人民卫生出版社,1963年。
《唐律疏议》,[唐]长孙无忌撰,上海:商务印书馆,1929年。
《千金翼方》,[唐]孙思邈著,北京:人民卫生出版社,1955年。
《王梵志诗校注》,[唐]王梵志撰,项楚校注,上海:上海古籍出版社,1991年。
《游仙窟》,[唐]张鷟撰,《近代汉语语法资料汇编》(元代明代卷),北京:商务印书馆,1992年。
《入唐求法巡礼行记》,〔日〕圆仁撰,顾承甫、何泉达点校,上海:上海古籍出版社,1986年。
《全唐诗》,[清]彭定求等编,上海:上海古籍出版社,1986年。
《全唐文》,[清]董诰等编,北京:中华书局,1983年。
《六祖坛经》,[唐]慧能撰,郭朋校释,北京:中华书局,1983年。
《敦煌变文校注》,黄征、张涌泉校注,北京:中华书局,1997年。
《旧唐书》,[后晋]刘昫等撰,北京:中华书局,1975年。
《唐会要》,[宋]王溥撰,上海:上海古籍出版社,1991年。
《祖堂集》,[南唐]静、筠禅僧编,张华点校,郑州:中州古籍出版社,2001年。
《太平广记》,[宋]李昉等编,北京:中华书局,1995年。
《律音义》,[宋]孙奭撰,《唐律疏议》附,《四部丛刊三编》景宋本。
《景德传灯录译注》,[宋]道原著,顾宏义译注,上海:上海书店出版社,2010年。

① 所引书目按照语料时代早晚顺序排列。

《新唐书》,[宋]欧阳修、宋祁等撰,北京:中华书局,1975 年。
《资治通鉴》,[宋]司马光撰,北京:中华书局,1976 年。
《苏轼集》,陶文鹏、郑园编选,南京:凤凰出版社,2006 年。
《宋朝事实》,[宋]李攸撰,《丛书集成初编》本,上海:商务印书馆,1936 年。
《三朝北盟会编》,[宋]徐梦莘撰,上海:上海古籍出版社,1987 年。
《朱子语类》,[宋]黎靖德编,王星贤点校,北京:中华书局,1994 年。
《朱子语类辑略》,[清]张伯行编,《丛书集成初编》本,上海:商务印书馆,1936 年。
《五灯会元》,[宋]普济撰,苏渊雷点校,北京:中华书局,1997 年。
《全宋词》,唐圭璋主编,北京:中华书局,1999 年。
《古本董解元西厢记》,上海:上海古籍出版社,1984 年。
《刘知远诸宫调》,《近代汉语语法资料汇编》(宋代卷),刘坚、蒋绍愚主编,北京:商务印书馆,1992 年。
《永乐大典戏文三种校注》,钱南扬校注,北京:中华书局,1979 年。
《大金吊伐录》,[金]佚名撰,北京:中华书局,2001 年。
《宣和遗事》,《近代汉语语法资料汇编》(元代明代卷),刘坚、蒋绍愚主编,北京:商务印书馆,1992 年。
《宋史》,[元]脱脱等撰,北京:中华书局,1985 年。
《元典章·刑部》,《大元圣政国朝典章》(景印元本),南京大学历史学系藏书。
《通制条格校注》,方龄贵校注,北京:中华书局,2001 年。
《新校元刊杂剧三十种》,徐沁君点校,北京:中华书局,1980 年。
《元刊全相平话五种校注》,钟兆华校注。成都:巴蜀书社,1990 年。
《清平山堂话本》,[明]洪楩编,北京:文学古籍刊行社,1955 年。
《元曲选》,[明]臧晋叔编,北京:中华书局,1958 年。
《全元曲》,徐征、张月中、张圣洁、奚海主编,石家庄:河北教育出版社,1998 年。
《全元戏曲》,王季思主编,北京:人民文学出版社,1990 年。
《近代汉语读本》(修订本),刘坚编,上海:上海教育出版社,2005 年。

《近代汉语语法资料汇编》(元代明代卷),刘坚、蒋绍愚主编,北京:商务印书馆,1992年。
《朝鲜时代汉语教科书丛刊》,汪维辉编,北京:中华书局,2005年。
《元朝秘史》,《四部丛刊三编》本。
《大诰武臣》,[明]朱元璋撰,《续修四库全书》本,史部第862册,上海:上海古籍出版社,2002年。
《逆臣录》,王天有、张何清点校,北京:北京大学出版社,1991年。
《明太祖文集》,《影印文渊阁四库全书》本,台北:台湾商务印书馆,1983年。
《诚意伯刘文成公文集》,[明]刘基撰,《四部丛刊》影明刊本。
《国榷》,[明]谈迁撰,北京:中华书局,1958年。
《水浒传》,[明]施耐庵、罗贯中撰,北京:人民文学出版社,1997年。
《三遂平妖传》,[明]罗贯中撰,北京:北京大学出版社,1985年。
《三国演义》,[明]罗贯中撰,北京:人民文学出版社,1973年。
《永乐大典》,[明]解缙、姚广孝等撰,北京:中华书局,1986年影印。
《皇明诏令》:①《近代汉语语法资料汇编》(元代明代卷),北京:商务印书馆,1995年。
②《续修四库全书》本,史部第457册,上海:上海古籍出版社,2002年。
③《中国珍稀法律典籍集成》乙编第三册,杨一凡、田禾校点,北京:科学出版社,1994年。
《训读吏文》,〔日〕前兼恭作训读,末松保和编,东京:国书刊行会,昭和五十(1975)年。
《吏文·吏文辑览》,〔朝鲜〕崔世珍编,朴在渊校注,鲜文大学校、中韩翻译文献研究所,2001年。
《朝鲜李朝实录中的中国史料》,吴晗编,北京:中华书局,1980年。
《西游记》,[明]吴承恩撰,北京:人民文学出版社,1988年。
《弇山堂别集》,[明]王世贞撰,魏连科点校,北京:中华书局,1985年。
《金瓶梅》,[明]兰陵笑笑生撰,白维国、卜键校注,长沙:岳麓书社,1995年。

《型世言》,[明]陆人龙撰,南京:江苏古籍出版社,1993年。
《古今小说》(《喻世明言》)[明]冯梦龙辑,上海:上海古籍出版社,1992年。
《警世通言》,[明]冯梦龙辑,上海:上海古籍出版社,1992年。
《醒世恒言》,[明]冯梦龙辑,上海:上海古籍出版社,1992年。
《初刻拍案惊奇》,[明]凌濛初,长沙:岳麓书社,1988年。
《二刻拍案惊奇》,[明]凌濛初,长沙:岳麓书社,1988年。
《明史》,[清]张廷玉等撰,北京:中华书局,1974年。
《日知录集释》,[清]顾炎武撰,[清]黄汝成集释,上海:上海古籍出版社,2006年。
《红楼梦》,[清]曹雪芹、高鹗撰,中国艺术研究院、红楼梦研究所校注,北京:人民文学出版社,1988年。
《醒世姻缘传》,[清]西周生撰,北京:中华书局,2005年。
《蒲松龄集》,[清]蒲松龄撰,路大荒整理,北京:中华书局,1961年。
《歧路灯》,[清]李绿园撰,郑州:中州书画社,1980年。
《十驾斋养新录》,[清]钱大昕撰,南京:江苏古籍出版社,2000年。
《说文解字注》,[清]段玉裁注,上海:上海古籍出版社,1981年。
《清人书目题跋丛刊》,北京:中华书局,1993年。
《续资治通鉴》,[清]毕沅编著,上海:上海古籍出版社,1987年。
《儿女英雄传》,[清]文康撰,杭州:西湖书社,1981年。
《官场现形记》,[清]李宝嘉撰,北京:人民文学出版社,1957年。
《东方杂志》,上海:商务印书馆,1904—1948年。
《围城》,钱锺书著,北京:人民文学出版社,2003年。
《王朔自选集》,王朔著,昆明:云南人民出版社,2004年。

后 记

这部书是在我的博士论文《明代前期史部白话语料词汇研究》的基础上修改、扩展而成。博士毕业至今已经7年有余，将博士论文发表出来一直是心中多年的愿望。这期间因教学任务繁重，对论文的修改时断时续，加之后来的行政工作，修改工作一度搁浅。2014年我申请到了天津市哲学社科后期资助项目，这是一个契机，我开始抓紧时间对书稿进行修改、完善和扩充。研究语料上，增加了《李朝实录》中的白话语料，对研究基础语料和辅助语料做了微调；研究内容上，增加了80个左右的新词语，加入了对“刺旗”“饶器”等词语的考察，聚合关系研究中增加了“‘弄’及其组合关系”一节，并增加了“明代前期与后期词汇的差异”一章。另外对一些新词语的出现时间做了重新考察和修订，在很多细节性问题上做了修改。本来，按照鲁国尧先生的建议，书中还增设了“宋元明词汇的继承与发展”一章，但由于时间紧张，占有的资料不够充分，论述没有完成，只好删去。

修改书稿远不如当年写博士论文时轻松，越修改发现存在的问题越多，如有些新兴词的时代定位不够准确，需要做更细致、深入的调查研究；明代前后期词汇的差异、明代语言和宋代语言的关系等问题思考不够深入；对词汇系统的考察不够全面、深入，等等。词汇研究一直是语言研究的难点，词汇研究的基础是语料，本研究虽然在语料搜集方面做出了一些努力，但仍存在很多问题，如语料还不够丰富全面；白话语料内部的差异性问题关注不够，可能会影响到对语言面貌的分析；语料的方言差异、汉人语料与非汉人语料的母语背景差异等都可能对研究结论产生不同程度的影响。总之，书中存在的问题很多，希望专家读者批评指正，在讨论争鸣中把词汇研究推向深入。

这部书能够出版，首先要感谢我的博士生导师高小方先生，感谢业师鲁国尧先生，他们不仅在学术上深深影响了我，更在做人方面给我树立了榜样。两位先生为人谦恭有礼，品德高尚，奖掖后学，我虽将至知天命之年仍不改初心，实得益于像先生这样的人，他们给了我希望和勇气。感谢鲁先生欣然赐序，并赠给我书籍，提供各种资料，开阔了我的视野，鼓励我在学术道路上不断前行。

感谢在学术道路上帮助我不断成长的业师汪维辉教授、我的硕士生导师武秀成教授，并向他们致以崇高的敬意！感谢南开大学曾晓渝教授、天津师范大学周宝宏教授和时秀娟教授、山东大学杨端志教授提出宝贵修改意见！

感谢我的家人、朋友及同事的鼓励和帮助，感谢我的研究生赵鑫、翁芳、吴宗溶、宋盈盈、海有霞、赵婧、喻麟淇、熊水明、刘静妍等帮助整理语料、校对文字！感谢天津中医药大学科研处的大力支持！感谢天津市哲学社会科学规划办的资助！

最后，对江苏凤凰出版社林日波、王清溪编辑的辛勤付出表示诚挚的谢意！感谢匿名专家提出的宝贵修改意见！

邢永革

2016 年 9 月 10 日